Ulrich Bartosch; Jochen Wagner (Hrsg.)

"Weltinnenpolitik"

POLITIK

Verstehen und Handeln

Band 9

LIT

Ulrich Bartosch; Jochen Wagner (Hrsg.)

"Weltinnenpolitik"

Internationale Tagung anläßlich des 85. Geburtstags
von Carl-Friedrich von Weizsäcker
in der Evangelischen Akademie Tutzing

LIT

Die Deutsche Bibliothek – CIP-Einheitsaufnahme

"Weltinnenpolitik" : Internationale Tagung anläßlich des 85. Geburtstags von
Carl-Friedrich von Weizsäcker in der Evangelischen Akademie Tutzing / Ulrich
Bartosch; Jochen Wagner (Hrsg.) . – Münster : LIT, 1998
   (Politik: Verstehen und Handeln ; 9.)
   ISBN 3-8258-3359-3

NE: GT

© LIT VERLAG
Dieckstr. 73 48145 Münster Tel. 0251–23 50 91 Fax 0251–23 19 72

Inhaltsverzeichnis

Vorwort

„ Unter dem Titel Welt-Innenpolitik
werde ich hier zwei verschiedene,
aber beide aus der Vereinheitlichung der Welt
entspringende Phänomene beschreiben:
die Entstehung übernationaler Institutionen
und
die Beurteilung weltpolitischer Probleme
mit innenpolitischen Kategorien"
(C. F. v. Weizsäcker, 1963)

„Weltinnenpolitik ist ein sperriger und umstrittener Begriff. Er spielt mit scheinbar unvereinbaren Gegensätzen und synthetisiert in einer Wortverbindung, was nicht so recht zusammenfügbar ist. Bedürfen Außen und Innen nicht ihrer Trennung voneinander, um sich wechselseitig definierbar zu halten? Und doch wird gerade im Politischen, wo die Grenze zwischen Innen- und Außenpolitik eine unbestreibare Praxis und Tradition aufweist, die Trennung zwischen Innen und Außen häufig - oder vielleicht immer häufiger? - als eine verengte Perspektive, als irreale Konstruktion aufgefaßt oder kritisiert. Beispiele gibt es zuhauf: Die Gefahr des Klimawandels ist augenscheinlich unter keiner nationalen Perspektive zu fassen, noch kann ihr durch geographisch begrenzte, innerstaatliche Maßnahmen ausreichend begegnet werden. Dies ist die eine Seite des Problems, die zu gemeinschaftlichem Handeln und gemeinschaftlicher Verantwortung gegenüber den lebenswichtigen Ressourcen, die allen gehören, wenigstens auffordert, wenn nicht zwingt. Die andere Seite weist auf die Tatsache hin, daß innenpolitisches, nationales Handeln im strengen Sinne für Klimapolitik gar nicht möglich ist. Jede punktuell verursachte Verunreinigung oder Bereinigung der Atmosphäre geht ein in den großen und komplexen Prozeß des Weltklimas. Diese zweite Seite bringt die definitorische Sauberkeit politischer Termini in arge Bedrängnis, während die konzertierte Aktion im Angesicht einer Gefahr die Trennung von Innen und Außen wenig erschüttert. Die Folgen des innerstaatlichen Handelns grundsätzlich - also nicht fakultativ, sondern prinzipiell - mit der eigenen Verantwortung für 'die Welt' zu verbinden, läuft der Politik bisher zuwider. Sie ist noch allzusehr am Modell einer 'selbsttätigen' Harmonisierung ursprünglich egoistischer Interessen sowie am Machtmodell der Hobbes'schen Befriedung nach innen und gegen außen orientiert. Dieses Problem ist vielleicht erkannt, aber längst nicht gelöst. Es ließe sich an der Globalisierung der Wirtschaft, der ökologischen Krise, des Weltbevölkerungswachstums, der globalen Kommunikation, der Menschenrechtspolitik und der Sicherheitspolitik und einigen weiteren Bereichen aufzeigen.

In Anbetracht einer komplementären Charakteristik der getrennten und zugleich untrennbaren Realität von Innen- und Außenpolitik kann es gar nicht verwundern, daß es mit C. F. v. Weizsäcker ein Theoretiker der Quantentheorie war, der mit „Weltinnenpolitik" diese Realität begrifflich, verbunden und doch in sich widerstrebend, ausgedrückt hat. Er tat dies bereits 1963 im Spannungsfeld einer atomaren Abschreckung der Supermächte. Seine Konzeption kann noch immer Gültigkeit beanspruchen, obwohl sich sehr viel seither verändert hat. Vielleicht ist aber auch der komplementäre Charakter von Innen- und Außenpolitik ein bleibender und wachsender Bestandteil in der politischen Entwicklung der Welt, zumindest seit der Entwicklung der Atombombe?

Der Begriff als solcher ist nicht wichtig. Entscheidend ist die Konzeption, auf die er implizit verweist: eine politische Theorie der Verantwortung mit der Nötigung zum praktischen Tun. Es lohnt, darüber zu reden. Es ist erforderlich, gemeinsam die Möglichkeiten des je eigenen Handelns auszuloten, nicht nur einmal, immer neu und in einem beständigen Prozeß.

Die Dimensionen realer und möglicher Weltinnenpolitik zu beleuchten und bekannt zu machen, die Chancen und Probleme der politischen Entwicklungen und auch wieder einmal neu den Gedanken an eine bessere Zukunft überhaupt erst zuzulassen, das Risiko des Scheiterns einer Vision der Selbstsicherheit eines resignativen vermeintlichen Realismus einmal vorzuziehen, ist den Versuch wert. Es ist auch dem begleitenden Anlaß angemessen: Dem 85. Geburtstag eines Mannes, der sich der Arbeit für eine Abwendung der gerade ihm oft unvermeidlich erscheinenden Katastrophe bis heute widmet."

Mit diesem Begleittext war das Programm der internationalen Tagung „Weltinnenpolitik: Handeln auf Wegen in der Gefahr" zu Ehren des 85. Geburtstages von Carl Friedrich von Weizsäcker skizziert worden. Die Tagung fand vom 20. - 22. Juni 1997 in der Evangelischen Akademie Tutzing statt. Im vorliegenden Band sind die gehaltenen Vorträge gedruckt. Sie sind z. T. überarbeitet, geben aber weiterhin die lebendige Form des gesprochenen Wortes wieder. Diese Texte sind durch einige Beiträge ergänzt worden. Eine Podiumsdiskussion, die - unter der Leitung von Sigmund Gottlieb - von Hildegard Hamm-Brücher, Knut Ipsen, Konrad Raiser, Hans-Jochen Vogel und Richard von Weizsäcker bestritten wurde, ist nicht dokumentiert. Auch konnten die Diskussionsbeiträge aus dem Auditorium nicht erfaßt werden.

Die Tagung sollte Anstöße geben für weltinnenpolitisches Denken. Das Buch will diese Anstöße einem weiteren Kreis zugänglich machen.

Ulrich Bartosch   Jochen Wagner

Ethische
Orientierung

Keine Weltinnenpolitik ohne einen neuen Gesellschaftskonsens

Hans Küng

Meine sehr geehrten Damen und Herren, sehr verehrter, lieber Herr von Weizsäcker,

viele von uns sind zu dieser Tagung gekommen wegen der dringenden Thematik einer Welt im Umbruch. Aber die meisten von uns sind vielleicht doch gekommen wegen des Jubilars, Carl Friedrich von Weizsäcker, der seinen 85. Geburtstag feiern darf.

Ich möchte Ihnen, lieber Herr von Weizsäcker, jedenfalls gleich zu Beginn dieser Tagung meine, unsere Dankbarkeit ausdrücken für das, was Sie uns als Physiker und Philosoph, als Wissenschaftler und Mensch, ein langes Leben hindurch vorgelebt haben. Die Identifikationsfiguren nicht nur in der Politik und in der Wirtschaft, sondern auch in der Literatur und in der Wissenschaft sind, wenn ich mich nicht täusche, eher rar geworden. Aber Sie sind eine solche Identifikationsfigur und sind es mit zunehmenden Alter auch immer mehr geworden: auf Grund nicht nur Ihrer wissenschaftlichen Intelligenz und Kompetenz, sondern auch auf Grund Ihrer Lebenseinstellung und Ihres Charakters.

Ich selber habe indessen noch einen besonderen Grund zur Dankbarkeit: Sie waren eine der ersten öffentlichen Gestalten der Bundesrepublik, die sich ganz entschieden hinter die Idee eines der ganzen Menschheit gemeinsamen Grundethos gestellt und sie nach Kräften unterstützt haben. Im nachhinein wird man wohl sagen dürfen, daß die Idee einer Weltinnenpolitik, die Sie 1963 zum ersten Mal vorgetragen hatten, eigentlich ganz selbstverständlich in der Idee eines Weltethos kulminieren muß, oder vielleicht besser, fundiert werden muß.

Die Weltinnenpolitik sei „ein sperriger und umstrittener Begriff", sagen die Organisatoren dieser Tagung. Dem kann ich in der Sache nicht zustimmen: Daß die Trennung zwischen Innen und Außen, zwischen Innenpolitik und Außenpolitik, zwischen Binnenwirtschaft und Weltwirtschaft heute nicht mehr aufrecht erhalten werden kann, sondern daß ihr Verhältnis als Komplimentarität zu verstehen ist, kann im Zeitalter der Globalisierung kaum noch jemand bestreiten. Nicht die Termini „Weltinnenpolitik" oder „Weltethos" sind entscheidend, sondern die damit gemeinte Sache.

Nicht das Daß ist die Frage, scheint mir, sondern das Wie: *Wie* ist eine solche Weltinnenpolitik zu gestalten, das soll ja hier diskutiert werden, und hier zu Anfang die Grundlagenfrage: *auf welcher Basis* soll Weltinnenpolitik getrieben werden? Vielleicht dürfte dabei doch eine Übereinstimmung erreicht werden, daß eine Weltinnenpolitik ohne einem neuen Gesellschaftskonsens nicht zu erreichen ist. Will man im neuen Europa soziale Unruhen vermeiden, sterile ideologische Konfrontationen überwinden und zukunftsträchtige Transformationen ermöglichen, muß sich langsam ein neuer gesellschaftlicher Grundkonsens herausbilden. Diese Frage wird ja zwar von den G 7, die sich zur gleichen Zeit jetzt in Denver versammelt haben, kaum auch nur angeschnitten werden, und doch ist sie auch dort präsent. Denn was immer der amerikanische Präsident gestern triumphierend vom Wirtschaftssystem der Vereinigten Staaten gesagt hat, die sich da als einzige wirtschaftliche Supermacht zu profilieren sucht, sie wird doch im Hinblick auf eine Weltinnenpolitik ein dreifaches zu bedenken sein:

1. Das neokapitalistische Modell setzt sich in Europa nicht durch:

Wer den Siegeszug des amerikanischen Neokapitalismus schon in Europa angekommen sah, stellt nach den jüngsten Wahlen in Großbritannien und Frankreich fest: 13 von 15 Staaten werden - allein oder in Koalitionen - von Sozialdemokraten regiert. So erfolgreich die USA mit Steuersenkung, Deregulierung der Finanzmärkte und Restrukturierung des Arbeitsmarktes sind: solch kaltherziger Neokapitalismus widerspricht hundert Jahren europäischer Sozialpolitik, erscheint vielen Menschen hierzulande als überzogen, ja, als raffgierig, korrupt und allein den Interessen der Reichen dienend.

Die Wahlen und Demonstrationen in Europa zeigen das Gegenteil: Die Mehrheit der Bevölkerung ist nicht bereit, wirtschaftspolitische Reformen mitzutragen, die auf die betroffenen Menschen wenig Rücksicht nehmen. Steigende Börsengewinne und Managergehälter, andererseits sinkende Löhne und weniger Arbeitsplätze - nein! Europa muß nicht nur den Märkten, sondern auch den Menschen dienen. Gewiß, angesichts weltweiter wirtschaftlicher Herausforderungen im Zuge der Globalisierung werden harte Einschnitte in soziale Besitzstände notwendig sein. Aber zurecht fragen viele: Warum Einschnitte nur immer bei den Regierten? Die Regierenden gerade in Deutschland und Frankreich vermochten nicht, einen sozialen Konsens aufzubauen; ihnen fehlte ein überzeugendes ausgeglichenes Gesamtkonzept und der Wille, bei sich selber anzufangen: bei ihren amtlichen Privilegien, übergroßen Bürokratien, aufgeblähten Parlamenten, sich selber bedienenden Parteien und Parteistiftungen. Die opponierenden Sozialdemokraten ihrerseits ziehen bisher dem Konsens die Konfrontation vor. Aber:

2. Ein Umbau des unbezahlbar gewordenen Wohlfahrtsstaates ist unumgänglich:

Zurecht wurden auf dem Amsterdamer Gipfel neue kostspielige Arbeitsbeschaffungsprogramme abgelehnt. „Noch mehr Staat" - das ist eine Parole von gestern. Mehr Wettbewerb: dies die Herausforderung von heute und morgen. Ohne erhöhte Wettbewerbsfähigkeit keine neuen Arbeitsplätze und kein Wohlstand. Eine Reduktion der Staatsquote ist deshalb ebenso unumgänglich wie die Flexibilisierung des Arbeitsmarktes. Und Sozialdemokraten in Holland und Skandinavien sind nach dem Beispiel der USA und England vorangegangen mit Sparen, Marktreformen, Steuersenkungen und Erneuerung der sozialen Sicherheitssysteme. Vor allem Tony Blairs New Labour hat das Links-Rechts-Schema aufgebrochen; die SPD erscheint dagegen als Old Labour, deren Klassenkampf-Rhetorik nicht mehrheitsfähig ist. Neuorientierung ist gefordert, allerdings auf ethischen Grundlagen.

3. Globalisierung erfordert ein globales Ethos:

Auch Europa kann der Globalisierung nicht ausweichen. Sie ist unvermeidbar und unaufhaltsam, wenngleich mit höchst negativen Nebeneffekten verbunden. Sollte sich dabei als oberstes und alleiniges Kriterium das Gewinnstreben durchsetzen, muß man auf schwere soziale Konflikte und Krisen gefaßt sein. Niemand täusche sich: Es geht hier nicht nur um ökonomische, sondern um gesamtgesellschaftliche, ja, um hochpolitische und letztlich auch ethische Fragen.

Das heißt: Die Globalisierung der Ökonomie, der Technologie und der Medien erfordert auch eine Globalisierung des Ethos, erfordert nicht nur ökonomische, sondern politische und ethische Antworten. Wie soll eine Welt friedlicher und gerechter werden, wenn in verschiedenen Gebieten widersprüchliche oder sogar überhaupt keine ethischen Normen und Rahmenordnungen gelten? Eine Besinnung auf das notwendige Minimum an bestimmten ethischen Werten, Grundhaltungen und Maßstäben tut not, auf die sich alle Nationen und alle Interessengruppen, Arbeitgeber und Arbeitnehmer, Glaubende und Nichtglaubende verpflichten können. Wie eine dringend notwendige neue Rahmenordnung für die Finanzmärkte (ähnlich wie seinerseits das Bretton-Woods-Abkommen) global gelten müßte, damit die Teilnehmer bei Einschränkungen nicht einfach in andere Märkte fliehen, so müßte auch ein ethischer Grundkonsens global gelten, damit ein einigermaßen friedliches und gerechtes Zusammenleben auf unserem Globus gewährleistet ist. Friede hat Gerechtigkeit zur Voraussetzung.

Keine Angst: Ich denke nicht etwa an ein christlich restauriertes („re-evangelisiertes"), allerdings auch nicht an ein rein technokratisches Europa, vielmehr an ein ethisch fundiertes Europa - ohne Fundamentalismus, aber auch ohne Beliebigkeitspluralismus! Ein Europa, zusammengehalten durch ein verbindliches und verbindendes Ethos, durch einen Grundkonsens über gemeinsame Werte, Maßstäbe und Haltungen, der autonome Selbstverwirklichung und solidarische Verantwortung verbindet.

Das neue Europa braucht einen Weg der Mitte, braucht beides:

- wirtschaftliche Strategien *und* ethisches Urteil,

- Geldwertstabilität *und* Gesellschaftsstabilität,

- offene Märkte *und* soziale Gerechtigkeit,

- Verschlankung von Produktion *und* gesellschaftliche Verpflichtung,

- Sparpolitik *und* Strukturreformen,

- staatliche Verantwortung *und* persönliche Verantwortung,

- Menschenrechte *und* Menschenpflichten.

Tony Blair, ein praktizierender Christ, hat dies programmatisch formuliert: Wir brauchen in der Tat „the marrriage of a more human society with economic competitiveness and flexibility in employment", „die Ehe einer humaneren Gesellschaft mit ökonomischer Konkurrenzfähigkeit und Flexibilität auf dem Arbeitsmarkt". Aber wir brauchen auch Politiker, die ihre Politik nicht nach Meinungsumfragen richten und sich dann in Taktik üben, vielmehr Politiker, die eine Vision haben und in Ehrlichkeit und Standfestigkeit zu ihren Grundüberzeugungen stehen, um von daher ihre Strategien zu entwickeln und überzeugend ihre Auffassung der demokratischen Gesellschaft zu vermitteln.

Lassen Sie mich zum Schluß mit einer hoffnungsvollen Note schließen: Mit der Idee eines gemeinsamen Grundethos der Menschheit geht es voran, sowohl an der Basis, wovon jetzt nicht zu berichten ist, wie in den internationalen Organisationen. Alles läuft auf die Idee hinaus, daß es an der Zeit ist, nach der Formulierung der Menschenrechte gerade zur Abstützung und Verstärkung der Menschenrechte auch die Menschenpflichten zu formulieren. Das forderte die Weltkommission für Kultur und Entwicklung, das fordert auch die UN-Kommission für Weltordnungspolitik („Global Governance"). Zur Ausarbeitung hat die UNESCO ein Universal Ethic Project in Gang gesetzt, hat aber auch das Weltwirtschaftsforum in Davos eine hochrangige Expertengruppe eingesetzt. Und schließlich hat der InterAction Council früherer Staats- und Ministerpräsidenten mit Hilfe von Experten verschiedener Weltregionen und Weltreligionen einen „Preliminary Draft" einer „Universal Declaration of Global Responsibilities" ausgearbeitet, der, wenn alles gut läuft, im Herbst zur Veröffentlichung freigegeben wird.

Für die Weltinnenpolitik im Geiste von Carl Friedrich von Weizsäcker wäre jedenfalls zu hoffen, daß die Vereinten Nationen anläßlich der Fünfzig-Jahr-Feier der Erklärung der Menschenrechte am 11. Dezember 1998 nicht nur etwas repetitiv zu den Menschenrechten, sondern auch etwas prospektiv zu den Menschenpflichten zu sagen hätten. Das wäre ein neuer Schritt in Sachen Weltinnenpolitik.

Global Ethics and the 'Clash of Civilisations' Cosmopolitanism, Communitarianism and International Multiculturalism

Chris Brown

Abstract

The aim of this presentation is, first, to provide a brief overview of recent developments in the area of 'normative' International Relations theory (international political theory), especially the re-emergence of 'cosmopolitan' and 'communitarian' international theory and the revival of the 'English School of theorists of International Society, and then to examine the currently-fashionable notion that a, perhaps the, key feature of twenty-first century international relations will be the 'clash of civilisations' in the light of these developments. It will be suggested that the notion of 'global domestic politics', understood in general terms, could be more helpful than the Anglo-American approaches outlined in this paper in the interpretation of this putative clash, in so far as it focuses attention not so much on the shape of the international system but on the nature of contemporary domestic politics, in which questions of identity may be coming to replace more conventional problems of distribution as the primary focus for political action.

Anglo-American International Ethics and Global Domestic Politics

In recent years the Anglo-American discourse of International Relations has witnessed the re-emergence of an explicit concern with international ethics. In the immediate post-war years - formative for that discourse - and in reaction to imperatives of the era such as the struggles against Nazism and, later, Stalinism the so-called 'realist' theory of international relations took hold, a theory which marginalised ethical concerns, or in the case of a later variant, 'neorealism', excluded them altogether from consideration. However, such an exclusion could not last. On the one hand, the lessening of Cold War tensions from the 1960s onwards opened up a space for a less conflictual account of global politics, while the rise of non-state actors and the increasing importance of the global political economy made the state-centrism of realism increasingly implausible. On the other hand, and with greater long term significance, the demand from the peoples of the South for a New International Economic Order and global distributive justice, along with the wider demand by peoples everywhere to be freed from the horrors, threatened or real, of modern war, and to have their dignity as human beings respected became increasingly difficult to ignore. From the late 1970s onwards the academic discourse of International Relations has gradually awoken to this double challenge and has created - or , more accurately, revived - theories and concepts of international ethics designed to chart a world in which ethical concerns are a mainspring of political action, and are acknowledged to be so.

Most of this work has focused on the agenda alluded to above - international distributive justice and the ethics of force in international relations - and has been classifiable into two broad camps; cosmopolitan (or liberal individualist) and communitarian (particularist or statist).[1] Writers such as Brian Barry, Charles Beitz, David Held, Andrew Linklater, Onora O'Neill and Henry Shue have stressed the essential unity of humankind and the moral obligations that flow from that unity, while writers such as Michael Walzer, David Miller and, Michael Sandel have stressed, on the contrary, the moral importance of the 'community of fate' and the need to preserve for that community the right to determine its own destiny.[2] Straddling these two camps - although leaning towards the latter - and drawing on an older tradition of European statecraft, the 'English School' of theorists of international society and their associates, Hedley Bull, Terry Nardin and Mervyn Frost, have outlined an account of global politics in which the state remains the key actor but where relations between states are normatively governed.[3]

As will be apparent from the references given above, the characterisation of this work as Anglo-American accurately reflects the rather parochial nature of the discourse. In this context it is hardly surprising - though, nontheless, rather depressing - that Carl Friedrich von Weizsäcker's concept of Weltinnenpolitik has made so little impact, despite having clear affinities with many of the concepts developed by cosmopolitan writers and despite having been articulated a good twenty to thirty years before the re-emergence of international ethics as a serious focus for concern.

What has been lost by this neglect? The answer to this question is a little more complex than might at first seem to be the case. The notion of global domestic politics is important in undermining the idea that there is a clear separation between 'domestic' and 'international' politics, an idea which is at the heart of realist approaches to International Relations - however, this separation has been attacked from so many different viewpoints over the past thirty years, by international political economists and theorists of 'globalisation' as well as by writers on international ethics, and is so inherently implausible in the closing years of the twentieth century, that further conceptual reinforcement is hardly required. Rather, it might be argued, the most important component of the compound Weltinnenpolitik is the final term, politics. The work done by the notion of global domestic politics, work not performed by its American equivalents, is to oblige us to think about the nature of politics as such. To put the matter differently, if global politics are becoming more like domestic politics, what are domestic politics like, or becoming like?

---

[1] See Chris Brown *International Relations Theory: New Normative Approaches* (Hemel Hempstead: Harvester Wheatsheaf, 1992). As will be apparent from the following discussion, this classification is closely related to the liberal-communitarian debate in contemporary political theory - see, e.g. Stephen Mulhall and Adam Swift *Liberals and Communitarians* (Oxford: Blackwell, 1992) but 'communitarian' in this context does not have quite the same meaning as in the context of the 'Communitarian Network'.

[2] Brian Barry *Democracy, Power and Justice* (Oxford: Clarendon Press, 1989), Charles Beitz *Political Theory and International Relations* (Princeton: Princeton U.P., 1979), David Held *Democracy and the Global Order* (Cambridge: Polity, 1995), Andrew Linklater *Men and Citizens in the Theory of International Relations* (London: Macmillan, 1990) Onora O'Neill *Faces of Hunger* (London: Allen and Unwin, 1986), Henry Shue *Basic Rights* (Princeton: Princeton U.P. (1980), Michael Walzer *Just and Unjust Wars* 2nd. Ed (New York: Basic Books, 1992), David Miller *On Nationality* (Oxford: Oxford U.P., 1995), Michael Sandel *Liberalism and the Limits of Justice* (Cambridge: Cambridge U.P., 1982).

[3] Hedley Bull *The Anarchical Society* (London: Macmillan, 1997), Terry Nardin Law, *Morality and the Relations of States* (Princeton: Princeton U.P., 1983), Mervyn Frost *Ethics in International Politics* (Cambridge: Cambridge U.P., 1996).

Modern and Postmodern Politics, Global and Domestic

Until comparatively recently, a straightforward answer to this question was available, and, moreover, an answer that - with a few minor variations - was acceptable to both ends of the political spectrum within the advanced industrial world, or at least to the 'respectable' right and left, if not to fascists and Stalinists. At a general level, 'politics' was about contests over matters of distribution - the distribution of political rights, political power, and material goods in a society, the extent to which these three variable were independent of each other or interrelated, and if so in which direction being at the heart of the matter. One package of ideas (traditional liberalism, modern conservatism) holds that the distribution of material goods can be left to the market and that politics is a matter of the distribution of political rights, from which political power flows. Another package (traditional socialism, Marxism) argues that political power flows from the ownership of the means of production which cannot therefore be left in private hands, and that a purely political equality of rights is no equality at all and generates no meaningful power. A third package (modern Anglo-American liberalism, Christian democracy, social democracy) defends individual property rights but stresses both the capacity of the political realm to moderate the actions of the market and the necessity for it to do so if social justice and political freedom are to be established.

A key point about these familiar political positions is that they can be applied without much difficulty to both global and domestic politics. - and indeed were so applied in the 1950s, 1960s and 1970s by diplomats and policy makers. The idea of a world wide class struggle between the Soviet Bloc and international capital was a commonplace of Soviet thought in the period, albeit complicated by some Western Marxists who regarded the Soviet Union as state-capitalist (and embarrassed by Maoists who pointed instead to the 'class' divide between the cities and the countryside of the world). Liberals and social democrats in successive UN 'Development Decades' attempted to promote material growth in the less developed countries by reformist measures analogous to those adopted to cope with market failure at home. Conservatives/neoliberals advised the South to pull itself up by its own bootstraps, and relied on the market to provide the necessary discipline - reinforced by the advice of global financial institutions under the control of the industrialised world. All this is directly analogous to the ways in which distributional problems were handled 'at home', and, as at home, questions of political power and political rights were obviously involved - the demand for a New International Economic Order was, clearly, equally a demand for a New International Political Order, and was read as such by all concerned. These contests over the distribution of material awards were accompanied by a politics of human rights which developed along broadly similar lines. Whereas the right and centre emphasised the importance of the spread of the classic 'political' rights of freedom of speech, assembly and religion, the Marxist left emphasised instead the need for 'economic' and 'social' rights such as freedom from hunger, unemployment and destitution to be available for all. Social democrats argued the importance of pursuing both kinds of rights at once.

Academic International Relations responded to all these issues in a number of different ways. The mainstream tended to downplay all distributional issues save those associated with the distribution of politico-military capabilities - the global 'balance of power'. Writers on international ethics, on the other hand, raised many of these issues, but often without adopting the appropriate domestic political labels - largely because issues of distribution have not dominated internationally to quite the same extent as they have domestically; issues such as the ethics of force and the rights of political communities addressed a genuinely different agenda from that current on the domestic scene. As will become apparent, this difference has come to constitute a positive advantage for international political theory as opposed to its domestic counterpart.

Here, then, we have an account of politics which operates at both a domestic and a global level - but a 'politics of distribution' defined as above is less comprehensive than seemed to be the case at the time. What is missing from this account of politics are those contestations which cannot be reduced to clashes over the implications of socio-economic differences. The politics of identity, of inclusion and exclusion, of nationalism, of gender and of culture - even the most basic contestation between friend and foe identified as at the heart of the concept of the political by Carl Schmitt[4] - are either disallowed by this notion of politics, or shaped to fit the prevailing mode, as in socio-economic explanations of nationalism. 'Modern' politics is about contests over the distribution of the gross domestic product not about matters of religion or nationhood.

The problem with this view of the world, of course, is that it may turn out that the premodern is also the postmodern. No one could seriously suggest that problems of material well-being are no longer politically significant at the end of our century, but it is equally difficult to deny that a range of other political problems have emerged, or re-emerged, at the domestic and the global level. Whereas once it was fondly imagined that nationalism was disappearing from the advanced industrial world and that problems such as those of Northern Ireland were a relic of the past, now it is more difficult to identify those advanced industrial countries that do not have such problems than those that do. The collapse of the Soviet Union has not just undermined the claim of Marxism to be able to offer an alternative model for the management of the affairs of an industrial society, it has also allowed problems of political identity and competing nationalisms to surface throughout the territories of the old Soviet Empire. The defeat of Marxism over the last decade or so has paved the way for a peculiarly non-ideological general commitment to the policy prescriptions of neoliberalism in the advanced industrial world, no longer seen as a 'right-wing' doctrine but as the embodiment of 'common sense'[5] but it has also opened a path towards a new politics of identity revolving around issues of gender, race and culture - a process particularly apparent in the United States.

These shifts in the meaning of the political necessarily have implications for global domestic politics. The old global politics of 'development' continue, but in a changed context after the collapse of communism. Today the alternative to neoliberal policy prescriptions is far more likely to take the form of an alternative, 'green' strategy of sustainable development based on small scale co-operative ventures rather than the old notion of a planned economy - Cuba and North Korea are no longer relevant examples to anyone, including themselves. But alongside this new politics of development is a different kind of global domestic politics - an account of global politics which stresses cultural differences as much as economic and social stratification. A major task for global ethics (and global domestic politics) is to cope with this 'clash of civilisations'[6] - before examining the resources that international political theory brings to bear on

---

[4] Carl Schmitt *The Concept of the Political* (Chicago: University of Chicago Press, 1996/1932).

[5] Witness the acceptance by the New Labour government in Britain of the targets for government spending laid down by the old regime, as well as its commitment to low rates of personal taxation and a reform of the welfare system to undermine the so-called culture of dependency.

[6] Civilisations, of course, are not the kind of entities that can 'clash'; it is societies, individuals and groups which claim to represent or epitomise civilisations that do the actual clashing - but 'clash of civilisations' is

this clash it may be helpful to outline the most influential account of the problem in the modern literature.

The Clash of Civilisations and the End of Progressivism

The writer whose work has been most influential is defining this task has been the American political scientist Samuel Huntington. In the Summer of 1993 he published 'The Clash of Civilisations' in Foreign Affairs and, as has become customary with influential pieces of this kind, followed up this article with a book in 1996 The Clash of Civilisations and the Remaking of World Order.[7] The burden of Huntington's thesis is that with the end of the Cold War a new basis of division has emerged in the world; the ideological conflicts of the past will be replaced by conflicts between 'cultures' or civilisations in the future. The claim that Western civilisation incorporates universal values is already hotly contested by other civilisations and will be unsustainable in the next century.

Huntington identifies as the major contemporary civilisations the Sinic, Japanese, Hindu, Islamic and Western, with Orthodox and Latin American civilisations as possible derivations of Western civilisation with identities of their own, and Africa (perhaps) making up the list. There is, it is clear, a certain element of the ad hoc about this, and a different list would be possible, as Huntington concedes. On his account, there are three civilisations which are likely to generate serious potential problems in the near future - the declining West, the rising Sinic, and the unstable Islamic. As this formulation might suggest, the first two components go together - economically, demographically and, ultimately, militarily, the West is losing power to the Asian civilisations and in particular to China (Huntington anticipates that China will come to dominate Japan and that the Japanese are likely to accept, tacitly, a subordinate status). An increasingly successful and powerful China will not accept a world in which its values are regarded as inferior to those of the West and will not accept global socio-economic institutions which limit its possibilities. Only by the West adopting a policy of co-existence and recognising the legitimacy of the Confucian way will violent conflict be avoided between these two civilisations.

Chinese civilisation will pose, indeed is posing, problems - particularly for the West but also for Japan - because of its success; the world of Islam will pose, indeed is posing, problems for all its neighbours because of its failure. Demographic pressures in Islam and the lack of any core Islamic state with the potential of China, or even the 'baby tigers' of south-east Asia, will lead to frustrations; moreover, Islam is a proselytising religion and Islamic civilisation has borders with most of the other world civilisations. These borders ('fault-lines') will be, indeed already are, the site of many cross-civilisational conflicts, from Bosnia and Chechnya to Kashmir and the Sudan. Ending such conflicts may be virtually impossible, certainly is far more difficult that the daunting enough task of promoting co-existence between Chinese and Western civilisations.

It would be easy to pick holes in Huntington's work. The starting point of his work, his account of the notion of 'civilisation' is ad hoc and muddled. His account of the decline of the

---

a useful shorthand phrase which is so well established that pedantic qualifications of this kind no longer have any bearing.

[7] Samuel P. Huntington 'The Clash of Civilisations' *Foreign Affairs* (72), and *The Clash of Civilisations and the Remaking of World Order* (New York: Simon and Schuster, 1996).

West and the rise of China is highly contestable. There is a very large literature on 'declinism', and the outcome of a lot of thought is that not only is it unclear whether Western economic and military power is actually declining or rising, it is not even clear whether the very notion of 'declining' and 'rising' when applied to a state (much less a civilisation) is intelligible under late twentieth century conditions. China's economic prospects are equally contested - clearly some areas of the Chinese economy are growing at spectacularly high rates but it is not clear how far such areas, mostly on the coast, provide models that can be applied to the vast land mass which is the rest of China. More generally, it is notable that Huntington does not provide a satisfactory account of the relationship between civilisations and the system of states in the world today. As noted above, civilisations do not 'clash', they are not agents in that sense of being the type of entities that could clash - they work through other bodies such as the state, in ways not explored satisfactorily by Huntington.

Nontheless, Huntington has clearly identified, or perhaps crystallised, a real concern and a genuine set of problems for students of International Relations and in particular international ethics and it would be a mistake to dismiss the significance of his work on the basis of even such serious objections as these. Before addressing his agenda in greater detail, and in the process providing a more elaborate critique, it may be useful and salutary to listen to a voice which is not American or Western. Eisuke Sakakiba is Director General of the International Finance Bureau of the Japanese Ministry of Finance; in 1995 he published in the American Journal Foreign Affairs a short but trenchant comment on 'The End of Progressivism'.[8] Progressivism, for Sakakiba is the belief that 'there is only one ideal end, the unique path to which human beings can recognise (8)' and both socialism and neo-classical capitalism are progressivist ideologies, and the former Soviet Union and the United States, experimental progressivist states. Pace Fukuyama, the demise of socialism - the ending of the Cold war which was a civil war within the Western ideology of progressivism (a characterisation of that conflict quite in keeping with the thought of C. F. v. Weizsäcker) - has not produced 'the end of history' and a victory for neoclassical capitalism; instead it is progressivism as such that is under threat, made outdated by more fundamental issues, the need to control environmental pollution and establish the peaceful coexistence of civilisations.   The dream of neo-classical capitalism that the problems of consumption could be solved on a long term basis, and that the appeal of progress and the spread of mass consumption would perpetuate the domination of one kind of civilisation on a long-term basis has proved an illusion in the face of problems of economic management, experienced in different ways by all the advanced industrial societies, and the emergence of environmental constraints to continued growth. What is required today is an ending of the belief that there can be a technological fix for these problems, the development of a less anthropocentric approach to nature, and, most of all, the recognition of the worth of different civilisations. Coexistence of civilisations is possible and existed in pre-modern time - 'the clash of civilisations is not the unavoidable result of co-existing civilisations, but rather the result of contact with Western progressivism.(13).' The West must abandon sectarian progressivism in favour of respect for the environment and tolerance for other civilisations.Sakakibara acknowledges that his account of the problem owes something to Huntington's notions, and they share the general message of tolerance and the need for co-existence. Nontheless, there are significant differences. Although brief, Sakakibara's comments address the problem at a deeper level than Huntington's book and article. They are less oriented towards the immediate crisis and more sensitive to issues of globalisation and environmental degradation. Perhaps ironically,

---

[8] 'The End of Progressivism: A Search for New Goals' *Foreign Affairs* 74 (1995) 8-15.

perhaps accidentally they are more attuned to some recent trends in Western philosophy than is the case with Huntington's work; the notion of 'incredulity towards metanarratives' characteristic of some postmodernist thought fits nicely with Sakakibara's message.[9] Further, Sakakibara is far less statist in his assumptions than Huntington. For all that, the similarities are more striking than the differences, and it is the similarities that produce features of these two accounts of the world that invite critique.

International Society and the Clash of Civilisations

At a first approximation, if we take seriously the idea of a clash of civilisations it would seem that cosmopolitan notions of international ethics are badly damaged thereby, and communitarian positions strengthened. It seems quite clear that cosmopolitanism in its modern form at least is very much part of the 'Enlightenment Project' and the progressivism to which Sakakibara refers. Certainly one key feature of modern cosmopolitanism, the promotion of universal human rights, is closely tied into Western notions of the individual and Western conceptions of the proper form that political institutions should take in. Human rights is, in other words, an intolerant notion, intolerant of those mores in the non-western world which do not measure up to the standards thought appropriate in contemporary Western societies - although, of course, not always achieved in those societies. Not only might such intolerance worsen relations between civilisations, such is already the case - witness the continual dissension between the West and Islam over the human rights implications of the application of the Shariat - Islamic law - and the clashes between the West and Confucian countries such as China and Singapore over what the former sees as violations of universal rights by the latter. Cosmopolitan notions of international distributive justice raise less immediate cross-cultural concerns, but, clearly, the notion that there can be a single compelling account of the duties that the people of one country owe to another is again something that could be challenged as a progressivist myth.

On this count, particularist or statist accounts of international ethics which stress the rights of communities might be expected to do rather better than cosmopolitan accounts. The particularist critique of universal human rights has some affinities with the objections raised above, human rights being regarded as associated with particular kinds of political systems rather than as a necessarily universal feature of human being. However, this affinity does not go very deep. Communitarianism in all its forms is, at root, as much a product of the European Enlightenment as cosmopolitanism. Its Hegelian forebears testify to this fact. Hegel's developmental account of human consciousness incontestably places the West in a privileged position as the home of the modern ethical state and the highest achieveable levels of cognitive adequacy. In short, particularist accounts generally privileges Western forms of thought to the same extent as cosmopolitanism, albeit in different - perhaps more insidious because less apparent - ways.

If we take the work of Huntington and Sakakibara at face value, the best contender for a theoretical framework that can allow us to develop an appropriate global ethics is the international society tradition. A major claim of that tradition has always been that it provides an international ethic of co-existence. In the hands of some members of the English School this co-existence appears to be limited to European States - and, indeed, the practice of international society in the last century was very much based on the idea that only European states could be

---

[9]   J-F. Lyotard *The Postmodern Condition* (Manchester: Manchester U.P., 1986) xxiii.

full members - others would have to meet the 'standards of civilisation' before they could be accepted.[10] However more recent work, in particular that of Terry Nardin, is less Eurocentric. Nardin's approach is based on a distinction elaborated by Michael Oakeshott. In his original argument, Oakeshott distinguishes between 'enterprise' and 'civil' association.[11] The former is essentially voluntary and non-political; the latter is concerned with the general arrangements of a society and is the only true form of a political association. Nardin takes from this the idea that civil association is the only form of association compatible with freedom of the individual and translates this into an account of an international society in which the individuality of the states of which it is composed is guaranteed. He maintains that international society works as a 'practical association', based on the authoritative practices of law and diplomacy, but fails as a 'purposive' association because the members of international society cannot in fact be presumed to share any purposes other than those required to co-exist in peace and (formal) justice.

Formal justice for Nardin is encapsulated in the impartial application of rules that are themselves impartial 'in the sense that they do not discriminate arbitrarily against particular persons or ends'.[12] Formal justice contrasts with 'substantive' or distributive justice. The latter notion has no role to play in international society because states have nothing to distribute in their roles as members of international society - this is hardly a surprising conclusion because Oakeshott made the same argument with respect to the domestic political order. To behave justly in international relations means to act in accordance with the rules and authoritative practices of the society of states. These practices were developed in the European state-system, but they are no longer 'European' or Western in any substantive sense. They are simply the practices demanded by co-existence-practices such as the immunity of diplomats and the norm of non-intervention privilege no particular state; they serve the interests of all who seek to co-exist peacefully.

This is a fruitful line of inquiry, but it will be noted that there is a crucial gap between these ideas and those expressed by Huntington and Sakakibara. The international society approach, like that of the traditional international lawyers who were its founders, is irredeemably statist. For Nardin it is states that have the rights and duties generated by an ethic of co-existence. To be recognised as a state it is necessary to abide by the practices of international society. The question then arises whether some states actually want to be recognised as states in the sense that Nardin means. Nardin's position is based on the idea that it is not possible morally for a state to claim for itself something it is not prepared to grant to others - yet, clearly, theocratic states of one kind or another make exactly that kind of claim, indeed by their own lights are obliged to regard themselves as different and worthier than others. More fundamentally, the focus of Huntington and Sakakibara is not on clashes between states but between civilisations - even if Huntington in particular has difficulty in finding the correct relationship between the two notions. This opens up the way towards a wider critique of the notion of a clash between civilisations.

---

[10] See Gerritt Gong *The Standard of 'Civilisation' in International Society* (Oxford: Oxford U.P., 1984).

[11] Michael Oakeshott *On Human Conduct* (Oxford: Oxford U. P. 1975)

[12] Nardin Law, *Morality* 258.

Multiculturalism, Global and Domestic

Huntington would reject the criticism that he is excessively concerned with states, pointing to the number of occasions in which he refers to divisions within states as crucial. This is a reasonable partial defence - however, if not statist, his language is certainly spatial. The most important metaphor in the book is that of the 'fault-line' between civilisations which is the site of confrontation. In geological terms a fault line occurs when two massive rock strata collide - the image presented is of civilisations as coherent entities which occupy territory and clash at their margins, an image reinforced by references to such actual sites of conflict as Bosnia, where, it is alleged, 'worlds collide'. In the past, such a spatial understanding of civilisations may have made at least a kind of sense - for example, it is, indeed, possible, and relevant to the Bosnian case, to trace the borders between Eastern Orthodoxy and Western Catholicism in East Central Europe and, to a quite striking extent, these borders follow the dividing lines established when the Roman Empire bifurcated into Eastern and Western halves under Diocletian in the fourth century CE. However, it simply will not do to apply this spatial understanding to modern conditions; even following up this rather clear cut example makes it clear why not. It is certainly the case that the construction of contemporary 'Serbian' and 'Croat' identities by nationalists in Serbia and Croatia draws upon the past, and in particular the Orthodox/Catholic divide, but it is equally true that these identities are in no sense determined by that history. The notion that 'Serbs' and 'Croats' are necessarily civilisational foes is contradicted by the many cases in which particular individuals refuse to accept these oppositional identities; the fact that this stance is more difficult now that it was ten years ago has nothing to do with civilisation, everything to do with the success of nationalist politics.

In the modern world people, goods and information cross borders with a facility and a frequency undreamed of even a generation ago, and this has implications which work against any purely spatial understanding of 'civilisation'. There are at least two important facets of this proposition. In the first place, mobility of persons means that outposts of particular civilisations can be found more or less anywhere in the world. Huntington writes of the fault-line between Islam and the West as though it were situated in Bosnia, across the Straits of Gibraltar and along the borders of Turkey with its north-western neighbours - but in fact, Islam and the West 'meet' in Frankfurt, London, and Paris, New York, Toronto and Oklahoma City, Cairo, Bahrain and Kualal Lumpur, Ibadan, Timbuktu and New Delhi, in other words in all major Western Cities, and many Islamic and third world capitals. There are today a great number of communities which have been pulled out into the world by opportunities abroad or driven into it by dangers or hardship at home and the networks these communities create - often employing the most modern technology, satellite TV and the Internet - ensure that they remain in touch with the 'home' community.

More important even than such diasporic communities, however, is the movement of information and ideas which has created a world in which individuals who are indisputably members of one 'civilisation' identify very strongly with ideas which originated in another. Chinese civilisation may well have a different concept of individual and collective rights from Western civilisation, but the 50,000 people who gathered in Victoria Park in Hong Kong on 4 June 1997 in memory of the victims of Tienanmen Square, have every right to consider themselves as authentically Chinese as those who ordered the killings. The students of Tienanmen, with their mock-up of the Statue of Liberty, may not have been representative of the broad mass of the Chinese people - who can tell? - but it is only on a very unnuanced view of the world that they can be described as unChinese. Similar points could be made about each of the other civilisations identified by Huntington - including both Islam and the West.

The general point is that the nature of any civilisation that deserves the name is always on the move, never static, always a matter for debate, never uncontested. Civilisations and cultures have always continually constructed and reconstructed themselves - the West knows this of itself, and the (Western) myth of an unchanging Asiatic civilisation, which played such an important role in the work of progressives such as Hegel, Marx and Mill, was exactly that, a myth the only substance of which was provided by the marginally slower rate of change in the East than has been characteristic of the West in the modern era. What is different today is that many of the forces that provide the dynamism to a civilisation come from the outside, come from precisely the kind of critical self-reflection provoked in (some) individuals by an encounter with difference. None of this suggests that inter-civilisational relations will not be crucial to global peace in the next century. Rather the point is that these relationships will not be between monolithic unchanging 'Sinic' or 'Islamic or 'Western' civilisations, but between rather more fluid cultural groupings which are already interpenetrated by each other, and, unless a very surprising reversal takes place, will be even more interpenetrated as time goes by. Doubtless there will be civilisational cores which are relatively untouched by these contacts, but the significance these cores will have will be a matter for intra- as well as inter-civilisational negotiation and construction.

None of this ought to be new to the student of late twentieth century politics; it is only those who insist on seeing international relations as divorced from the wider world of politics in general who will be surprised. The politics of multiculturalism and the rights of minority cultures has become a major focus of late-twentieth century political science.[13] This reflects the fact that for many, perhaps most, countries, a version of the 'clash of civilisations' is an everyday occurrence rather than some grand high-political abstraction. Coping with cultural differences, developing habits of tolerance, negotiating workable compromises between apparently incompatible points of view - these are tasks which have to be undertaken on a day-to-day basis by social workers, school teachers, policemen, shopkeepers and trade unionists in Bradford and Frankfurt as well as diplomats in New York or Geneva. It might be argued that the former face these problems within a framework provided by the state, and a local system of domestic law more effective than anything provided internationally. Perhaps so, but resort to the law in such matters is rare, and almost always a sign of defeat.[14] In domestic politics, as in global domestic politics, the sovereignty of the state is more and more in question. Modern forms of governance rely less and less on classical notions of authority and the rule of law, more and more on the kind of messy mediations of power and interest once regarded as exclusively the province of international relations.

---

[13] See e.g. Will Kymlicka *Multicultural Citizenship* (Oxford: Oxford U.P. 1995) and Kymlicka (Ed) *The Rights of Minority Cultures* (Oxford: Oxford U.P., 1995).

[14] It is striking, for example, that in Britain no Muslim leader has been prosecuted for incitement to murder Salman Rushdie; the reason for this is not that it would be impossible to get a conviction, rather it is the knowledge that a conviction would be easy to obtain, but wholly counter-productive in terms of race relations. This may not be an heroic stance on the part of the authorities - and in the long run it may itself be counter-productive - but it reflects an understandable worry.

Conclusion

In this new (global) political environment the debate between cosmopolitan liberalism and various forms of particularism will continue - indeed, as alluded to above, this divide becomes more rather than less relevant as the politics of distribution is accompanied by the politics of identity. Universalists - at home and abroad - will continue to insist upon certain rights and duties as obligatory, but with this difference from the past, that both at home and abroad they will be obliged to cast their claims in terms which do not privilege Western forms of life and understandings of the individual. Ironically, to work in a postmodern world these claims will probably have to be cast in premodern terms - as the revival of Aristotelianism and the Natural Law tradition which is already clearly under way demonstrates.[15] Their task as universalists will be more challenging than it was when the superiority of Western notions of individuality could be taken for granted, but their cause is by no means hopeless - there are enough common features to the human condition to make properly drawn universalist claims plausible.

Particularists will continue to argue the right of communities to be genuinely self-determining and, thereby, different, but, equally, they will be obliged to show how communities can legitimately sustain their identities in a world in which high levels of mobility are a fact of life - it is no longer possible to assume the bounds of community are naturally drawn and that problems of 'membership' will solve themselves. Again, a non-naturalistic account of community may be more difficult to produce now that we can see that all divisions of the human race are in some sense arbitrary, there being no 'nations' in nature, but, once again, the cause is by no means hopeless - the need for borders, the need for identity to be about exclusion as much as it is about inclusion, remains as fundamental a feature of the human condition as the unity to which universalists refer.

In short, in the future, neither universalists nor particularists will be able to call in aid foundational positions grounded in the Enlightenment project of emancipation or any other 'metanarrative' which assigns a privileged position to the West or, for that matter, any other civilisation, but this prohibition will not leave these doctrines defenceless. We are not obliged to accept Huntington's fatalistic account of an inevitable and unresolvable clash between monolithic world civilisations promoting incommensurable values and incompatible ways of life. We are, however, obliged to accept that the process of mediating betwen civilisations and cultures, the search for a basis for co-operation and co-existence, will be a political process in which matters of power and interest will intermingle with high principle and the inflated language of rights and duties. This ought not to be regarded as scandalous or unworthy; if a true 'global domestic politics' is to emerge, then the third term of this formulation must come to be seen as important as the first two.

---

[15] See, e.g. the work of Martha Nussbaum in i.a.. *The Fragility of Goodness* (Cambridge: Cambridge U.P. 1986) and *Therapy of Desire* (Princeton: Princeton U.P., 1994) and Knud Haakonssen *Natural law and Moral Philosophy* (Cambridge: Cambridge U.P., 1996).

The Children's Rights Project. A geo-political social contract.

Eugeen Verhellen

It is a very great honour and I am particularly grateful to be invited to this conference on account of the 85th birthday of C. F. von Weizsäcker. I am delighted to be present at this very unique and historic event. Indeed, organising a conference on the phenomenon of globalisation and including specific attention to the rights of the child, on the very threshold of 21st century, gives evidence to the world that finally the human dignity of children and their worldcitizenship is seriously discussed. It is a challenging, courageous and thought-provoking event.

Discussing children's rights has to rely on some basic issues. Therefore this article starts with a quick overview of the changing child-image and the evolving human rights-project, as they are, to my opinion, the most important macro social and legal developments during the last decades.

If children were also to be recognised as bearers of human rights it would be sufficient to include „age" among the non-discriminatory criteria in the existing instruments of human rights. Only additional protocols for the protection of specific rights should be developed then. However, up to now this is not the case. It is for this reason that separate instruments of human rights for children were, and still are being created. For the moment the most powerful „separate" instrument is the Convention on the Rights of the Child (1989). Therefore the second part of my text deals with some basic characteristics of the C.R.C.

To conclude I will emphasize and advocate the importance of the challenge of the children's rights project as a geopolitical binding social contract.

I. Growing interest in children's rights

Undoubtly since a few decades we witness a growing concern for children reflected a.o. in a growing interest in children's rights. Let's start then with these intriguing simple questions like why are we so interested ? Is there something wrong and if so what's wrong with children ? Is there something wrong and if so what is wrong with our relationship with children ? Therefore we have to turn to some basic macro-developments: first the changing childimage, second the project of human rights.

At the first sight both of them have to do nothing directly with children.

A. The changing image of the child

1. In simple terms, it could be said that until the end of the Middle Ages there was little or no *social conciousness* of children as a social group, they received little or no attention, they did not exist as an independent social group, as a distinct class of persons. Given the exceedingly high rates of infant mortality, until the age of six or seven the only concern about children was that they should survive. From this age onwards they became part of the adult world. This was reflected in the law : the child simply did not exist.

2. It is only with Rationalism (XVI century) and more specifically with the Enlightenment (XVIII century) that children were „*discovered*" as a social group. From then on they were

considered as the „future builders" of the Enlightened society. Their new role as the future performers of the future society transformed them into tomorrow's prosperity. Due to this strong emphasis on „future" and „progress", children were considered as „not yet knowing", „not yet able", „not yet human beings". Their condition as „not-yets" converted them into a „social category apart". This far-reaching and powerful macro-social definition had numerous consequences for children:

– Specific laws and institutions set children apart, locked them out from the rest of the society and prepared themselves for „real life".

– Children became more and more the property of the (Enlightened) State and less and less the private property of their parents. Children became *objects* (and not subjects) of the macro-social process directed towards the creation of that ideal future society.

It is with this image of the child that we entered the twentieth century. During the present century this image of the child has become stronger and stronger. The youth limbo (the stage of „not-yet") has become even longer. In some European countries this „not-yet" period even extends beyond the legal age of majority. The different national laws in the twentieth century reflect this position of *the child as an object*, as do international regulations. Above all, the Geneva Declaration (1924), and to a lesser extent, the UN Declaration of the Rights of the Child (1959), do not consider the child as a subject but as an object. This can clearly be seen in how it is formulated: „The child will be given...", „The child shall enjoy...".

3. However, a major change can be perceived during the 1970's and 80's. The child's condition of „not-yet", the condition of „object", was seriously challenged by representatives of different sectors and levels acting for a variety of motives. Their principle demand was that children should be considered as subjects, as fully fledged „human beings". They argued that children must be considered as *having all human rights* and regarded as capable of exercising these rights independently. (It should be remembered that the Universal Declaration of Human Rights (1948) does not mention age as a criterion for non-discrimination). In practice, in recent decades a growing consensus has emerged which considers children to be entitled to human rights. However, the question of their legal capacity to exercise these rights independently is still under debate. It is precisely this *dispute over competence* which is still the central issue in the debate about children today. All this means that we now find ourselves in a rather *confusing* situation. On the one hand, the earlier image of the child is still predominant, but on the other, children are increasingly recognised as having rights (that is, human rights). This process of de-construction and re-construction of the childimage is reflected, among other things, in the UN Convention on the Rights of the Child of 20 November 1989.

„The child has the right to.." is a quite new formulation which refers directly to *the child as subject* of legal protection (of his/her rights), rather than a mere object of protection. Furthermore, in this Convention, children are conceded general human rights (arts. 12-16). Article 12 is a particular key article, as it recognises the child to be an actor, to be a coparticipant in society.

To conclude the observations on the history of the child-image on how we saw and see children. I like to draw your attention to some remarkable facts:

a) „a child is not just a child". In other words childhood is not a natural phenomenon, but a socio-cultural phenomenon, man-made. That means it can differ from culture to culture and it can change in the course of time;

b) *the basic evolution is that it changed slowly „from object to subject" (reflected in national and international law);*

c) *as a consequence we can notice the evolution from protection of children to the legal protection of their rights;*

d) *and as a consequence for research children get more and more „ conceptual autonomy" : Developmental psychology for instance is going to discover children as meaningmakers, with their own actual views and actual interpretations, instead of objects to be studied from an adulto-centric point of view.*

Also in sociology childhood is slowly made visible as an independent permanent category (although it has changed over times) instead of hiding it by always counting children as related to (dependent of) others.

a) *Last but not least it has to be repeated that since a few decades we now live in a „transitionperiod", because of the de- and reconstruction of the childimage which is rather confusing us.*

B. The Human Rights-project

In the course of this very complicated process of *De-* and *Re*-construction of the childimage, the issue of *human dignity* of children was introduced several times.

„Children are human beings, by virtue of their existence as human beings, and as such, they are bearers of human rights. „

Here we touch upon the fruitful interaction with, what we call, the Human Rights-Project. As we all know this project and its *underlying values* is already very old.

Only a few centuries ago it became rather forceful by translating the values into legal *norms and standards* starting at the end of the eighteenth century with the American and French Revolution. Since then, most Western States included this so-called *First Generation* of Human rights (civil and political rights) in their national Constitution. As a consequence the State has *to refrain* of interfering in the private lives of its citizens: a *re-active* role for the State.

Nevertheless two basic omissions became slowly visible: first, the bourgeois revolutionists did not only forget the common people but also their own wives and their own children; second, to paraphrase Karl Marx: what to do for the hell with all this freedoms if one dies of starvation ?

Indeed, it was only in the twentieth century, via the Russian Revolution, that the so-called *Second Generation* of Human Rights (economic, social and cultural rights) was put into norms and standards. As a consequence the nature of this rights obliges the State *to act* in the field of social policy to guarantee its citizens a descent minimum level of welfare and prosperity: a *proactive* role for the State. In the meantime, in the West, women and proletarians fought their fight on their own. Children still had to wait in their limbo.

The first serious attempt at *internationalisation* can be perceived in the creation of the *League of Nations* in 1920. Mainly it was based on a *re-active*, „no more war"-policy.

It was only after the second World War, with the creation of the *United Nations* in 1945, that we arrive at a truly international/universal project of human rights. Significantly, the activities at the international level should be characterised now by a *pro-active* (offensive) dynamic. The *UN-Charter* indeed does not only explicitly mention human rights, but also places special emphasis on them, stating that respect for human rights constitutes the best guarantee for peace and democracy. It is clear, therefore, that for the first time, the Human Rights Project had attained internationally, pro-active and legal validity.And on 10 December 1948, this validity took a very concrete form with the adoption of the monumental *Universal Declaration of Human Rights* in which the two generations of human rights are clearly identifiable.

Already in 1966 the ideal became *legally binding* with respect to the international community as a result of the adoption of *two UN-Conventions*: the International Covenant on Civil and Political rights and the International Covenant on Economic, Social and Cultural rights. Both came into force in 1976. This very important development from moral code (declaration) to legally binding treaties complemented the moral basis and provided us with a strong legal basis to act. At the global level, by adopting the Declaration (1948) and the two Covenants (1966) we can speak about the *International Bill of Human Rights* to promote, protect and monitor human rights and fundamental freedoms. Since then enormous efforts were shown to translate this legal norms into reality. At the European level, c.q. the level of the *Council of Europe (1949)*, this process already took of in 1950 by approving the European Convention on Human Rights and Fundamental Liberties, which came into force in 1953, and by the adoption of the European Social Charter in 1961, which came into force in 1965.

Both generations of Human rights are since then legally binding for the now 40 Member States of the Council. By its effective monitoring mechanisms (the Commission and the Court of Human Rights), the struggle to put into reality the legal norms is developing very fast. Similar regional treaties came into force in other extensive areas (America, Africa) of the world, in which there is supposed to be a greater degree of cultural identity. This tendency to regionalise, together with the adoption of instruments which concern specific groups (women, refugees, the stateless, workers...) and specific problems (genocide, war crimes, racial discrimination,...) complements and specifies very well the universal documents. Though, generally speaking, the Human Rights Project is still a baby just leaving maternity care! Indeed, we have just left the period of standard setting and are now seriously entering the phase of implementation and monitoring.

What is the place of children in all this ? It seems not to be very clear and in many respects rather *confusing* for the moment.

In the basic instruments of human rights mentioned earlier, frequent reference is made in some way to the condition of the child. In other words, international and regional legislation in the field of children is very disparate and not at all very coherent. If we should start from the basis that „children are human beings and as such they are bearers of all human rights", like the new constructed childimage is suggesting it, no problem will exist at all, as, in principle, all the treaties mentioned would also cover children. Their legal protection would come from the already existing, impressive international instruments of human rights. However, this is not yet the case!

The explanation for this is still to be found in the very processes of de-construction and re-construction of the image of children we handle! For, whilst the evolution of the childimage shows that a consensus has recently been reached that ontologically indeed children are human beings, there is still much less agreement over the issue of children's legal competence. In other words, are they competent to exercise their human rights independently ? Their competence is only slowly being recognized, which produces a lot of lip-service to the cause of children's rights, even among activists of children's rights.

Only if this competence were also to be recognized, it would be sufficient to include „age" as a non-discriminatory criterion in the mentioned instruments of human rights. Only additional protocols for the legal protection of specific rights should be developed then. Up to now this is not the case. Therefore separate human rights instruments for children were, and still are, being created.

II. Convention on the Rights of the Child (CRC)

For the moment the most powerful „separate" instrument for children is the CRC (1989). Indeed it was drafted the other way around: a „separate" instrument taking the step of recognizing children as competent human beings, as bearers of human rights. By the way, paradoxically in some countries that didn't ratify the mentioned International Covenants of 1966 and did ratify the CRC, children have more legal protection of their human rights than adults have. In a way in these countries children lose their rights when they come of age. I will treat three basic characteristics of the CRC: its comprehensiveness, its binding force and its universality.

A. Comprehensive

Despite the fact that it is a separate instrument it is a very unique and even revotutionary one, in this regard that it is comprehensive. Already the pre-amble, which is not giving binding principles, but just shows us the terms of reference on how to interpret the binding articles, emphasises that the CRC is an integral part of the general project of human rights.

The Convention itself indeed contains both generations of human rights in one single instrument. This means that precisely this Convention very clearly forces the will to combine, *inseparable*, civil and political rights with social economic and cultural rights without any hierarchical distinction.

All rights are equally important and even interdependent. None of this rights can stand on its own. This would be in breach with the spirit of the CRC. This indeed is a very unique and an unusual new approach for governments, lawyers and other experts, ... since they are used to read and interpret a convention „article by article". In other words the CRC enforces us to an active interpretation, to a comprehensive and interactive reading. Following this brandnew approach the CRC is showing us the direction to which the *overall* human rights project might go! Making children's rights standards into reality therefore is a strong catalytic dynamic towards a democracy of quality, based on respect for human dignity.

For heuristic reasons only and keeping in mind the indivisibility we can look into the CRC via some possible subdivisions, like we already did via the traditional subdivision of human rights (first and second generation). Reading the CRC via the so-called 3-P's is another very useful exercise. Again the interdependance must be safeguarded.

(a) *Protection* of the vulnerability and the dependence of children is guaranteed by rights to be protected from choices and power of the others: the right to life, survival and development (art.6), the right to protection from abuse, neglect and exploitation (art.19), etc. . .

(b) The right to access to *provisions* such as information (art.17), social security (art.26), highest level of health (art.24), education (art.29) and so on.

(c) However, the most revolutionary part of the CRC is found among the articles on *participation* rights, which recognise the right of children to make certain choices themselves and to bring them in dialogue with others: the right to express an opinion, freedom of thought, conscience and religion, freedom of association, protection of privacy (arts. 12 through 16). Precisely this participation rights bring children back into society by recognising them as meaning-makers, by recognising their citizenship.

B. Legally binding

(a) Since the CRC is a convention, State parties by ratifying it accept the legal obligation to implement the provisions of the Convention *(Pacta sunt servanda-principle)*.

(b) At the national level, State parties that have the Constitutional provision of the so-called „*self executing force*" are bound via their courts to apply this strong provision for the CRC too. Hesitations in this regard can cause weakening of the CRC since amending new laws is not always a guarantee for strengthening.

(c) Countries that have a clear dualistic system have to *transpose* the CRC *into national laws*.

(d) At the international level there is established a *Committee on the Rights of the Child* (art.43) to monitor the compliance via the initial and afterwards via periodic *reports* (art.44) of the States parties.

Afterwards States parties shall make their reports and the observations of the Committee widely available to the public in their countries (art.44.6). This provision in its turn is a consequence of article 42 which obliges States parties to make the rights contained in the CRC widely known to both adults and children. The all importance of this binding duty to report and inform for an effective legal protection of children's rights is obvious. And because of its periodicity it is not just a single act but a sustainable process.

C. Universal ratification

In itself and along the internationalisation of the human rights-project the CRC has a quite long history. Indeed, already in 1924 the League of Nations adopted the first"Declaration of the Rights of the Child". This so-called Geneva Declaration for the first time ever conceptualised children's rights into public international law (albeit in the form of „soft law"). The Declaration was to become the cornerstone of all future international legislative initiatives regarding children' s rights.

In 1959 the (by then 78) members of the UN-General Assembly unanimously adopted the Declaration of the Rights of the Child. Whilst the Geneva Declaration was a five-points-programme containing adults' obligations to children (the child as an object), the 1959 Declaration doubled its principles to ten and took the first steps towards recognition of children as legal subject, as bearers of rights.

On November 20th 1989, after ten years of preparation, the General Assembly of the UN adopted without a dessenting vote the Convention on the Rights of the Child. As said the CRC contains 54 articles of which 41 substantive articles defining the rights of the child and the obligations on States parties ratifying the Convention. Needless to repeat that unlike the two former instruments the CRC is a convention thus legally binding for the ratifying States. Less than one year later the minimum number of ratification instruments (20) deposited with the UN needed for the entry into force was reached. The CRC entered into force on September 2nd, 1990 even less than one year after the adoption. The Committee on the Rights of the Child, the international monitoring body, was already set up on February 27th 1991.

This speedy response of the international community to the Convention is unique in the history of Human Rights. And it went on. Indeed, at the moment 191 States have ratified the CRC. Only Somalia and the USA did not! This means that we almost reached the stage of „universal ratification" which again is a unique milestone in the history of Human Rights. Can you dream more ? For the first time almost all states, all the people find themselves now in a global synergitic wave to act for more quality of democracy.

However, as the standards put forward by the Convention can be seen as a first step, as *minimum norms*, we must not allow any weakening. In this regard efforts must continue to convince States parties to *withdraw their reservations* to the CRC, since such reservations really undermine the universality of the Convention. (Notice that about 1/3 of all States parties ratified with at least one reservation. Among them over 2/3 of Western European States did the same).

To Conclude

The theme of this conference is very well set: Global domestic politics. Acting on the paths through danger: indeed, at this very moment of history, we live in a rather critical and confusing period and ... we were never so conscious about it.

For the first time the world is exposed through globalisation to the monopoly of an unfettered free market economy. Economic reforms are enforced with an unseen agressive power. We are very well aware about the risk of massive social exclusion. The enormous challenge for the near future is how we can actively prevent that „the rich become richer" and cynically „the poor become more self reliant and more resilient". How to prevent the hijacking of the dual society?

Also through globalisation, for the first time, we can tackle social exclusion. Hopefully we can exclude social exclusion. The impressive Human Rights Project is even more pro-active than the mere re-active opinion about it. We also have the means to act: the human rights instruments.

The most recent one, the Convention on the Rights of the Child, is even extremely powerful in this regard by its comprehensiveness, by its binding character and by its universal ratification. Indeed the CRC is challenging the world with a *geo-political binding social contract*. As you can see the CRC reflects more than only a friendly chat about children. This is not just semantic or naive language. These are hard facts which fit very well in von Weizsäcker's concept of global domestic policies.

I hope this kind of meetings will be repeated seriously as the Davos-conferences are. Indeed we were only speaking now about the very important phase of standard setting. „Acting" contains more. Implementation and monitoring are very urgently at stake now. Indeed it seems that we experience that we have to go „on the paths through danger". Maybe there are less dangerous or even hopeful small paths if we really take the strong challenge of the brandnew social contract of the CRC.

Recent publications by the author in english (books):

– Understanding Children's rights, Children's Rights Centre, University of Ghent , 1996 (part I), 1997 (part ll).

- Monitoring Children's Rights, Kluwer Law International, The Hague, 1996.
- Convention on the Rights of the Child, Background, motivation, strategies, main themes, Garant, Leuven,1994, 1997.
- Children's Rights Monitoring Issues, Mys & Breesch, Gent,1994.
- Ombudswork for Children, Leuven, Acco,1989.

Ganzheit ist besser als Einheit - Wider die Grenzenlosigkeit

Klaus M. Meyer-Abich

In der Außenpolitik darf man dem eigenen Land Vorteile zu Lasten anderer Länder verschaffen wollen. Ein kluger Politiker wird damit nicht so weit gehen, daß diese Vorteile den Preis der Feindschaft der Benachteiligten haben. Aber auch diese Zurückhaltung geschieht aus Eigeninteresse und nicht um der andern willen. Carl Friedrich von Weizsäcker hat eine tendenzielle Weltinnenpolitik insoweit begrüßt, als kein Land sich durch einen Atomkrieg Vorteile zu Lasten anderer Länder mehr verschaffen wollen würde. Diese Hoffnung kann man nur teilen. Ein Problem ist jedoch, daß eine moralisch immer noch in der Phase der Kriegführung steckende Menschheit hier durch eine bloß technische Erfindung auf einmal dazu gebracht würde, die Konflikte nicht so auszutragen, wie es dem moralischen Bewußtsein und den handlungsleitenden Gefühlen entspricht. Es erhebt sich also die Frage: Welche Form des Konfliktaustrags tritt an die Stelle der nicht geführten Kriege?

Ich ziehe eine Parallele zu einer ganz andern Erfahrung, der von Krankheit und Gesundheit. Ein Konfliktaustrag des Menschen in sich und mit andern ist auch die Krankheit. In der heutigen Medizin herrscht die Vorstellung, Krankheiten nicht nur heilen, sondern sie geradezu abschaffen zu wollen. Was aber würde dann an die Stelle des Konfliktaustrags durch Krankheit treten? Dieser ist zwar - nach dem gesunden - immer nur die zweitbeste Möglichkeit, für alle Menschen aber doch immer wieder ein Ausweg, wenn es keinen andern mehr zu geben scheint. Viktor von Weizsäcker hat darauf geantwortet, daß bei Abschaffung der Krankheiten moralische Kriege an ihre Stelle treten würden, die so furchtbar wären, daß wir uns statt dessen nach unsern Krankheiten wie nach einem Goldenen Zeitalter zurücksehnen würden (1955, VII 383). Tatsächlich werden moralische Auseinandersetzungen auffallend oft stellvertretend für ganz andere Konflikte ausgetragen.

Was würde an die Stelle der Kriege treten, wenn in einer künftigen Weltinnenpolitik die Konflikte nicht mehr mit Waffen ausgetragen werden dürften und könnten? Ich hielte es politisch für einen enormen Fortschritt, wenn z. B. ein UN-Gewaltmonopol an die Stelle der vielen nationalen oder ethnischen Armeen träte, die jetzt noch Kriege führen, und doch sollten wir uns fragen: Welche Auseinandersetzungen werden an die Stelle der Kriege treten? Auch wenn sie nicht mehr bewaffnet auszutragen sind, bleiben die Konflikte bestehen. Werden wir uns in einer künftigen Weltinnenpolitik, in der die Kriege abgeschafft sind, am Ende etwa nach dem Krieg zurücksehnen, weil z. B. in der Weltwirtschaft noch schlimmere Auseinandersetzungen an ihre Stelle getreten sind? Die Globalisierung des Kapitalismus und der 'Freihandel' der Starken mit den Schwachen deuten darauf hin.

So weit braucht es vielleicht nicht zu kommen, aber wir sehen, daß Herr von Weizsäcker sich und uns den Weltfrieden (1963) zu Recht nicht ohne weiteres als ein Goldenes Zeitalter versprochen hat. Eigentlich hätte die moralische Anstrengung, die er in diesem Zusammenhang empfohlen hat, der technischen Erfindung immer wieder neuer Vernichtungswaffen vorangehen sollen, sie mag nun aber wenigstens eine Folge der Waffentechnik sein. Skeptisch bin ich allerdings, ob bei dieser Anstrengung ein universales „Weltethos" herauskommen sollte, wie Carl Friedrich von Weizsäcker im Anschluß an Hans Küng meint (Bartosch 1995, 15). Ich sehe das Problem vielmehr darin, daß der europäische Universalismus überwunden werden müßte, der auch den Gedanken eines Weltethos noch prägt. Meine Skepsis erläutere ich erstens durch einen kurzen Rückblick auf den Eurozentrismus. Zweitens deute ich an, daß der Gedanke einer globalisierten Ethik uns in der Klimakrise geradezu davon abhält, das einzig Nötige nach unserer eigenen Moral zu tun. Ich schließe drittens mit einigen Perspektiven, wie wir in der gegebenen Situation unsern Universalismus zügeln könnten, ohne uns den entstandenen Verantwortlichkeiten zu entziehen. Dabei tritt das Ziel der Ganzheitlichkeit der Welt an die Stelle ihrer Vereinheitlichung.

(1) Rückblick: Von der Kolonialisierung bis zur nachholenden Entwicklung

Der Aufbruch, den die abendländische Menschheit in diesem Jahrtausend vollzogen hat, begann mit den Kreuzzügen und ging dann in die Entdeckungsreisen um die Erde über. Diese wiederum fanden ihren Fortgang einerseits in der Kolonialisierung der heute sogenannten Dritten Welt, andererseits in der Unterwerfung der Natur durch die moderne Naturwissenschaft und Technologie. Francis Bacon, dem der Siegeszug dieser Wissenschaft ein Herzensanliegen war, sah gleichzeitig, daß es sich hier um eine zutiefst politische Bewegung handelte, welche die Vielfalt der Völker in eine eindimensionale Fortschrittsordnung bringen würde. In dieser Ordnung wären dann die einen vorn, die andern hinten und die Abstände so groß, daß im Verhältnis der Hinteren zu den Vorderen 'der Mensch dem Menschen wie ein Gott' vorkäme (1620, ß 129). Derartige Überlegenheitsgefühle hatte es auch in der Antike schon gegeben, aus der Bacon den Satz zitierte, jedoch nur so, wie Menschen sich gern etwas Besseres als andere zu sein dünken. Dies schließt nicht aus, voneinander gegenseitig so zu denken, indem beide Seiten eigene Wege gehen, wohingegen die Anerkennung des wissenschaftlich-technischwirtschaftlichen Fortschritts ein universales Vorn-und-Hinten mit sich brachte, das seither bis in das Konzept der nachholenden Entwicklung gegolten hat.

Warum haben sich die Völker der Dritten Welt auf die Universalisierung des partikulär europäischen Fortschrittsideals eingelassen? Dies lag zu einem wesentlichen Teil daran, daß unsere Vorfahren diejenigen, welche Widerstand leisteten, direkt mit Waffen oder indirekt durch mitgebrachte Krankheitserreger zu Tode gebracht haben. Es lag aber nicht nur daran, denn unsere Zivilisation hat sich auch in Ländern durchgesetzt, deren Führungsschichten überlebt haben und deren traditionelle Kultur ich nicht wagen würde, der unseren unterlegen zu finden. Ich denke an Indien und China, Tibet und Korea. Was hier letztlich gesiegt hat und seine Überlegenheit bis heute immer wieder beweist, ist das abendländische Bewußtsein. Natürlich gibt es Residuen anderer kultureller Identitäten, aber ich sehe keine, die sich gegen die unsere behaupten würde, wenn wir dies nicht wollten. Unsere Denkungsart ist noch viel überwältigender als unser Militär und unsere Wirtschaft. Wir Abendländer - in Europa und in Amerika - werden wohl als die kulturellen Sieger leben müssen. Wie gehen wir damit um?

Zu siegen birgt andere Gefahren als ein äußerer Gegner. Rom hat der Sieg über Karthago nicht gut getan. In unserer Zeit hat der Zusammenbruch des realsozialistischen Ostens, der in der Naturkrise der wissenschaftlich-technischen Welt noch näher am Abgrund stand, als wir es tun, dem Westen noch einmal ein beträchtliches Terrain eröffnet, sich hier weiter vorzuarbeiten. Die Selbstgefälligkeit und Kurzsichtigkeit, mit der dies geschieht, läßt aber wiederum nichts Gutes erwarten. Ich fürchte, wir machen es uns auch mit unserm Sieg über die andern Kulturen in einer gefährlichen Weise zu leicht. Die Gefahr ist die entgrenzende Vereinheitlichung der Welt, die Herbert Achternbusch einmal durch den schönen Satz charakterisiert hat: Früher war hier Unter-Finning (oder Tutzing), jetzt ist hier Welt. Die Vereinheitlichung der Welt ist in Europa, von wo sie ausgegangen ist, noch am ehesten gebremst, schreitet jedoch auch hier voran. Andere Erdteile sind mittlerweile teilweise nur noch 'Welt' und gar nicht mehr sie selber.

Nach dem Zweiten Weltkrieg war die Politik der nachholenden Entwicklung der jüngste Versuch, die Formatierung der Menschheit in der Eindimensionalität des abendländischen Fortschritts aufrechtzuerhalten. Die einen sind vorn, die andern hinten, und die Hinteren haben angeblich die Chance, sich zu den Vorderen nach deren Lebensart zu universalisieren. Diese Politik ist mittlerweile so offensichtlich gescheitert, daß neue Wege gefunden werden müssen (vgl. Sachs 1994). Gescheitert ist damit meines Erachtens aber nicht nur die neueste Facette des eurozentrischen Universalismus, sondern dieser selbst.

Ich kenne keinen Universalismus, der nicht jemandes Universalismus wäre. Dies gilt auch für den Küngschen. Oder was soll man davon halten, wenn die Starken den Schwachen antragen, mit ihnen gemeinsam zu erklären: „Wir sind überzeugt von der fundamentalen Einheit der menschlichen Familie auf unserem Planeten Erde. ... Egoismen jeder Art ... sind verwerflich. ... Niemals sollten wir rücksichtslos und brutal sein. ... Es gibt keinen Weltfrieden ohne Weltgerechtigkeit! ... Deshalb verpflichten wir uns auf ein gemeinsames Weltethos" (Küng/Kuschel 1993, 23ff.)? Wenn ich zu den Schwachen gehörte, würde ich es als eine Zumutung empfinden, dies unterschreiben zu sollen, und entgegnen: „Ich bin kein Onkel Tom. Ihr aber hättet allen Anlaß, uns gegenüber diese Erklärung abzugeben, denn die Abhängigkeit ist nicht gegenseitig und ihr seid die rücksichtslosen Egoisten, welche den Weltfrieden stören. An die Familie der Schafe mit den Wölfen glaube ich nicht"[1]

(2) Universalismus als Ablenkung

Globale Gefahren, so könnte man meinen, erfordern auch globale Lösungen. An solchen Gefahren ist heute kein Mangel. Die anthropogene Beeinflussung des Klimas (vgl. Deutscher Bundestag 1992, 1995) ist eine solche Bedrohung, vor allem für die Landwirtschaft in der Dritten Welt. Etwa die Hälfte der absehbaren Klimaänderung wird durch die Verbrennung fossiler Energieträger verursacht, etwa ein Fünftel durch die Fluor-Chlor-Kohlenwasserstoffe (FCKW), die auch den Ozonschild der Erde zerstören, was gravierende Folgen vor allem wiederum für die Landwirtschaft befürchten läßt. Die Verbrennung von Holz spielt keine Rolle, wohl aber die Abholzung von Wäldern, weil dadurch erneut Kohlenstoffdepots aufgelöst werden. Die Bemühungen um internationale Abkommen sind dementsprechend vor allem dem Kohlendioxid, den FCKW und der Abholzung von Wäldern gewidmet. Was aber würden unsere Diplomaten zu hören bekommen, wenn sie auf einer der dafür einschlägigen Konferenzen erklärten: 'Unsere Philosophen und Theologen haben uns den Gedanken mit auf den Weg gegeben, daß globale Probleme auch globaler Lösungen bedürfen und daß alle Länder sich dazu auf eine entsprechend gemeinsame Moral verständigen sollten. Wir schlagen dementsprechend vor, daß alle Völker dieser Erde sich auf ein universelles CO_2-Ethos, FCKW-Ethos, Abholzungs-Ethos etc. einigen?'

---

[1] Die Küngsche Erklärung hat auf einer Versammlung des „Parlaments der Weltreligionen" 1993 in Chicago eine Reihe von Unterzeichnern gefunden und ist dort in einer Kurzfassung auch öffentlich verlesen worden. Der Untertitel der deutschen Publikation: „Die Deklaration des Parlamentes der Weltreligionen" und der von den Autoren gezogene Vergleich mit der amerikanischen Menschenrechtserklärung von 1776 (Küng/Kuschel 1993, 10) sind Übertreibungen, die aber in Zeiten der Globalisierung der kapitalistischen Wirtschaft den von mir kritisierten politischen Anspruch bekräftigen.

Der Vorschlag würde aus der Dritten Welt durch den Vorwurf des Öko-Kolonialismus quittiert werden. 'Ihr Europäer bleibt doch immer dieselben Egoisten', müßten sich unsere Diplomaten sagen lassen, 'und eure Gelehrten verstehen es, diesen Egoismus auch moralisch zuzurichten. Aber nach fünfhundert Jahren Kolonialismus und dem neuesten Schwindel mit der nachholenden Entwicklung fallen wir nicht mehr darauf herein. Da habt ihr nun die Erde erobert und euch von allem Reichtum, den sie zu bieten hat, viel mehr angeeignet, als euch zusteht. Jetzt aber, wo ihr die ganze Menschheit damit an die Grenzen der Zerstörung der Lebensbedingungen gebracht habt, ladet ihr uns zu gemeinsamen Konferenzen ein, auf denen ihr warnend die Hände hebt und uns zuruft: Vorsicht, so darf es nicht weitergehen, wir sitzen alle in einem Boot und dürfen miteinander die Grenzen nicht überschreiten! Was heißt hier miteinander in einem Boot? Ihr sitzt mit Rettungsringen auf den besten Plätzen, und wir klammern uns an die Reling. Und ihr habt das Boot in diese Gefahr gebracht, denn ihr seid ein Viertel der Menschheit und seid durch eure Art, im Wohlstand zu leben, für drei Viertel der absehbaren Klimaänderung verantwortlich. Wir hingegen sind drei Viertel der Menschheit und nur für ein Viertel der Klimaänderung verantwortlich. Ein wesentlicher Teil unseres Viertels kommt durch die Abholzung unserer Wälder zustande, um die es schade ist, das ist ganz richtig. Ihr aber habt in euren Ländern in der Vergangenheit schon viel mehr Wälder abgeholzt, als es bei uns jetzt überhaupt noch gibt; und da wollt ihr uns davon abhalten, uns wenigstens die Reste dessen, was die Welt zu bieten hat, genauso eigennützig anzueignen, wie ihr es getan habt? Was ihr uns von dem gemeinsamen Erbe der Menschheit - soweit die Erde uns Menschen gehört - nachgelassen habt, reicht ohnehin nur noch für einen Bruchteil des Wohlstands, den ihr euch vorab gesichert habt. Wenn ihr uns dazu bringen wollt, uns gegenüber der Nachwelt und der natürlichen Mitwelt anständiger zu verhalten, als ihr es bisher getan habt und immer noch tut, dann teilt gefälligst erst einmal den Reichtum mit uns, welchen ihr euch über das hinaus angeeignet habt, was euch gerechterweise zusteht!'

Diese Philippika könnten sich unsere Diplomaten nur mit ziemlich roten Ohren anhören, denn sie hätten nichts dagegen zu sagen. Tatsächlich haben wir keinerlei Recht, unsere heutigen Mitmenschen in der Dritten Welt davon abhalten zu wollen, noch eine Weile nach unserm Vorbild zu Lasten Dritter zu leben - ausgenommen wir teilten unsern Reichtum mit ihnen. Das aber werden wir nicht tun, und es täte den Empfängern überdies wohl auch nicht gut.

Gleichwohl ist es natürlich nicht wünschenswert, daß andere unserm schlechten Vorbild folgen. Um daran etwas zu ändern, bedarf es aber keiner globalen Ethik oder Moral, sondern einer Verhaltensänderung derjenigen, die auf dem falschen Weg vorangegangen sind, d.h. der Industrieländer. Wir brauchen dazu kein „Weltethos", sondern es würde vollkommen ausreichen, wenn wir unsere eigene Moral nicht permanent und systematisch verletzen würden, indem wir zu Lasten Dritter leben - der Dritten Welt, der Nachwelt und der natürlichen Mitwelt. Ich habe diese Forderung hier nur für die globale Klimaänderung begründet, sehe aber keine weltweite Gefährdung, welche die Forderung nach einer globalen Moral wirklich rechtfertigt. Insbesondere ist auch die verbreitete Auffassung, die Bevölkerungszunahme sei eine Bedrohung der Menschheit, im wesentlichen ein Ablenkungsmanöver unsererseits. Denn die wirklich globalen Bedrohungen gehen von den Ländern aus, in denen es keine oder nur eine geringe Bevölkerungszunahme gibt (vgl. Meyer-Abich 1996). Einstweilen sind wir zu viele, nicht die andern.

(3) Kulturelle Grenzen für die Wirtschaft.

Den verbreiteten Gedanken, nunmehr unsererseits für die Bewahrung der kulturellen Identitäten anderer Länder eintreten zu wollen, finde ich zu paternalistisch, in gemilderter Form also unverändert eurozentrisch. Ob andere Kulturen noch lebenskräftig sind, zeigt sich auch daran, ob sie sich von selbst behaupten. Montaigne, Herder, Schleiermacher und andere haben aber eine Tradition begründet, in der wir üben könnten, andern nicht nur von uns aus, sondern im gemeinsamen Mitsein zu begegnen. Dieses Mitsein ist nicht das universalistische der einen Menschheit. Ich glaube nicht, daß es 'die Menschheit' niemals geben wird, sondern sehe dafür eine gute Chance in der - von den heutigen Kommunitaristen leider durchweg ignorierten - Gemeinschaft der Natur. Wir Menschen sind Erdensöhne und Erdentöchter, und es könnte uns einen, in dieser Gemeinsamkeit auf der Erde seßhaft und heimisch zu werden. Einstweilen aber sind wir davon weit entfernt. Die Entgrenzung der Märkte führt durch die Mobilisierung des Bodens und der menschlichen Arbeit sogar zu einer geradezu planmäßigen Entheimatung (Polanyi 1944). Ihr folgt die entgrenzende Homogenisierung der Welt.

In der internationalen Wirtschaft gibt es nicht einmal eine 'soziale', d.h. durch Gerechtigkeit moderierte Marktwirtschaft, so daß im wesentlichen nur das Recht des Stärkeren gilt. Die Stärkeren aber sind immer die Industrieländer, die Reichen gegenüber den Ärmeren und Armen. Bisher ist es lediglich verboten, sich im Welthandel durch Sklaverei oder Zwangsarbeit in Gefängnissen Konkurrenzvorteile zu verschaffen, nicht aber durch die Zerstörung der eigenen Lebensgrundlagen (vgl. Ekins 1996). Wer wird die armen Länder abhalten, sich uns gegenüber weiter in dieser Weise zu prostituieren?

Die Entgrenzung und Globalisierung läuft auf eine Vereinheitlichung der Welt hinaus, in der wir Menschen sein zu können glauben, indem wir möglichst überall und jederzeit haben wollen, was die Welt zu bieten hat. Dies ist eine Totalisierung des anthropozentrischen Weltbilds, Mensch sein zu können, indem man die übrige Welt nur haben will. Ich halte dieses Natur- und Menschenbild für falsch und hoffe statt der einheitlichen auf eine ganzheitliche Welt. An die Stelle des europäischen Universalismus einer globalisierten Moral träte dann ein sozusagen subsidiärer Holismus. Ich verstehe darunter ein Individualitätsprinzip im Sinn des Nikolaus von Kues: In jedem Geschöpf ist das Universum dieses Geschöpf (De docta ignorantia II 5). Herders oder Montaignes Multiversum der Kulturen - jede Kultur so zu betrachten, als ob sie die einzige in der Welt wäre - ist die Erweiterung des Cusanischen Prinzips auf die geschichtliche Vielfalt der Kulturen. In jeder Kultur ist das Universum diese je besondere Kultur. Ein anderer Ausdruck desselben Gedankens ist, daß jedes Ding, jedes Lebewesen und jede Kultur seine bzw. ihre eigene Natur hat, welche eine Individuation des Ganzen der Natur und für jedes Besondere der Inbegriff dessen ist, was es werden kann. In der christlichen Nächstenliebe wird gerade diese Achtung vor dem Selbstsein des andern gewahrt.

Das ursprüngliche Auseinander, welches die ganzheitliche Vielfalt der Individuationen ermöglicht, ist das des Raums, welcher dem einen hier und dem andern dort 'Raum gibt'. Was hier und dort Platz findet, entwickelt sich im Auseinander der Zeit, ontogenetisch und geschichtlich. Raum und Zeit müssen deshalb in einer ganzheitlichen und somit nicht zu vereinheitlichenden Welt gewahrt werden. Dies geschieht dadurch, daß alles seinen Ort hat - irgendwo zu Hause oder beheimatet ist und allererst von dort aus reist - und seine Zeit hat, mit deren Ablauf es stirbt. Im Gegensatz dazu waren es wesentliche Beweggründe der klassischen Naturwissenschaft für die moderne Welt, den Raum als bloße Ausdehnung zu homogenisieren, also die Unterschiede aufzuheben, und die Zeit durch Unsterblichkeit zu überwinden. Ich nenne die Subsidiarität, auf die es mir ankommt, holistisch, weil es nach dem Cusanischen Leitsatz in jedem Besonderen das Universum oder das Ganze der Natur ist, das sich individualisiert. Um dieser holistischen Individuation gerecht zu werden, bedarf es keiner globalen, sondern vielmehr einer im strikten Sinn sich lokalisierenden Moral oder Sittlichkeit. Küngs „Weltethos" ist ein dem entgegengesetzter Gedanke.

Ich sehe auch in der Wirtschaft durchaus Chancen der Enteinheitlichung, welche die Existenz von Besonderungen gewährleisten oder ihre Lebensfähigkeit erneuern können. Ein Beispiel im kleinen ist das Rhönprojekt, in dem sogar ohne jede Abschirmung gegen den Markt die überregionalen Billigprodukte durch eine Rückkehr zu teureren regionalen Besonderheiten im Touristikangebot weitgehend verdrängt werden konnten (Popp 1993). Ein anderes Beispiel ist eine Gruppe von Betrieben in Kanada, die je für sich durch überregionale Konkurrenz in ihrer Existenz gefährdet waren, sich dann aber durch eine Art Sonderwährung, in der keine Guthaben akkumuliert werden durften, kooperativ gegen das marktwirtschaftliche Umfeld behaupten konnten (Local Employment and Trade System [LETS]; vgl. Dauncey 1988). Wenn in dieser Richtung noch etwas mehr Mut und Phantasie entwickelt würde, gäbe es mancherlei Gelegenheit, der allgemeinen Grenzenlosigkeit auch im privaten Kaufverhalten - das hierzulande immerhin über die Verwendung von zwei Dritteln des Sozialprodukts entscheidet - entgegenzuwirken. Vielleicht fänden wir dann auch im Großen die politische Kraft, dem Freihandel und den internationalen Kapitalströmen Grenzen zu setzen, statt die Globalisierung durch weltethische Obertöne zu verschönern. Dazu gälte es anzuerkennen, daß die privaten und materiellen Güter letztlich um der immateriellen und Gemeinschaftsgüter angestrebt werden (vgl. Scherhorn 1997).

Ich kann mir also die moralische Anstrengung, derer es in der aufkommenden Weltinnenpolitik bedarf, am ehesten so vorstellen, daß Grenzen gewahrt und neue Grenzen gebildet werden, vor allem Grenzen gegen wirtschaftliche Übergriffe. Freiheit wird nicht dadurch gewonnen, daß man alle Grenzen niederreißt, sondern wahre Freiheit ist immer die Freiheit einer Ordnung, also eine Freiheit in und durch Grenzen, so wie im modernen Rechtsstaat. Die Ordnungen, in denen eine Weltinnenpolitik gut ausgehen könnte, sind kulturelle Ordnungen in geschichtlicher Vielfalt. Es käme also darauf an, einer eigentlich nicht freien, sondern zerstörerischen Wirtschaft kulturelle Grenzen zu setzen. Sonst ist es nicht ausgemacht, ob die militärischen Zerstörungen dermaleinst größer gewesen sein werden als die wirtschaftlichen.

Literatur

- Bacon, Francis: Neues Organon [1620]. Teilband I und II. Hrsg.und mit einer Einleitung von Wolfgang Krohn. Lateinisch-deutsch. Hamburg (Meiner: PhB 400a/b) 1990, lvi, 275 S.; vii, S. 278-629.

- Bartosch, Ulrich: Weltinnenpolitik. Zur Theorie des Friedens von Carl Friedrich von Weizsäcker. Berlin (Duncker & Humblot: Beiträge zur Politischen Wissenschaft 86) 1995, 448 S.

- Dauncey, Guy: After the Crash. The Emergence of the Rainbow Economy. London (Marshall Morgan & Scott Publ.) 1988, 312 S.

- Deutscher Bundestag (Hrsg.): Erster Bericht der Enquête- Kommission „Schutz der Erdatmosphäre" zum Thema: Klimaveränderung gefährdet die globale Entwicklung. Zukunft sichern - Jetzt handeln. Bundestagsdrucksache 12/2400. Bonn 31. März 1992, 126 S. ND unter dem Titel: Klimaänderung gefährdet globale Entwicklung. Zukunft sichern - Jetzt handeln. Erster Bericht der Enquête-Kommission „Schutz der Erdatmosphäre" des 12. Deutschen Bundestages. Bonn/ Karlsruhe (Economica Verlag/ Verlag C.F. Müller) 1992, 238 S.

– Deutscher Bundestag (Hrsg.): Schlußbericht der Enquête- Kommission „Schutz der Erdatmosphäre" zum Thema: Mehr Zukunft für die Erde - Nachhaltige Energiepolitik für dauerhaften Klimaschutz. Bundestagsdrucksache 12/8600 vom 31. Oktober 1994, 746 S. ND unter dem Titel: Mehr Zukunft für die Erde - Nachhaltige Energiepolitik für dauerhaften Klimaschutz. Schlußbericht der Enquête-Kommission „Schutz der Erdatmosphäre" des 12. Deutschen Bundestages. Bonn (Economica Verlag) 1995, xxviii, 1540 S.

– Ekins, Paul: Freihandel darf kein Dogma sein. Zum Schutz der Umwelt sollten Handelsschranken erlaubt werden. In: Der Überblick, Heft 1, 1996, S. 78-82.

– Küng, Hans/Kuschel, Karl-Josef: Erklärung zum Weltethos. Die Deklaration des Parlamentes der Weltreligionen. München/ Zürich (Piper: Serie Piper 1958) 193, 138 S.

– Meyer-Abich, Klaus Michael: Die Arroganz der Reichen - Mit schlechtem Beispiel voran. In: Bild der Wissenschaft, Februar 1996, S. 64-69.

– Meyer-Abich, Klaus Michael: Praktische Naturphilosophie - Erinnerung an einen vergessenen Traum. München (Beck) 1997, 520 S.

– Polanyi, Karl: The Great Transformation. Politische und ökonomische Ursprünge von Gesellschaften und Wirtschaftssytemen [1944]. Frankfurt/M. (Suhrkamp: stw 260) 1978, 31995, 393 S.

– Popp, Dieter: Bayern, Hessen und Thüringen in der Pflicht. Biosphärenreservat Rhön. In: Nationalpark (Grafenau) Nr. 7, Heft 2, 1993.

– Sachs, Wolfgang (Hrsg.): Der Planet als Patient. Über die Widersprüche globaler Umweltpolitik. Berlin u.a. (Birkhäuser: Wuppertal Paperbacks) 1994, 290 S.

– Scherhorn, Gerhard: Das Ganze der Güter. In: Vom Baum der Erkenntnis zum Baum des Lebens – Ganzheitliches Denken der Natur in Wissenschaft und Wirtschaft. Hrsg. von K.M. Meyer-Abich. München (Beck) 1997, S. 162-251.

– Weizsäcker, Carl Friedrich von: Bedingungen des Friedens [1963]. In: Der bedrohte Frieden. Politische Aufsätze 1945-1981. München (Hanser) 1981, S. 125-137.

– Weizsäcker, Viktor von: Meines Lebens hauptsächliches Bemühen. In: Allgemeine Medizin. Grundfragen medizinischer Anthropologie. Gesammelte Schriften Bd. VII. Bearbeitet von Peter Achilles. Frankfurt am Main (Suhrkamp) 1987, S. 372-392.

Weltinnenpolitik 1963? Weltinnenpolitik 1997!

Carl Friedrich von Weizsäcker

Liebe Freunde, sage ich!

Nun, ich habe kein Manuskript gemacht, sondern mir zurechtgelegt, worüber ich in der jetzt vorfindlichen Situation gerne sprechen möchte. Und zwar habe ich mir da drei Themen ausgesucht:

1. Wie kam es eigentlich zu der Rede „Bedingungen des Friedens" im Jahre 1963?
2. Was meine ich mit Weltinnenpolitik?
3. Wohin gehen wir heute?

Denn es war in der Ankündigung meines Vortrags der Titel angegeben, den - so glaube ich - die Herausgeber mir suggeriert haben: „Weltinnenpolitik 1963? Weltinnenpolitik 1997!" Also, in diesem Sinne würde ich gerne einiges sagen.

1. Wie kam es eigentlich zu der Rede „Bedingungen des Friedens" im Jahre 1963?

Zunächst das erste: Wie kam es eigentlich dazu, daß der deutsche Buchhandel einen Friedenspreis verlieh und daß ich dazu auch noch der Empfänger war?

Wenn ich von meinen eigenen Erinnerungen spreche: Ich wollte als Kind Naturforscher, Astronom werden. Dann merkte ich, daß das Planetensystem eine Analogie hat in Gestalt und Struktur des Atoms. Ich hatte das große Glück, als ich 14 Jahre alt war, Werner Heisenberg kennenzulernen, der gerade das Bohr-Rutherfordsche Atommodell auf die moderne Form in der Quantentheorie gebracht hatte. Ich wurde dann also Physiker, wurde Quantentheoretiker. Und als ich mit meinem Studium fertig war, im Jahre 1932, war für mich der verlockendste Stoff die Kernphysik, die Physik der Atomkerne, weil damals gerade Heisenberg aus der Entdeckung des Neutrons durch Chadwick die Konsequenz gezogen hatte, daß die Atomkerne aus Protonen und Neutronen bestehen können oder müssen und daß man dann die Quantentheorie auf die Atomkerne anwenden könne. Also fing ich an, Kernphysik zu machen aus einem rein theoretischen Interesse: Was ist eigentlich die Analogie, und was ist der Unterschied zwischen einem Atom und einem Planetensystem?

Dann arbeitete ich einmal ein halbes Jahr bei Otto Hahn und Lise Meitner. Und wieder einige Zeit später - ich war inzwischen in Berlin am Kaiser-Wilhelm-Institut für Physik, dessen Direktor Peter Debye war, da erfuhr ich von Hahn durch einen Telefonanruf, daß er gefunden hatte, daß bei der Beschießung von Uran mit Neutronen ein Stoff herauskommt, den Joliot schon gefunden und für Radium gehalten hatte, vom dem er aber erkannte, daß er Barium war. Und wenn das so ist, dann folgt daraus, daß der Atomkern gespalten ist. Bald danach - ich glaube, in seinem Institut wußte man es sofort - erfuhr ich auch von ihm, daß Joliot in Paris, der die Versuche zuerst gemacht hatte, gefunden hatte, daß bei der Beschießung eines Atomkerns mit Neutronen neue Neutronen freiwerden, und zwar mehr Neutronen frei werden als man vorher abgeschossen hatte. Daraus folgte, daß es eine Kettenreaktion der Kernspaltung geben kann. Und daraus wiederum folgte - ich würde sagen: im März 1939 wußten wahrscheinlich etwa zweihundert Kernphysiker auf der ganzen Welt, daß damit Atombomben möglich sind.

Ich erzähle diese biographische Erinnerung, um zu sagen: Ich bin über das Problem - über Politik und über Weltinnenpolitik - nachzudenken, zwar vielleicht auch durch familiäre Tradition vorbereitet gewesen, aber hineingekommen dadurch, daß der Physiker gezwungen war, moralisch gezwungen war würde ich sagen, nachzudenken über die Folgen dieser physikalischen Entdeckung, die ja das Schicksal der Welt völlig verändert hat.

Das haben dann viele Leute empfunden. Und darüber wollte ich zunächst ein paar Worte sagen.

Ich bin an dem Abend des Tages, an dem ich zuerst gehört hatte, daß die Uranbombe möglich sein könnte, das muß im Februar 1939 gewesen sein, zu meinem Freund Georg Picht gegangen. Und wir haben miteinander darüber gesprochen, was denn aus einer solchen Bombe folgt. Wir haben damals drei Konsequenzen gezogen:

1. So wie die Menschheit heute beschaffen ist: Wenn die Atombomben möglich sind, wird es jemanden geben, der sie macht. Das heißt, um diese Konsequenz gleich mitzunehmen: Wenn ich nicht daran mitarbeite, werde ich dadurch überhaupt nicht verhindern, daß die Bombe gemacht wird. Das ist also dann nur, daß ich meine weiße Weste bewahren möchte, aber nichts tue, um auf dieses Schicksal Einfluß zu nehmen.

2. Wenn Atombomben gemacht sind: So wie die Welt heute beschaffen ist, dann wird es jemanden geben, der sie militärisch anwendet, denn die Institution des Krieges liegt vor, man rüstet sich. Und dann, wenn der Krieg stattfindet, wird man die Waffe auch benutzen.

3. Beides hat sich am Tag von Hiroshima im Jahre 1945, also relativ bald danach, als wahr bestätigt.

4. (Konsequenz) Das ist doch so etwas wie ein Weckersignal für die ganze Menschheit, insbesondere für die Naturwissenschaftler, denn wenn es diese Bomben geben wird, dann - so zogen wir damals etwas übertrieben die Konsequenz - wird die Menschheit nur die Wahl haben, zwischen zwei Möglichkeiten: entweder sich selbst zugrunde zu richten oder die Institution des Krieges zu überwinden.

Die Meinung, daß man nur die Atomwaffen abschaffen müsse, war eigentlich schon in dem ganzen Gespräch nicht unsere Meinung. Denn: wenn solche Sachen möglich sind, werden auch andere Waffen möglich sein, es wird vieles möglich sein. Man muß die Ursache des Gebrauchs dieser Sache zur Tötung von anderen Menschen überwinden. Und diese Ursache liegt in der Institution des Krieges.

Was kann man denn dann tun? Das war also die Frage. Nun ist die Frage: Kann die Institution des Krieges überhaupt überwunden werden? Ist das nicht etwas, was in der menschlichen Natur so tief drinliegt, daß es nicht die geringste Chance gibt, es zu überwinden?

Nun, ich habe mich nach und nach zu der Meinung bewogen gefühlt, daß man das wohl überwinden könnte. Und dafür darf ich vielleicht auch kleine historische Beispiele geben:

Also, als ich als Schüler, achtjährig etwa, in der Heimatstadt meiner Familie in Stuttgart auf die Schule ging,da habe ich auch das Gedicht von Uhland über Eberhard den Greiner, den alten Rauschebart, kennen- und auswendig gelernt. Eberhard der Greiner hat von Stuttgart aus Krieg geführt gegen Reutlingen. Wer würde sich auch nur zweihundert Jahre später noch eingebildet haben, daß zwischen Stuttgart und Reutlingen Krieg geführt wird? Es war de facto so. Wenn man sich die Geschichte der Sache ansieht: Er hat dann eine Schlacht gegen Reutlingen verloren, dann aber eine zweite Schlacht, die von Döffingen gegen Reutlingen, gewonnen, weil unter anderem ein Angehöriger einer dritten Gruppe, das war nämlich noch der Herr von Wunnenstein, sich auf die Seite des Württembergers gestellt hatte, d.h. also des Stuttgarters gegen Reutlingen, was eine Freie Reichsstadt war und zugehörte zu der Gruppe der damals aufstrebenden Freien Reichsstädte. Dann bedankte sich der Eberhard bei dem Wunnensteiner. Und der Wunnensteiner sagte, so steht es in Uhlands Gedicht: „Ich tat's aus Haß der Städte und nicht um Eueren Dank." Also, so lernt man die vergangene Geschichte zum Beispiel bei einem begabten Dichter wie Uhland kennen. Und daß der Haß der Städte einen Anlaß geben kann, daß man eine solche Schlacht gegen sie führt, das ist doch auch vorbei. Nun gut. - 1866, das habe ich in meiner Rede, die ich damals in Frankfurt beim Friedenspreis des Buchhandels gehalten habe, direkt zitiert: 1866 hat der König von Preußen noch gegen den König von Bayern, den König von Württemberg und den König von Sachsen Krieg geführt. Das kann man sich doch heute auch gar nicht mehr vorstellen, daß das im Ernst der Fall gewesen wäre - aber so war es.

Oder - noch ein anderes historisches Beispiel:

Als ich ein Kind war, habe ich noch gelernt - zum Glück nicht von meinen Eltern -, daß die Deutschen und die Franzosen Erbfeinde sind und daß sie immer gegeneinander Krieg führen werden. Bis 1945 war das unwiderlegt. Nur etwa zehn Jahre später war es in gewisser Weise höchst unwahrscheinlich geworden. De Gaulle und Adenauer sind miteinander durch Deutschland gereist. Es zeigte sich, daß es gemeinsames Interesse dieser Nationen war, miteinander versöhnt zu sein - freilich weil sie einen anderen, größeren Gegner fürchteten, nämlich die Sowjetunion.

Also, der Krieg, den ich schon im Jahre 1944 erwartet habe, als der Zweite Weltkrieg von Deutschland noch nicht verloren war, das war der Dritte Weltkrieg zwischen Amerika und Rußland. Der hat dann auch nicht stattgefunden. - Ich will jetzt nicht darüber reden, wie es dazu gekommen ist, das war eine komplizierte Geschichte, aber das hat zu tun mit dem Begriff der Weltinnenpolitik. Denn die Kriege, die man vorher hatte, jedenfalls nach dem Ende der Napoleonischen Kriege, das waren nicht nur die Kriege der Fürsten gegeneinander wie in früheren Zeiten, sondern das waren die Kriege der Nationen gegeneinander.

Aber der Dritte Weltkrieg zwischen Amerika und Rußland wäre von denjenigen, die ihn geführt hätten, anders verstanden worden: nicht als Krieg von zwei Nationen gegeneinander. Was haben die nordamerikanischen Nation und die russische Nation, das sie veranlassen könnte, gegeneinander Feind zu sein? Es wäre der Krieg gewesen zwischen zwei innenpolitischen Idealen, nämlich dem Ideal der Demokratie und dem Ideal des Sozialismus.

Und jeder von beiden war überzeugt, daß der andere das böse Ideal vertritt und daß man selbst das gute Ideal vertritt. Das würde ich bereits ein Beispiel für eine weltinnenpolitische Denkweise nennen. Denn das richtige Ideal, das ist ein Begriff, den man eher in der Innenpolitik lokalisieren würde. Und dazu könnte es dann denkbarerweise zum Krieg kommen. Also, das war nun die Frage. - Jetzt komme ich zum 2. Punkt.

2. Was meine ich mit Weltinnenpolitik?

Was war eigentlich der Gund, daß man mich da auch - nach anderen - veranlaßt hat, den Friedenspreis des deutschen Buchhandels entgegenzunehmen? Das war ein eigener Einsatz, den ich damals geleistet habe - jedenfalls zu leisten versucht habe - im Rahmen der sogenannten Göttinger Erklärung.[1] Deren 40jähriges Jubiläum ist ja vor kurzem gefeiert und auch relativ viel in der Öffentlichkeit besprochen worden. Was war denn das? Da handelte es sich nun darum: Wir sahen, die Amerikaner haben Atomwaffen - die Russen haben Atomwaffen. Es kann sein, daß diese Tatsache den Dritten Weltkrieg, den wir vorher sehr gefürchtet hatten, hinauszögern wird. Denn beide Teile werden sich sehr fürchten, was ihnen passieren kann, wenn der andere Atomwaffen auf sie wirft. Daß dadurch alleine, durch die Existenz der Atomwaffen, der Weltkrieg definitiv verhindert werden würde, das konnten wir uns eigentlich kaum vorstellen. Aber daß er doch noch um ein paar Jahrzehnte hinausgezögert würde und man in diesen Jahrzehnten sich noch etwas Neues überlegen konnte, das konnte man sich ja durchaus denken.

Dann war aber die große Besorgnis: Es sind ja nur die zwei großen Mächte - und England, das ja an der Atomwaffe auch Anteil hatte, weil die Engländer und die Amerikaner gleichzeitig an der Atomwaffe gearbeitet haben. Die Franzosen fingen an, Atomwaffen zu bauen, de Gaulle wollte welche. Dann, so konnte man sich vorstellen, würden die Chinesen anfangen, sie fingen auch an. Und die Frage war: Wie viele Nationen werden noch Atomwaffen entwickeln? Und was wird geschehen, wenn all diese Nationen Atomwaffen haben? Kann man dann annehmen, daß die Vorsicht, die wir den beiden Großmächten allenfalls zutrauen, von allen Regierungen der kompliziertest verständlichen Völkergemeinschaft beachtet werden wird?

Also fanden wir: wenigstens ein erster Schritt zur Überwindung der Institution des Krieges könnte ja sein, daß man etwas dafür tut, daß die Atomwaffen sich nicht weiter verbreiten. Nonproliferation, wie man das dann genannt hat: Nichtverbreitung von Atomwaffen.

Nun war die Frage: Ich fand, ich muß mich dazu öffentlich äußern. Und einige meiner Freunde fanden das auch. Otto Hahn hatte sich schon im Rahmen einer Erklärung von der Insel Mainau der Nobelpreisträger im Jahre 1955 in diesem Sinne geäußert, usf. Wenn man sich aber als Deutscher dazu äußern wollte, daß man will, daß die Atomwaffen nicht weiter in der Welt verbreitet werden, ist man selbstverständlich verpflichtet, zuerst zu sagen, daß man sie nicht für die eigene Nation machen will. Sonst ist es absurd. Sonst sagen die Leute: „Na ja, das kennen wir. Selber wollen sie es haben, und uns gönnen sie es nicht."

Also mußte man öffentlich erklären, daß man nicht bereit sein wird, für die eigene Nation Atomwaffen zu machen, nicht nur, daß man davor warnt, sondern daß man nicht bereit sein wird, selber Atomwaffen zu machen.

Es war damals inzwischen das Atomministerium gegründet worden; sein Minister war Franz Josef Strauß. Daß er Atomwaffen haben wollte, wußten wir. Dann wurde er Verteidigungsminister; und wir mußten uns überlegen, was wir jetzt tun wollten. Der Arbeitskreis Kernphysik, der ihn in diesen Dingen beriet, hat eine Sitzung anberaumt. In dieser nichtöffentlichen Sitzung zeigte sich, daß alle Angehörigen dieses Arbeitskreises (es waren etwa 15 oder 20 Physiker) entschlossen waren, nicht an deutschen Atomwaffen mitzuarbeiten - ganz einerlei, welche politische Einstellung sie sonst hatten. Da gab es konservative Anhänger der Adenauer-Regierung, es gab linke Pazifisten - es gab alles. Aber alle waren einig: das wollen wir nicht.

---

[1] Jetzt abgedruckt in: Carl Friedrich von Weizsäcker, Der bedrohte Friede - heute, München: Hanser 1994, S. 25-26. Vgl. auch: Ders., Gespräch zur Göttinger Erklärung, in: Ders. Bewußtseinswandel, München: Hanser 1988, S. 387-397. Siehe auch: Ulrich Bartosch, Weltinnenpolitik, Zur Theorie des Friedens von Carl Friedrich von Weizsäcker, Berlin: Duncker&Humblot 1995, S. 62-90.

Dann haben wir den Brief an Strauß geschrieben.[2] Daraus entstand dann eine Debatte mit Strauß (die will ich jetzt nicht im einzelnen ausführen), und dann kam eine etwas leichtfertige Äußerung von Adenauer in einer Debatte, die dann schon im Bundestag stattfand, wo Adenauer sagte: 'Wir wollen doch taktische Atomwaffen, und das ist doch eine bloße Veränderung der Artillerie.' Und als ich das in der Zeitung las, wußte ich (das war ein Dienstag, als ich das las): Noch in dieser Woche werde ich die öffentliche Erklärung zu dieser Sache von meinen Kollegen haben. Denn: kaum hatten sie diese Äußerung gelesen, sagten sie: Diese falsche Darstellung des Problems dürfen wir nicht einfach öffentlich bestehen lassen. Dann haben wir die Göttinger Erklärung veröffentlicht, in der wir über die Probleme redeten, die ich jetzt gerade genannt habe, und haben in dieser Erklärung dann auch gesagt: Jedenfalls wird keiner der Unterzeichner bereit sein, sich an der Herstellung oder am Einsatz von Atomwaffen zu beteiligen.

Das hat dann eine gewisse öffentliche Debatte ausgelöst. Ob diese Debatte zu etwas wirklich Nützlichem geführt hat oder nicht, ist für mich schwer zu beurteilen, aber jedenfalls war sie einer der Schritte, und zwar in diesem Falle zufällig ein Schritt in Deutschland, an der Überlegung, die weltweit stattfand, insbesondere auch in Amerika für Nonproliferation, Nichtverbreitung von Kernwaffen. Damit also war man beschäftigt.

Nun möchte ich gerne aus der Rede, die ich damals in Frankfurt gehalten habe, ein paar Passagen vorlesen, in denen dann das Wort Weltinnenpolitik vorkommt, das gerade zitiert worden ist.[3] Ich habe damals in meiner Rede gesagt:

„Ich beginne mit drei Thesen:

1. Der Weltfriede ist notwendig.

2. Der Weltfriede ist nicht das Goldene Zeitalter.

3. Der Weltfriede fordert von uns eine außerordentliche moralische Anstrengung."[4]

Das habe ich dann versucht, im einzelnen zu erläutern. Ich lese jetzt einmal zunächst die Erläuterung des 1. Satzes vor

„Der Weltfriede ist notwendig.:

Man darf fast sagen: Der Weltfriede ist unvermeidlich. Er ist Lebensbedingung des technischen Zeitalters. Soweit unsere menschliche Voraussicht reicht, werden wir sagen müssen: Wir werden in einem Zustand leben, der den Namen Weltfriede verdient, oder wir werden nicht leben."[5]

(Das war also noch einmal diese dritte These, die ich vorhin schon zitiert habe.)

Dann kommt 2. die Frage: Wie ist denn der Weltfriede? Da hatte ich gesagt:

„Der Weltfriede ist nicht das Goldene Zeitalter. Nicht die Elimination der Konflikte, sondern die Elimination einer bestimmten Art ihres Austrags ist der unvermeidliche Friede der technischen Welt. Dieser Weltfriede könnte sehr wohl eine der düstersten Epochen der Menschheitsgeschichte werden. Der Weg zu ihm könnte ein letzter Weltkrieg oder blutiger Umsturz, seine Gestalt könnte die einer unentrinnbaren Diktatur sein.

---

[2] Auszugsweise wiedergegeben in: Ulrich Bartosch, Weltinnenpolitik, S. 74.

[3] Jetzt abgedruckt in: Carl Friedrich von Weizsäcker, Der bedrohte Friede - heute, S. 47-59.

[4] Ebd., S. 48.

[5] Ebd., S. 49.

Gleichwohl ist er notwendig."[6]

So habe ich versucht, das zu schildern. Und dann habe ich die drei Thesen noch einmal in Kurzfassung ausgesprochen. Und das lese ich jetzt noch vor:

1. „1Der Weltfriede ist notwendig. Denn die Welt der vorhersehbaren Zukunft ist eine wissenschaftlich-technische Welt.

2. Der Weltfriede ist nicht das Goldene Zeitalter, sondern sein Herannahen drückt sich in der allmählichen Verwandlung der bisherigen Außenpolitik in Welt-Innenpolitik aus."[7] Da habe ich diese Vokabel benutzt.

3. „Der Weltfriede fordert von uns eine außerordentliche moralische Anstrengung. Denn wir müssen überhaupt eine Ethik des Lebens in der technischen Welt entwickeln."[8]

Das war also der Versuch 1963 zu sagen, wie die Sachen stehen. Und ich muß gestehen: Wenn ich jetzt höre 'Weltinnenpolitik sei doch eigentlich ein neuer und ein etwas schwieriger Begriff', dann muß ich sagen, ich habe damals gefunden, daß es etwas ganz Einfaches ist, wenn man einsieht, daß man den Frieden bewahren muß. Wenn man aber sonst kein anderes Mittel hat (als eben den Beschluß, diese Waffen nicht zu verwenden - oder was immer es sein mag), dann muß man versuchen die Probleme, die sich uns in der Weltpolitik stellen, zu lösen unter Aufrechterhaltung einer Bedingung, die früher in der Weltpolitik nicht existierte, nämlich der Vermeidung des gewaltsamen Austrags.

Betrachten wir die menschliche Geschichte, dann sehen wir doch (ich zitiere hier einmal Konrad Lorenz, mit dem ich über diese Sachen geredet habe, und der wohl da auch einiges ähnlich gesehen hat), der sagte also: „Wenn ein Rudel Wölfe miteinander im Streit liegt, welcher von den Wölfen der führende sein soll, dann wird der Führende, der Sieger dieses Streits, eine unüberwindliche Hemmung erhalten, den Besiegten totzubeißen, obwohl er es könnte. Denn eine Spezies von Tieren, die diese Hemmung nicht hat, die wird nicht überleben. Es ist darwinistisch ganz unwahrscheinlich, daß das geht. Der Mensch allerdings hat diese Hemmung nicht ebenso selbstverständlich, denn er ist nicht wie der Wolf mit Mitteln ausgestattet, andere Menschen mühelos umzubringen. Infolgedessen muß der Mensch nicht nur die Hemmung angeboren haben, sondern er muß sie an sich erziehen. Es ist notwendig für die Menschen, daß sie für die Gruppe, in der sie stehen, lernen, daß man keinen Angehörigen dieser Gruppe umbringen darf. Keinen Angehörigen der eigenen Familie. Oder in der frühen Landwirtschaft: keinen Angehörigen des eigenen Dorfs. Oder in den späteren Städten: keinen Angehörigen der eigenen Stadt. Man macht dann Justiz. Es gibt Richter. Die haben das Recht, Verbrecher zum Tod zu verurteilen, aber das muß selbst geschehen gemäß den Regeln. Dagegen schlicht einen Angehörigen der eigenen Stadt zu ermorden, das ist immer eine Untat. Dann die großen Staaten: Auch in diesen wurde das verlangt, aber immer durften diese Einheiten gegen andere gleichartige Einheiten Gewalt anwenden. Rudel gegen Rudel, Dörfer gegen Dörfer, Städte gegen Städte (immer soweit sie unabhängig waren), Staaten gegen Staaten.

Jetzt aber sind wir in einer technischen Lage, in der wir gezwungen sind, miteinander so zu leben, daß wir auch im Zusammenleben der Nationen, im Zusammenleben der großen staatlichen Einheiten diese Spielregeln bewahren. Das heißt, daß wir dieses Zusammenleben einfach

---

[6] Ebd.

[7] Ebd.

[8] Ebd.

wegen der technischen Möglichkeiten, die es heute gibt, verwandeln in etwas, was ich die Weltinnenpolitik genannt habe. Weltinnenpolitik ist also hier eine Forderung. Es ist keineswegs eine ideale Sache (denn die Innenpolitik ist ja oft sehr scheußlich), sondern sie ist nur eine Überlebensforderung. Das war eigentlich die Absicht mit dem Wort Weltinnenpolitik.

Jetzt kommt die weitere Frage: Ist das möglich - und ist das heute vielleicht besser möglich als damals?

Nun, ich war damals der Meinung: Es ist notwendig. Und ich bin heute noch immer derselben Meinung. Es ist notwendig - aber ich weiß keineswegs selbstverständlich - daß es geschehen wird.

3. Wohin gehen wir heute?

Nun will ich über die jetzige Zeit auch noch einige Dinge sagen. (Dann will ich auch nicht mehr zu lange reden.) Es liegt ein kleines Büchlein von mir vor, unter dem Titel „Wohin gehen wir?".[9] Das sind vier einstündige Vorlesungen, die ich im Januar - die vierte im Februar - dieses Jahres 1997 an der Münchener Universität gehalten habe, und nach denen es dann auch immer eine lange Diskussion gab. Allerdings sind diese Diskussionen da nicht abgedruckt, sondern es ist nur abgedruckt, was ich geredet habe. Das war der Versuch, in ganz knapper Form zu sagen, wie mir heute diese Problematik vorkommt. Und diese vier Vorlesungen haben vier Titel:

1) Der Gang der Politik

2) Der Weg der Religion

3) Der Schritt der Wissenschaft

4) Was sollen wir tun?

Nun will ich darüber noch ein paar Dinge sagen und dann aufhören.

Also: *Der Gang der Politik.* Ich habe ja gerade schon allerhand darüber geschildert, wie in der Geschichte der Menschheit die Politik sich entwickelt hat. Wenn ich als Darwinist - ich darf mich vielleicht so nennen - an die Geschichte des Lebens denke, dann würde ich sagen: In der unglaublich kurzen Zeit von wenigen Jahrtausenden hat die Menschheit sich in einem Maße auf neue Situationen eingestellt, wie das in der Evolution sonst höchstens in Jahrmillionen geschieht. Wir haben hier eine ganz kurze Zeit, in der wir das überwinden müssen, was die Menschheit mit sich selbstzerstörerisch zu tun hat.

Da möchte ich nun vielleicht ein paar Worte sagen über das heute wohl wichtigste politische Problem (das wichtigste vielleicht nicht im tiefen Sinne, aber das am meisten diskutierte), und das ist das Problem der Ökonomie. Wenn ich mir heute etwa im Fernsehen, was ich öfter tue, eine Bundestagsdebatte anhöre, und da ist nun die Rede von der richtigen ökonomischen Politik, dann ist das, was ich sehe (und ich glaube, jeder von uns wird sich das auch vergegenwärtigen können), daß da mindestens zwei Gruppen einander gegenüberstehen (es sind manchmal auch mehr als zwei, aber zwei jedenfalls). Und der Vertreter jeder von den Gruppen sagt:

---

[9] Carl Friedrich von Weizsäcker, Wohin gehen wir? Der Gang der Politik, Der Weg der Religion, Der Schritt der Wissenschaft, Was sollen wir tun?, München: Hanser 1997.

„Das, was wir vertreten, würde das Problem lösen, aber die Gegenseite verfolgt ein Programm, das geradezu dazu gemacht ist, unsere ganze Wirtschaft und die Politik zu vernichten." Und jeder glaubt sogar, daß das so sei. Mindestens glaubt er, daß er Wähler gewinnt, wenn er diese Behauptung ausspricht. Das heißt, das Problem der richtigen ökonomischen Politik scheint mir (aus der heutigen Sicht eines nicht-gelernten Ökonomen) höchst kontrovers. So kontrovers wie Überlebensprobleme normalerweise sind.

Wenn ich mich jetzt frage, was das zu tun hat mit der Theorie des Marktes - denn es handelt sich bei uns ja um die Marktwirtschaft.

Da mache ich vielleicht eine kleine Zwischenbemerkung: Der ideologische Konflikt, der weltinnenpolitische Konflikt, der den Gegensatz zwischen Amerika und der Sowjetunion bedingt und also auch zwischen uns Westeuropäern und der Sowjetunion, dieser Konflikt ist in gewisser Weise ausgestorben, die Sowjetunion ist zusammengebrochen, die Länder der früheren Sowjetunion und ihre Verbündeten suchen nach neuen Formen. Im Westen hat man sich eine kleine Weile vorgestellt, man habe diesen Kampf gewonnen. Was aber in Wirklichkeit herausgekommen ist, das ist, daß außer der Feindschaft gegen das sowjetische System nur sehr wenig verbindende und wirklich deutliche Elemente in der westlichen Welt hervorragen. Und wenn man jetzt fragt, wie man es denn machen soll, dann kommt heraus, daß man das nie gewußt hat - und infolgedessen jetzt auch nicht weiß.

Nun ist die Frage: Wie kann man es denn wirklich machen? Wir werden hier in dieser Tagung darüber diskutieren. Wir haben heute schon einiges gehört, und wir werden in den nächsten Tagen noch allerhand darüber hören, und das wird sehr wichtig und sehr interessant sein. Ich sage nur: Diese Dinge sind notwendigerweise kontrovers.

Wenn ich jetzt mit meiner nicht-vorhandenen echten ökonomischen Bildung doch etwas dazu sage, dann sage ich: Ich habe einmal mit großem Interesse gelesen, was Adam Smith im 18. Jahrhundert über die Marktwirtschaft geschrieben hat. Ich gebe das nun in meiner Sprache wieder: Der Markt ist bei weitem die beste Form, Güter zu produzieren, weil er den Egoismus nicht von ein paar führenden Leuten, sondern von Millionen von Leuten, von allen Bürgern anspricht und motiviert. Dann werden mehr Güter erzeugt und wohl auch bessere Güter erzeugt als in irgendeiner anderen Form. Aber Smith wußte auch: das allein löst nicht alle Probleme. Und er nannte wenigstens drei Probleme, die nicht gelöst sind, wenn man nur einfach die Marktwirtschaft gedeihen läßt, d.h. die Menschen ihrem sinnvollen Egoismus frönen läßt. Das erste ist: Der Friede muß bewahrt werden - und das muß der Staat tun. Das zweite ist: Die innere gerechte Ordnung muß bewahrt werden - und das muß der Staat tun, das Volk braucht nicht automatisch etwas bewahren. Und das dritte ist: Es gibt Güter, deren Produktion dem, der es produziert, gar keinen Vorteil bringt, zum Beispiel Leuchttürme. (Wenn ich am Meer lebe und einen Leuchtturm baue, werde ich dadurch nur erreichen, daß die Schiffe nicht mehr an diesem Felsen scheitern und ich sie nicht mehr ausplündern kann, sondern daß sie vorbeifahren.) Das muß der Staat finanzieren oder irgendeine Instanz, die dazu eigens da ist. Und wenn ich als heutiger Mensch etwas dazu sagen muß, nenne ich viertens: den Schutz der Umwelt. (Davon war ja auch schon die Rede in den Vorträgen.)

Also: Es müssen Dinge getan werden, welche unerläßlich sind für den Erfolg der Marktwirtschaft, welche aber aus dem Markt alleine nicht hervorgehen. Adam Smith war durchaus der Meinung, daß man hier nicht vorbei kann an dem ethischen Problem der Moral. Ich würde sagen, das ist richtig, es ist ein ethisches Problem. Und unsere Frage wird sein: Wie kann Weltinnenpolitik so beschaffen sein, daß sie diese ethischen Probleme ernst nimmt und möglicherweise löst.

Nun, da kann man vielerlei sagen. Ich habe jetzt einiges darüber unter dem Titel „Der Gang der Politik" gesagt.

Der 2. Titel heißt *„Der Weg der Religion"*. Das heißt, die Forderungen an den Menschen, die in solchen Zusammenhängen gestellt werden müssen, damit sie zusammenleben können, waren in den wenigen Jahrtausenden der Geschichte der Hochkulturen immer formuliert in der Sprache der Religionen. Es gibt Gottheiten, die etwas von uns wollen, die uns schützen wollen, die uns helfen wollen. Es gab das auch in der Form, daß zum Beispiel sich eine politische Einheit einem Gott unterwarf, Marduk der Herr von Babylon oder eben Jahwe, der Gott der Juden. Das alles gab es, daran wurde geglaubt. Heute sind die Religionen miteinander genauso verwoben, kennen sich gegenseitig, wie sich auch die Nationen untereinander kennenlernen. Und das ist etwas, was im 19. Jahrhundert eigentlich erst ernstlich begonnen hat und im 20. Jahrhundert erst zu seinem bisherigen Höhepunkt gekommen ist. Das bedeutet aber, daß die Religion ihrerseits merkt, daß es andere Religionen gibt, die ihrerseits ebenfalls etwas können und etwas wollen. Und dann ist die Frage: Und welche soll man denn nun wählen? Ich erinnere mich, daß ich als Fünfzehnjähriger in der Schulbank saß und sagte, ich bin also evangelisch, und neben mir sitzt ein Jude, und hinter mir sitzt ein Katholik. Sollte Gott in seiner unermeßlichen Güte ausgerechnet mich in die einzig wahre Religion haben geboren werden lassen. Und außerdem 3000 km von hier leben Moslems, 6000 km von hier Hindus, 9000 km von hier gute Buddhisten. So kann es doch nicht sein. Das heißt aber nicht, daß die Religion, der ich angehöre, falsch ist, sondern das heißt nur, daß die Meinung: „Weil sie eine wahre Religion ist, müssen alle anderen unwahr sein!" eine unmögliche Meinung ist. Wie wir damit zurechtkommen sollen - in gewisser Weise war heute auch schon davon die Rede. Und ich folge gerne Herrn Küng, wenn ich sage, es gibt ein zentrales Problem: Das ist das Problem des Weltethos. Wobei natürlich die Frage ist: Was meine ich mit Ethos? Ich würde sagen: Ich meine nicht - und ich glaube, Küng meint das auch nicht -, daß man bestimmten Spielregeln genügt, so wie man ein Spiel spielt, daß man einfach bestimmten Regeln genügt. Sondern das heißt, daß ich als Mensch, jeden Mitmenschen, der mir begegnet, als genau diesen Mitmenschen sehe und ihn ernst nehme und versuche, diesen Mitmenschen in der richtigen Weise zu begegnen. Das ist übrigens etwas, was in der Theorie der Geisteswissenschaften unter dem Titel Hermeneutik auch schon gilt. Aber ich sage jetzt an dieser Stelle: Wenn man sieht, was Jesus gesagt hat: Jesus hat seine jüdischen Glaubensgenossen, Mitmenschen, verblüfft, das kann man im Neuen Testament nachlesen, indem er sagte: Solchen Glauben wie bei diesem römischen Offizier habe ich in Israel nicht gefunden (Matth. 8, 10), und so werde auch. Oder er erzählt die Geschichte vom barmherzigen Samariter: Der Samariter ist ein Nichtjude, das ist einer von denen, die man heute Palästinenser nennt. Der Samariter ist der einzige, der dem ins Unglück Gefallenen hilft. Das heißt, er hat ganz offen ausgesprochen: Nicht daß er die richtige Religion hat, der ich selber angehöre, sondern daß er das tut, was diese Religion von euch fordert, genau auf den Gegenüber hin tut, das ist das Entscheidende.

Ich würde meinen, wenn man Weltethos so versteht, dann kann man sehen, daß es ohne dies gar nicht gehen kann. Wie man das im einzelnen durchführen muß, da müßte man hier wieder sehr viel reden. Es gibt auch in der Religion nicht nur das Ethische. Es gibt die innere Erfahrung, es gibt das Gebet, es gibt die Meditation. Und die innere Erfahrung, die höchste Stufe der Meditation, ist, wie man erkennen kann, in den verschiedenen Religionen nahe miteinander verwandt. Verschieden ist allgemein die Interpretation, d.h. die dritte große Komponente, die Theologie. Wie man mit der Theologie zurechtkommen soll, wenn die Theologie historisch durch die kurze Zeit von ein paar Jahrtausenden so geprägt ist, daß sie die anderen Theologien ablehnt, das ist dann die Frage, die sich uns möglicherweise stellt.

Und nun sage ich: 3. *Der Schritt der Wissenschaft.* Die Wissenschaft ist in unserer Zeit dasjenige, woran - im Unterschied zu den Religionen - alle Leute in der ganzen Welt glauben. Das hat zu tun mit dem Vorgang, den wir 'Aufklärung' nennen. Das hat aber insbesondere damit zu tun, daß wenigstens die Naturwissenschaft so beschaffen ist, daß sie ganz unweigerlich Erfolge erzielt. Erfolge, die man von anderen menschlichen Denk- und Handlungsweisen in derselben Weise eigentlich nicht so sehen kann.

Nun stellt sich die große philosophische Frage: Wie kann ich denn diese Wahrheitssuche leisten, die ich in der Wissenschaft übe - ich gestehe, ich bin von Natur ein Wissenschaftler, habe immer Wissenschaftler sein wollen. Also, das ist mir ein sehr ernstes Anliegen: Wie soll ich mich eigentlich verhalten? Wenn ich dieses durchhalten will und gleichzeitig durchhalten will die evidente Unentbehrlichkeit der religiösen Erfahrung?

Ich würde es also so ausdrücken: Die Religion bedarf dringend der Aufklärung. Aber die Aufklärung bedarf dringend der Religion. Und wieweit das miteinander zusammenzubringen ist, das ist vielleicht die eigentliche denkerische Frage, mit der wir es hier zu tun haben. Und das wäre nun nicht Weltinnenpolitik in dem Sinne, daß man also verschiedene Parteien bildet und wie man sich gegenseitig politisch behandelt, sondern es wäre sozusagen die Weltinnenpolitik auf der geistigen Ebene

Soweit, glaube ich, kann ich jetzt sprechen. Die Frage 4. *„ Was sollen wir tun?"* möchte ich jetzt lieber beiseite lassen. Ich habe über eine ganze Reihe von Einzelheiten gesprochen. Über die meisten Dinge werden wir uns wahrscheinlich ohnehin einig sein. Über andere Dinge habe ich nur wahrgenommen, daß selbst die Fachleute darüber uneinig sind., Zum Beispiel die Frage der richtigen Wirtschaftspolitik ist doch nicht nur im Bundestag strittig, sondern auch zwischen den Ökonomen.

Ich habe einmal einen sehr guten Ökonomen gefragt, was wir denn tun sollen, nachdem wir lange über ökonomische Probleme geredet hatten, und er sagte mir: „Also wissen Sie, wir sollten so intensiv wissenschaftlich über diese Sache nachdenken, daß wir dann zum Schluß wissen, was wir tun sollten." Es ist eben keine einfache Aufgabe.

Ja, das etwa will ich erzählen. Und ich glaube, ich sollte jetzt aufhören; ich erzähle aber doch vielleicht noch eine kleine persönliche Anekdote, und zwar eine, die in anekdotischer Form etwas sagt, was ich gar nicht wage in behauptender Form auszusprechen. Ich habe einmal den großen protestantischen schweizerischen Theologen Karl Barth getroffen - nur einmal, aber einen ganzen Tag lang, stundenlang. Wir hatten einen gemeinsamen Freund, Günther Howe, der gewollt hatte, daß wir uns sehen, das war im Jahre 1952. Ich kam aus Göttingen, und Barth und ich sagten also: Günther Howe hat gewollt, daß wir miteinander reden, und dann haben wir uns gleich geeinigt, wir würden offen miteinander reden. Denn es war ganz klar, daß ich nicht die gleiche Theologie wie Barth hatte und Barth nicht die meine. Aber das war kein eigentliches tiefes Problem, wir wollten gemeinsam Wahrheit suchen. Dann fragte er: „Wie ist es denn mit Göttingen? Gibt es wieder Studentenverbindungen?" Ich sagte, die gibt es wieder, und die sind vielleicht auch ganz gut. Dann fing er an, noch ein bißchen zu plaudern, ehe wir uns ganz ernsten Dingen zuwandten, und redete von der Studentenverbindung, in der er gewesen war. Er sagte: „In diesem Verbindungshaus saß ich einmal im Keller, nur zusammen mit einem einzigen anderen Angehörigen der Verbindung, sonst war das Haus leer. Wir saßen an einem Tisch, und zwischen uns brannte eine Kerze. Und dieser andere hatte so schöne, lockige, blonde Haare. Dann fing er an einzuschlafen und sank so vor sich hin. Da hat es mich in Versuchung geführt, seine Haare anzuzünden. Das habe ich auch getan. Die wurden natürlich gleich wieder gelöscht. Aber komischerweise, er hat es mir nie verziehen, und zwar nicht etwa, weil er in Lebensgefahr gewesen wäre, was er vielleicht war, sondern weil er seine schönen Haare nicht mehr hatte. Ja, was macht man doch nur als junger Mensch für Sachen, die man als alter nicht mehr vertreten kann?!" Und da sagte ich darauf: „Das freut Sie doch heute noch?", worauf er antwortete: „Ja, das ist's ja eben!"

Dann habe ich ihm erzählt, welche Probleme wir mit Atomwaffen kriegen, und mich gefragt: Also von Galilei, den die Kirche ja gedämpft, verurteilt hat, weil er frei, was er in der Wissenschaft fand, einfach verkörperte, von Galilei bis zur Atomwaffe führt ein gerader Weg. Darf ich heute noch Physik treiben? Dann sagte er mir: Wenn Sie das glauben, was alle Christen bekennen und keiner glaubt, daß nämlich Christus wiederkommt, dann dürfen Sie, ja dann sollen Sie ihre Physik betreiben. Wenn Sie das aber nicht glauben, dann müssen Sie sofort mit der Physik aufhören. Meine Reaktion - ich brauchte keine Minute nachzudenken - um zu sagen: Ich werde weiter Physik betreiben. Ich habe natürlich nicht gemeint, daß Jesus von Nazareth in seinen alten Tagen wieder auf die Erde kommt, aber ich habe gemeint, daß er davon spricht, daß das, was Jesus wirklich klar verkündet hat, sich in der Menschheit durchsetzen werde. Und wenn ich das glaube, dann darf ich, ja dann soll ich weiter Wissenschaft betreiben. Wenn ich das nicht glaube, dann gibt es keine Rettung und dann darf ich nicht. So etwa Karl Barth in unserem damaligen Gespräch. Und damit möchte ich schließen.

Völkerrechtliche, umweltpolitische, ökonomische Orientierungen

"Weltinnenpolitik" als Transformation von Strukturen staatlicher Innenpolitik

Knut Ipsen

Soll der von Carl Friedrich von Weizsäcker geprägte Begriff der Weltinnenpolitik nicht nur eine paradigmatische, sondern auch eine inhaltlich aussagekräftige Rechtfertigung finden, dann müßte Weltinnenpolitik die Gesamtheit aller Verhaltensweisen im internationalen Bereich sein, die friedensschaffend, friedensfördernd und friedensbewahrend steuerbar sind, wie dies eine auf den inneren Frieden gerichtete staatliche Innenpolitik im umfassenden Sinne - jedenfalls im Erfolgsfalle - gewährleistet. Die Erörterung dieses zentralen Problems muß zunächst auf einer relativ hohen Abstraktionsebene verbleiben, wenn sie ihren einleitenden Zweck nicht verfehlen soll. Ich werde versuchen, diese Ebene anhand von Beispielen in Bezug zur konkreten Ebene zu bringen.

Gemeinsames Merkmal der Innenpolitik aller 194 Staaten dieser Welt ist, daß der einzelne Staat durch seine Organe Verhaltensmuster schafft, Verhaltensmuster durch die er auf seinem Hoheitsgebiet das reale Verhalten der einzelnen Menschen und der Menschengruppen zu steuern versucht. Der Staat tut dies mittels seiner Rechtsordnung oder mit anderen direkt oder indirekt wirkenden Steuerungsmechanismen. Neben diese fremdgesetzten Verhaltensmuster treten stets selbstgesetzte Verhaltensmuster. Das ist eine wichtige Feststellung, auf die alle weiteren Überlegungen gegründet sind. Neben die fremdgesetzten Verhaltensmuster treten also selbstgesetzte Verhaltensmuster, selbstgesetzt durch die Menschen, durch einzelne Menschen, durch Menschengruppen, bestimmt durch Ideologien, durch religiöse Ausrichtungen, oft aber durch individuelle, ganz ureigene Entscheidungen. Selbst hochentwickelte Demokratien werden es nie schaffen, bei denjenigen Menschen, deren Position im demokratisch legitimierten Entscheidungsprozeß unterlegen ist, die subjektive Einschätzung zu beseitigen, nunmehr ein fremdgesetztes Verhaltensmuster vor sich zu haben, fremdbestimmt zu sein. Die Minderheit wird nur im Idealfalle die mehrheitlich gesetzten Verhaltensmuster inhaltlich akzeptieren, weil sie in einem demokratisch legitimierten Prozeß festgelegt worden sind. Häufig - das wissen wir alle und darüber wissen wir viele Beispiele zu berichten - ist dies eben nicht der Fall. Es wird also stets ein unabweisbares Spannungsverhältnis zwischen fremdgesetzten und selbstgesetzten Verhaltensmustern erhalten bleiben, und dieses Spannungsverhältnis kann allenfalls erträglich und verträglich gestaltet werden; es kann niemals aufgehoben werden, - übrigens auch nicht aufgehoben werden in einer vorgeblich gesetzmäßig dialektischen Konstruktion, wie sie die marxistisch-leninistische Staatslehre versucht hat und wie sie durch die Wirklichkeit widerlegt worden ist. Wenn somit jede staatliche Innenpolitik darauf ausgerichtet sein muß, fremdgesetzte und selbstgesetzte Verhaltensmuster günstigenfalls zu integrieren, schlechtestenfalls aber in konfliktreicher, möglichst gewaltfreier Koexistenz zu halten, dann müßte eben dies - und damit komme ich zur Weltinnenpolitik - das Hauptziel auch jeder Weltinnenpolitik sein. Wenn aber, wie die Gegenwart zunehmend nachweist, selbst in kleinen Staaten der Ausgleich zwischen fremdgesetzten und selbstgesetzten Verhaltensmustern durch eine auf den inneren Frieden ausgerichtete Innenpolitik häufig mißlingt, dann ist das erst recht im internationalen Bereich der Fall. Als Beispiel dafür seien einige Zahlen angeführt: Zwischen 1990 und 1995 hat es auf dieser Welt 93 bewaffnete Konflikte gegeben, davon allein 76, an denen entweder gar keine oder nur eine staatliche Partei beteiligt war, also typische innerstaatliche Konflikte, die dafür sprechen, daß hier Innenpolitik, und zwar staatliche Innenpolitik, versagt hat.

Wenn dies ein unabweisbarer Befund ist, wie soll dann eine globale Weltinnenpolitik erfolgreicher sein? Vielleicht wird sie erfolgreicher sein, und jetzt komme ich zu dem entscheidenden Ansatz meiner Ausführungen, wenn sie Verständnis und Handlungsansätze benutzt, wie sie jedenfalls in den Staaten zu verzeichnen sind, denen es durch eine den Verhältnissen adäquate Innenpolitik gelingt, den inneren Frieden zu sichern. Hierfür sind, so meine ich, und zwar wiederum im Wege der gebotenen Abstraktion, zwei Handlungsansätze entscheidend.

Wir müssen lernen - und zum Teil wieder lernen -, das wichtigste fremdgesetzte Verhaltensmuster, das Recht, und zwar sowohl das internationale als auch das nationale Recht, als Kulturelement zu verstehen.

Wir müssen zwischen die fremdgesetzten und die selbstgesetzten Verhaltensmuster notwendigerweise Mechanismen schalten, die geeignet sind, das im vorigen dargelegte Spannungsverhältnis zu bewältigen, zumindest erträglich zu machen.

Was die erste Forderung anbetrifft, so will ich sie mit einem Beispiel aus der internationalen Menschenrechtsproblematik anschaulich machen. Ich wähle ein Beispiel, das an einen Diskussionsbeitrag anknüpft, der gestern zu verzeichnen war, nämlich die Position Chinas zu den Menschenrechten.[1] Nachdem im Juni 1993 die Wiener Menschenrechtskonferenz der Vereinten Nationen ohne die erhofften Ergebnisse zur umfassenden universellen Anerkennung der Menschenrechte beendet worden war, erschien in einer der großen deutschen Wochenzeitungen ein Artikel eines der international renommierten Experten der chinesischen Kultur, einem Wissenschaftler der Stanford University. Auf der Wiener UN-Menschenrechtskonferenz hätte die Delegation der Volksrepublik China bekanntlich eine sehr reservierte und damit Fortschritte hemmende Position eingenommen, indem sie den Standpunkt vertrat, der Inhalt der Menschenrechte werde in dieser Welt in durchaus unterschiedlicher Weise von historischen und kulturellen Zusammenhängen bestimmt. So bevorzugten Teile dieser Welt typische Gruppenmenschenrechte, und unter Umständen hätten diese nach Entstehung und Anwendungsnotwendigkeit sogar ein höheres Gewicht als die im westlichen Bereich gewährleisteten Individualmenschenrechte. Schließlich aber sei - so die Position Chinas - für die Menschenrechtsgewährleistung die wirtschaftliche Entwicklung eines Landes gleichermaßen von Bedeutung wie seine demokratische Struktur. Während - Sie werden sich daran erinnern - die chinesische Position in den Reaktionen der Ersten Welt weitgehend vordergründig als das Bemühen abgetan wurde, die Menschenrechtsverletzungen im eigenen Lande zu relativieren, versuchte der eben zitierte Stanford-Kollege eine andere Erklärung. Nach seiner Auffassung ist es geboten, einen dreifachen Unterschied zu machen. Zum einen müsse selbstverständlich der Sachverhalt, nämlich die im Vergleich zu anderen Teilen der Welt mangelhafte Menschenrechtsverwirklichung in China, zur Kenntnis genommen und auch kritisiert werden. Zum anderen aber sei dem grundlegenden Problem nachzugehen, ob die traditionsreiche chinesische Kultur nicht ein kollektives Menschenrechtsverständnis viel stärker fördere als ein Individualmenschenrechtsverständnis, wie es in Europa entwickelt und auf die neue Welt übertragen worden ist. Schließlich aber müsse, und das sei das Entscheidende, Recht stets als einer von mehreren Sektoren der Kultur eines Landes oder eines Kontinents verstanden werden, der mit anderen Sektoren der Kultur in untrennbarer Wechselwirkung stünde.

Diese Einschätzung trifft sich mit immer wieder vorgenommenen Versuchen, Menschenrechte in verschiedene Kategorien aufzuteilen, Herr Verhellen hat gestern schon einen Eintei-

---

[1] Bezugnahme auf einen nächtlichen Diskussionsbeitrag, der im vorliegenden Band nicht abgedruckt ist. (Der Hrsg.)

lungsversuch dargelegt, nämlich den Einteilungsversuch in die klassischen Freiheits- und Gleichheitsrechte, in die Teilhaberechte und in die Großgruppenrechte, in Rechte also der ersten, zweiten und dritten Generation.[2] Eine andere Einteilung, die verschiedentlich vertreten wird und die sehr diskussionswürdig ist, ist eine Fünferkategorisierung, nämlich erstens in die Gruppe der typischen Überlebens- oder Kernrechte, zweitens in die Gruppe der Mitgliedschafts- und Teilhaberechte, drittens in die Gruppe der typischen Schutzrechte - wir würden nach unserer Verfassung sagen, der justiziellen Grundrechte -, viertens in die Befähigungsrechte, wie etwa das Recht auf Bildung und fünftens in die Statusrechte, wie etwa das Recht auf Staatsangehörigkeit, auf Asyl oder überhaupt auf den geschützten Status des Fremden. Wie auch immer man zu diesen Kategorisierungen stehen mag, feststeht, daß auch in den vertraglichen Menschenrechtsgewährleistungen durchaus unterschiedliche Akzentuierungen zu verzeichnen sind. Daß beispielsweise auf einem Kontinent, dessen natürliche Lebensbedingungen und kulturelle Entwicklungen die soziale Kleingruppe über Jahrhunderte als tragendes Element entwickelt hat, die Familie als die natürliche Kernzelle der Gesellschaft bezeichnet wird, wie es die afrikanische Menschenrechtskonvention tut, ist nur eine von vielen Nachweisen der kontinentalen oder regionalen Akzentuierungen von Menschenrechten. Und vergessen wir unsere eigene europäische Menschenrechtsgeschichte nicht. Die Erklärung der Menschenrechte von 1789 war keineswegs eine Forderung der Ärmsten und Unterprivilegierten. Sie war vielmehr die Forderung des tiers état, die Forderung einer gebildeten und zunehmend prosperierenden Bürgerschicht. Nicht von ungefähr heißt es in der Menschenrechtserklärung von 1789 gleich im Art. 2, daß zu den droits naturels des Menschen in erster Linie „la liberté" und „la propriété", die Freiheit und das Eigentum, gehören. Und der Kernsatz der bill of rights von Virginia von 1776 „all men are by nature equally, free and independent" - stand am Beginn einer Staatsgeschichte, die ein knappes Jahrhundert später zu einem Sezessionskrieg führte, in dem es auch und gerade um die Vergegenständlichung des Menschen, nämlich als Handelsobjekt im Rahmen der Sklaverei, ging.

Wir sehen somit, daß Verhaltensmuster selbst dann, wenn sie verbindlich gemacht werden, wenn sie zu Gesetzen, wenn sie zu Recht werden, ihre Schutzeffektivität nicht mit „Gesetzmäßigkeit" erlangen - und das sei zugleich ein Diskussionsbeitrag zu der Kinderkonvention, die gestern behandelt wurde. Vielmehr sind immer wieder - zum Teil arge - Rückschläge zu verzeichnen. Wer hätte es beispielsweise für möglich gehalten, daß in einem europäischen Land wie dem ehemaligen Jugoslawien einst Verhaltensweisen zu verzeichnen sein werden, wie sie mit dem furchtbaren Namen der „ethnischen Säuberung" verbunden sind? Aber gerade dann, wenn wir wieder lernen, wieder lernen müssen, das hauptsächliche Verhaltensmuster, das Recht, sowohl im internationalen wie im nationalen Bereich als Kulturelement zu werten, gelingt es uns vielleicht, den Blick dafür zu schärfen, daß auch das Recht mit universalem Geltungsanspruch, das Völkerrecht, Entwicklungstendenzen aufweist, die gleichsam auf den Grundstoff, auf das Element einer Weltkultur verweisen, die neben der Vielfalt regionaler und nationaler Kulturen existenzfähig werden müßte, es aber wohl noch nicht ist. Lassen Sie mich einen Rechtsgelehrten zitieren, den Heidelberger Rechtsprofessor Karl Josef Mittermeier, der einmal folgendes gesagt hat: „Das Kleid, das unser Volk trägt, das Rechtskleid, ist nicht von dem rechten Schneider gemacht worden für dieses Volk. Unser Recht steht im Widerspruch zu dem Leben, zu dem Bewußtsein der Menschen, zu den Bedürfnissen, den Sitten, den Gesinnungen, den Ansichten der Menschen. Wir glauben wunder, was wir tun, wenn wir von deutscher Kunst und Wissenschaft sprechen. Aber das deutsche Recht, das Kleid, in dem sich das

---

[2] Siehe Beitrag von Eugeen Verhellen in diesem Band, S. 29-39.

Volk bewegen soll, ist uns nichts". Recht als Kleid eines Volkes, vielleicht auch als Kleid der Menschheit, in dem sie sich gemäß ihren vielfältigen Bedürfnissen, Sitten, Gesinnungen und Ansichten bewegen können soll: Mit diesem Bild wird das Recht als Element der Kultur deutlich - der Kultur als gemeinmenschlicher Seinsform, als Ausdruck und als Ergebnis des Selbstgestaltungswillens der Menschen. Dieses Zitat stammt nicht aus der Neuzeit. Es wurde auf dem berühmten ersten Germanistenkongreß im Jahre 1846 gesprochen, als es darum ging, welches eigentlich die einmal die deutschen Lande einigenden Merkmale sind (damals gab es 38 souveräne Herrschaftsgebiete). Solcher großen Würfe bedarf es immer wieder. So ist es ausgerechnet die Menschenrechtskonvention der afrikanischen Staaten, des von Krieg und Elend gegenwärtig am stärksten heimgesuchten Kontinents, die Merkmale enthält, welche in den Bereich der Weltinnenpolitik zu passen scheinen. Dort finden wir das Recht auf Frieden, das Recht auf Entwicklung und das Recht auf menschenverträgliche Umwelt als Großgruppen der Menschenrechte. Ich lasse einmal die kritischen Stimmen europäischer und nordamerikanischer Fachkollegen beiseite, die in diesen „Menschenrechten" der dritten Generation oder dritten Wirkungsdimension lediglich eine der herkömmlichen Menschenrechtsdogmatik widersprechende Systemwidrigkeit sehen und fasse nur das „grand dessein" ins Auge: innerer Frieden, wachsender Wohlstand - etwa durch eine geordnete soziale Marktwirtschaft -, angemessener Umweltschutz. Dies könnten durchaus die materiellen Hauptziele sein, auf welche die Innenpolitik eines modernen hochentwickelten Staates ausgerichtet ist. Kann es dann verwundern, wenn gerade die afrikanischen Staaten solche an sich innenpolitische Primärziele als international zu fordernde Menschenrechte kennzeichnen? Sind mit diesen drei innenpolitischen Hauptzielen eines prosperierenden Staates nicht zugleich die Bedingungen des internationalen Friedens deutlich gemacht? Und ist das - gerade gestern von Herrn von Weizsäcker so eindrucksvoll gebrachte[3] - Beispiel der Fehde zwischen Stuttgart und Reutlingen, die Eberhard der Greiner betrieb, nicht gerade deshalb so einprägsam, weil in späterer Zeit mit einem kulturgestaltenden Rechtsakt, nämlich mit dem Ewigen Landfrieden von 1495, dergleichen lokalen Gewaltanwendungen ein Ende bereitet worden ist?

Lassen Sie mich das einleitend aufgeworfene zentrale Problem deshalb wie folgt beantworten: Eine Weltinnenpolitik verlangt, daß der Gestaltung des internationalen Bereichs vergleichbare Ziele gesetzt und angestrebt werden, wie sie eine Staatsinnenpolitik verfolgt. Mittels verbindlicher Verhaltensmuster, mittels des Rechts kann dies aber nur dann gelingen, wenn das Recht als Kulturelement erkannt und behandelt wird, wenn abgeschichtet wird zwischen dem, was international zum Konsens gebracht werden muß - ich sage bewußt nicht: konsensfähig ist, sondern zum Konsens gebracht werden muß - und das, was der nationalen Konsensfindung überlassen bleiben muß. Und dies bedeutet, wenn ich einmal die Fünfergruppierung der Menschenrechte aufnehmen darf: Die Kern- und Überlebensrechte sind solche, hinsichtlich derer der weltweite Konsens angestrebt werden muß. Hinsichtlich der übrigen vier Gruppen werden wir nicht umhin kommen, eine lange Zeit noch mit einer hohen Ausdifferenzierung in den verschiedenen Regionen dieser Welt zu leben.

Wie wir gesehen haben, bleibt gleichwohl das Recht, auch wenn es ein Kulturelement ist, für manchen Menschen ein fremdgesetztes Verhaltensmuster. Gerade deshalb habe ich das Zitat von Mittermeier angeführt, das vor 151 Jahren gesprochen wurde. Wie ist nun der Ausgleich zwischen diesen fremdgesetzten und den selbstgesetzten Verhaltensmustern zu schaffen,

---

[3] Siehe Beitrag von Carl Friedrich von Weizsäcker in diesem Band, S. 55 f.

zwischen dem, was man vom Menschen will und dem, was der Mensch immer wieder selbst wollen wird?

Lassen Sie mich dies an einem Beispiel abhandeln, das Ihnen deutlich machen soll, welche Mechanismen ich als die maßgebenden der Zukunft erachte. Ich nehme ein fremdgesetztes Verhaltensmuster, das Ihnen allen bekannt ist, nämlich die Flüchtlingskonvention von 1951. Diese Konvention verpflichtet die Staaten zur Behandlung und zum Umgang mit einem Befund, der gegeben ist, seitdem die Menschheit Kriege führt. Mit jedem Krieg waren Flüchtlingsprobleme verbunden. Heute gibt es rund 43 Millionen Flüchtlinge auf dieser Welt als Folge der 93 bewaffneten Konflikte der letzten fünf Jahre und der Konflikte, die vordem ausgetragen worden sind. Die Flüchtlingskonvention von 1951 war nun keineswegs ein Verhaltensmuster, zu dem sich die Staaten aufgrund hoher, selbstbestimmter Bereitschaft entschlossen haben. Im Gegenteil, der souveräne Staat behält sich nach wie vor die Befugnis darüber vor, wen er als fremden, als nicht eigenen Staatsangehörigen auf seinem Hoheitsgebiet zuläßt und wen nicht. Und diese Barriere war zu überwinden. Sie ist nur deshalb überwunden worden, weil die Staaten am Ende des Zweiten Weltkriegs unter einen hohen Druck von Einzelpersonen und von nichtregierungsamtlichen Organisationen gerieten. Dieser Druck führte dazu, daß die Flüchtlingskonvention von 1951 mit dem Erweiterungsprotokoll von 1967 abgeschlossen wurde. Und der Hohe Kommissar für das Flüchtlingswesen, der UNHCR, hat sich in seiner Satzung ausdrücklich verpflichtet, mit nichtregierungsamtlichen Organisationen zusammenzuarbeiten.

Wer selbst in nichtregierungsamtlichen Organisationen tätig ist, weiß um die besondere Bedeutung, die diese Organisationen gerade für das Flüchtlingswesen haben. Sie haben fast eine größere Bedeutung als die Staaten selbst. Nehmen Sie beispielsweise unseren Staat, der im Vergleich mit anderen Staaten immer noch sehr großzügig mit der Aufnahme von Flüchtlingen umgeht. Die wiederholten Verlängerungen des Aufenthalts der Bosnienflüchtlinge auf unserem Hoheitsgebiet - das können wir durchaus eingestehen - sind nicht zuletzt durch den Druck nichtregierungsamtlicher Organisationen erreicht worden, nicht hingegen durch die Bereitschaft der Innenminister der Länder und des Bundesinnenministers, das sei einmal ganz deutlich gesagt. Wenn es also so ist, daß zwischen das, was der Mensch will - Flüchtling will den Verbleib - und das, was fremdgesetztes Verhalten gebietet, ein Mediator geschaltet werden muß, eine vermittelnde Instanz, dann ist dies jetzt und in Zukunft - so meine ich - die nichtregierungsamtliche Organisation. Hier haben wir einen Befund zu verzeichnen, wie wir ihn ganz ähnlich in den Staaten wiederfinden, und damit ist wiederum der Bogen von der Weltinnenpolitik zur Staatsinnenpolitik geschlagen. Wir haben in allen Staaten einen Bereich, der zwischen dem Staat und seinen Aufgaben und zwischen dem, was die freie Gestaltung im Bereich des Marktes und des Gewerbes beherrscht, angesiedelt ist. Man nennt ihn zum Teil - eher sozial ausgerichtet - den „intermediären Sektor" oder „den dritten Sektor". Sicher ist, daß wir in allen Staaten diesen Befund zu verzeichnen haben. In einem Staat ist dieser Sektor hochorganisiert, in einem anderen Staat beschränkt er sich - und das zu erwähnen, ist in diesem Hause durchaus angemessen, - schlicht auf kirchliche Almosen oder sonstige Großzügigkeiten der Menschen. In unserem Staat ist er beispielsweise hochorganisiert, wie beispielsweise in den Spitzenverbänden der Freien Wohlfahrtspflege. Sicher ist, daß die Stabilität einer Gesellschaft jetzt und in Zukunft noch viel mehr von diesem vermittelnden Sektor abhängig sein wird. Und genau dies ist - und das ist eine These, die durch meine Kollegen in der weiteren Diskussion entweder widerlegt oder bestätigt werden wird - der Befund, den ich im internationalen Bereich zu erkennen glaube, namentlich was die Funktion der nichtregierungsamtlichen Organisationen anbetrifft. Ich darf also die Frage nach der Möglichkeit des Ausgleichs wie folgt beantworten:

Weltinnenpolitik findet insbesondere dort statt, wo Staaten und internationale Organisationen als die Normalakteure auf der internationalen Ebene und im Bereich des Völkerrechts durch nichtstaatlich organisierte oder durch nicht organisierte Akteure ergänzt und korrigiert werden. Vielleicht gewinnt „Weltinnenpolitik" Inhalt, wenn wir auf der Basis der hier aufgeworfenen Fragen und der von mir versuchten Antworten weiterdenken.

Von der Staatenordnung über die internationale institutionelle Kooperation zur 'supraterritorial or global governance': Wandel des zwischenstaatlichen Völkerrechts zur Rechtsordnung des Menschen und der Völker?

Jost Delbrück

Als Carl Friedrich v. Weizsäcker zu Beginn der sechziger Jahre den Gedanken einer „Weltinnenpolitik" als eine Bedingung der Möglichkeit des Überlebens der Menschheit im Zeitalter existentieller Bedrohungen einführte[1], war dieser Begriff gewiß nicht als Deskription der Wirklichkeit jener Zeit gemeint. Hinter dem Begriff war - so konnte man den Jubilar verstehen- einerseits ein Fragezeichen mitzudenken in dem Sinne, ob es denn so etwas wie eine „Weltinnenpolitk" werde geben können. Andererseits war die Einführung des Begriffes aber gewiß als ernstes Desiderat gemeint. Als zur selben Zeit der amerikanische Völkerrechtler Wolfgang Friedmann seine Aufsehen erregende Arbeit mit dem Titel „The changing structures of international law" veröffentlichte[2], war auch diese nur zum Teil eine Darstellung der Befindlichkeit der Völkerrechtsordnung zu Beginn der 60er Jahre. Zum anderen Teil handelte es sich um die Herausarbeitung und Unterstreichung von Tendenzen zur Ausbildung eines „international law of cooperation", das Friedmann für das Überleben der Menschheit als existentiell wichtig ansah: „to cooperate or perish has become a stark fact, not an evangelistic aspiration", so formulierte Friedmann an anderer Stelle.[3] Heute, gut 30 Jahre später, nach grundstürzenden Veränderungen in der politischen Geographie, nachhaltigen Strukturveränderungen im internationalen System - Stichwort „Globalisierung", verstanden als Prozeß der Entstaatlichung[4] - und innerhalb der Staaten - Stichwort „Privatisierung" bisher öffentlicher Aufgaben - stellt sich die Frage nach den Bedingungen und Möglichkeiten einer „Weltinnenpolitik" als strategisches Konzept für eine weltweite Friedensordnung in neuem Licht. Da Frieden seinerseits nicht nur eine politische Ordnung ist, sondern Frieden auch Rechtsordnung bedeutet, stellt sich mit der Frage nach den Bedingungen und Möglichkeiten einer „Weltinnenpolitik" auch die weitere Frage, ob und inwieweit das Völkerrecht von den hier angedeuteten Strukturveränderungen betroffen ist und die neuen Entwicklungen nicht nur widerspiegelt, sondern auch aufgenommen hat. Mit anderen Worten, es soll hier gefragt werden, ob die zu beobachtenden Entstaatlichungsphänomene das Wesen des Völkerrechts, das bisher noch immer vorrangig als eine zwischenstaatliche Ordnung verstanden wurde, in Richtung auf eine Ordnung des Menschen und Völker zu verändern begonnen haben.

---

[1] Vgl. dazu C. F. v. Weizsäcker, Das ethische Problem der modernen Strategie, in: EA (1969), 191; zum Konzept einer „Weltinnenpolitik" auch D. Senghaas, Weltinnenpolitik. Ansätze für ein Konzept, in: EA 47 (1992), 643ff.

[2] W. Friedmann, The Changing Structure of International Law, in: R. Falk/F. Kratochwil/S. Mendlovitz (eds.), International Law. A Contemporary Perspective (Studies on a Just World Order No. 2), 1985, 142; Ders., The Changing Structure of International Law, 1964, 60.

[3] W. Friedmann, The Role of International Law in the Conduct of International Affairs, in Auszügen abgedruckt bei L. Henkin/R. C. Pugh/O. Schachter/H. Smit (eds.), International Law, 3. Aufl., 1993, 40.

[4] Zu diesem Verständnis von Globalisierung vgl. näher: J. Delbrück, Globalization of Law, Politics, and Markets, in: Indiana Journal of Global Legal Studies 1(1993), 9ff.

Da Gegenstand dieser kurzen, notwendig skizzenhaften Bemerkungen andauernde Veränderungsprozesse sind, die sich auf unterschiedlichen Ebenen und auf unterschiedlichen Sachgebieten in ungleichen Geschwindigkeiten vollziehen, soll hier um einer möglichst deutlichen Herausarbeitung der charakteristischen Neuerungen willen im Wege einer historischen Längsschnittanalyse vorgegangen werden. So wird es möglich sein, die den jeweiligen Stand der lex lata und die Tendenzen ihrer Veränderungen im historischen Kontext darzustellen. Nach einer kurzen Rekapitulation der wichtigsten Attribute der klassischen Staatenordnung im Zeitalter des souveränen Territorialstaates (I) soll eine Skizze der Völkerrechtsordnung in der Ära der Internationalisierung und Institutionalisierung der zwischenstaatlichen Kooperation folgen (II). Der Schlußteil wird dann der Entwicklung des Völkerrechts unter dem Einfluß der Globalisierung/Entstaatlichung von Aufgaben und Akteuren sowie dem sich entwickelnden Paradigmenwechsel vom am nationalen Interesse des souveränen Staates orientierten Staatenrecht zu einem Völkerrecht, das in seinen Fundamentalnormen am „international public interest" ausgerichtet ist und damit zu einer Rechtsordnung des Menschen und der Völker zu werden beginnt.

I. Die Staatenordnung des 19. Jahrhunderts und ihre Rechtsordnung: das Paradigma der Souveränität als Basis und Ausprägung des Völkerrechts

Das im Gefolge des Westfälischen Friedens entstandene internationale System souveräner Staaten findet im 19. Jahrhundert seine Vollendung.[5] Das Prinzip der Staatssouveränität hatte nicht nur die Fürstensouveränität weitgehend ersetzt und damit hatte der Staat als eigene Rechtspersönlichkeit seine Stellung in der Völkerrechtsordnung gefestigt. Die Souveränität als Rechtsprinzip der Staatenordnung bildete auch die Basis der Geltung des Völkerrechts - soweit es nicht letztlich überhaupt geleugnet wurde - in Gestalt des Bindungswillens der Staaten und prägt damit auch das Völkerrecht im einzelnen.[6] Das liberum ius ad bellum leitet sich nach zeitgenössischer Anschauung ebenso zwingend aus der Souveränität her wie die Exklusivität der Völkerrechtssubjektivität der Staaten. Mit zwei marginalen Ausnahmen, die den Einzelmenschen völkerrechtsunmittelbar betreffen - und zudem lediglich die Pflichtigkeit des Individuums zum Gegenstand haben[7] -, ist das Völkerrecht zwischenstaatliche Ordnung. Die Menschen und Völker sind durch die den Staat umgebende Schutzglocke der Souveränität mediatisiert. Kurz, die Souveränität der Staaten ist rechtlich wie politisch das führende Paradigma der Zeit. Konsequenter Weise enthält das Völkerrecht, das in der 1. Hälfte des 19. Jahrhunderts in seinen grundlegenden Prinzipien und Regeln noch überwiegend Gewohnheitsrecht ist, vorrangig eher formale Verkehrsregeln zwischen den Staaten und so gut wie keine materialen, wertsetzenden Normen, die die eurozentrierte, im Prinzip homogene Staatengemeinschaft eben wegen dieser Homogenität entbehren konnte. Namentlich die 2. Hälfte dieses Jahrhunderts wird dann aber auch Zeuge des Beginns der Transzendierung des Systems souveräner Staaten. Man könnte sagen, daß der souveräne National- und Territorialstaat, den Hegel in sei-

---

[5] Dazu näher G. Dahm/J. Delbrück/R. Wolfrum, Völkerrecht, 2. Auflage, Bd.I/1, 1989, 2ff.

[6] Zur Frage des Geltungsgrundes des Völkerrechts Dahm/Delbrück/Wolfrum, aaO., 27ff.

[7] Diese Ausnahmen waren seinerzeit im humanitären Recht in Kriegszeiten (ius in bello) und von altersher im Völkergewohnheitsrecht in Gestalt des den einzelnen unmittelbar bindenden Piraterieverbots zu finden; vgl. zu den Pflichten des Individuums im ius in bello den Überblick bei K. J. Partsch, Individuals in International Law, in: R. Bernhardt et al. (Hrsg.), Encyclopedia of Public International Law (EPIL), Bd. II (1995), 957ff. (959ff); zum Piraterieverbot A. Rubin, Pricacy, in: EPIL instalment 11 (1989), 259ff.

ner Rechtsphilosophie soeben noch in einer signifikanten Hypostasierung des Staates als die Entfaltung des Weltgeistes beschrieben hatte[8], zur Hervorbringung wirtschaftlicher und sozialer Bedingungen beigetragen hat, die eine Reorganisation der Formen zwischenstaatlicher Interaktion erforderten, die - in einem dialektischen Prozeß - gerade die wesentlichen Charakteristika des Hegelschen Staatskonzeptes - Souveränität, Unabhängigkeit und - idealiter - Autarkie - negierten und damit ein neues internationales System entstehen ließen. Diesem Wandlungsprozeß ist nun nachzugehen.

II. Das Völkerrecht im Zeitalter der internationalen Organisation

1. Die Veränderung der politisch-sozialen Strukturen, die soeben angedeutet wurden, nämlich die industrielle, technologische Revolution und die damit verbundene universelle Expansion der Märkte, stellte die Staaten zunehmend vor Anforderungen an ihre individuelle Leistungsfähigkeit, denen sie immer weniger gerecht werden konnten. So nahm die Fähigkeit ab, die nationale Sicherheit zu gewährleisten, ebenso die Fähigkeit, die wirtschaftliche und soziale Wohlfahrt der Bevölkerungen in jedenfalls relativer Unabhängigkeit zu sichern. Neben das staatliche Souveränitätsbewußtsein trat schrittweise die Erkenntnis der Interdependenz der Staaten. Das heißt, die Erfüllung der nationalstaatlichen Aufgaben konnte nicht mehr im Alleingang erfolgen. Die Einsicht wuchs, daß die Erfüllung der essentiellen staatlichen Aufgaben, die Verfolgung des nationalen Interesses, nunmehr ganz wesentlich auch die Kooperation mit den anderen Staaten erforderte. Ein Beispiel mag dies verdeutlichen: die Wirksamkeit und Wirtschaftlichkeit von Investitionen in den Ausbau der angesichts der expandierenden Märkte notwendig gewordenen Kommunikationstechnologien konnten nur mittels inter- und transnationaler sowie institutionalisierter Kooperation gewährleistet werden. Das Mittel zur Umsetzung dieser Kooperation bildete die Schaffung umfassender regulativer Regime für die grenzüberschreitende Kommunikation, z. B. in Gestalt der Internationalen Telegraphenunion[9] und des Weltpostvereins. Neben diesen zwischenstaatlichen Verwaltungsunionen kam es auch zur Gründung von nichtstaatlichen Organisationen wie etwa der internationalen Eisenbahnverwaltungen, deren Mitgliedschaft nationale staatliche und private Eisenbahnunternehmen bildeten.[10]

Was bedeutete dies für die Völkerrechtsordnung? Im Hinblick auf die neuen regulativen Regime ist festzustellen, daß das Völkerrecht nicht nur durch die vertragliche Kodifikation der neuen Ordnungen an Präzision und inhaltlicher Erweiterung gewann, sondern daß sich der Kreis der Völkerrechtssubjekte zu erweitern begann. Trotz erheblicher rechtsdogmatischer Einwände setzte sich gegen Ende des 19. Jahrhunderts und zu Beginn des 20. Jahrhunderts die Anerkennung der internationalen Organisationen als - wenn auch funktionell beschränkte -

---

[8] G. F. W. Hegel, Grundlinien der Rechtsphilosophie, in: Sämtliche Werke, hrsg. von H. Glockner, 7. Bd., 3. Aufl., Stuttgart 1952, ßß341ff.

[9] Heute International Telecommunication Union (ITU), die eine Sonderorganisation der Vereinten Nationen ist, vgl. zu Stellung und Aufgaben der ITU G. Nolte, International Telecommunication Union, in: EPIL, Bd. II, 1379ff; zur Stellung der ITU in der Weltinformationsordnung vgl. J. Delbrück, World Information and Communication Order, in: R. Wolfrum (Hrsg.), United Nations Law, Politics and Practice, Bd. 2, 1995, 1466ff.

[10] G. Mutz, Railway Transport, International Regulation, in: EPIL instalment 5 (1983), 245ff (247f.), sowie die umfassende Darstellung des Eisenbahntransportwesens bei G. Dahm, Völkerrecht, 1. Aufl., Bd. 2, 1961, 733ff.

Völkerrechtssubjekte durch. Gewiß bleibt die strikte Achtung der Souveränität der an den Organisationen beteiligten Staaten deren Grundlage. Die zeitgenössische Lehre wurde nicht müde zu betonen, daß die Mitgliedstaaten der neuen Verwaltungsunionen alle Verpflichtungen freiwillig übernahmen und diese Verpflichtungen somit dem souveränen Willen der Staaten unterlagen, also auch durch Aufgabe der Mitgliedschaft beendet werden konnten. Tatsächlich aber brachte die Mitgliedschaft in diesen neuartigen Organisationen erhebliche Beschränkungen der Souveränität der Mitgliedsstaaten mit sich, weil die Sachzwänge, die ja gerade zur Errichtung der Organisationen geführt hatten, den Austritt zu einer eher abstrakten Möglichkeit werden ließ.[11] Daneben bedeuteten die Anerkennung der neuen Organisationen als Völkerrechtssubjekte neben den Staaten und die - ebenfalls ganz neue - Zulassung nichtstaatlicher territorialer Einheiten zur Mitgliedschaft in einigen der Verwaltungsunionen[12] eine weitere Durchbrechung der Exklusivität der Rolle der souveränen Staaten. Und auch die Tatsache, daß Nichtregierungsorganisationen, gebildet von privaten und/ oder auch staatlichen Unternehmen, zu bedeutenden Zentren für die Bereitstellung „öffentlicher Güter" - z. B. die Organisation des grenzüberschreitenden Eisenbahnverkehrs - wurden, stellte eine erstaunliche Abweichung vom Dogma der Zeit dar, daß völkerrechtlich nur die souveränen Staaten zu den anerkannten Akteuren des internationalen Systems zu zählen seien. Mit anderen Worten, institutionalisierte internationale Kooperation war zu einem herausragenden Charakteristikum des modernen internationalen Systems geworden.[13]

2. Was die Wahrung des Friedens und der Sicherheit innerhalb des eurozentrischen internationalen Systems angeht, so war der Prozeß der Ausbildung internationaler, institutionalisierter Kooperation, also von für die Friedenssicherung verantwortlichen Organisationen, langsamer als auf dem Gebiet der Wirtschaft und der zwischenstaatlichen Kommunikation. Jedoch begann dieser Prozeß auch hier und kulminierte im Jahre 1945 in der Gründung der Organisation der Vereinten Nationen. Seine Anfänge[14] gehen - wie im Bereich von Wirtschaft und Verkehr - auf den Wiener Kongreß zurück, dessen zentrale Aufgabe ja die Errichtung einer neuen Europäischen Friedensordnung war. Die Strukturen dieser Friedensordnung können hier nicht nachgezeichnet werden.[15] Auf den ersten Blick erscheinen sie, dem Verständnis der Zeit entsprechend, als diejenigen einer Allianz des traditionellen Typs. Bei näherem Zusehen zeigt das Wiener Konzept - das Europäische Konzert der Mächte - jedoch eine Reihe innovativer Elemente, die den amerikanischen Politologen Inis Claude zutreffend veranlaßte, das Europäische

---

[11] Man fühlt sich hier an die Argumentation des Bundesverfassungsgerichts im Maastricht-Urteil erinnert, daß die Herrschaft der Mitgliedstaaten der EU betonte, gleichwohl aber nicht die Tatsache übersehen konnte, daß faktisch der Austritt aus der Union aber nur noch theoretische Bedeutung hat. Vgl. dazu aus der umfangreichen Literatur zu diesem Urteil näher St. Hobe, The German State in Europe after the Maastricht Decision of the German Constitutional Court, in: German Yearbook of International Law (GYIL) 37 (1994), 113ff.

[12] Zu diesen im ausgehenden 19. Jahrhundert geschaffenen, neuartigen internationalen Organisationen vgl. näher R. Wolfrum, International Administrative Unions, in: EPIL Bd. II, 1995, 1041ff.

[13] Dazu näher Dahm/Delbrück/Wolfrum, aaO., 13ff.

[14] Zu den geistesgeschichtlichen Grundlagen der Internationalisierung der Verantwortung für Frieden und Sicherheit vgl. näher J. Delbrück „Das Völkerrecht soll auf einen Föderalism freier Staaten gegründet sein" - Kant und die Entwicklung internationaler Organisation, in: K. Dicke/K.-M. Kodalle (Hrsg.), Republik und Weltbürgerrecht - Kantische Anregungen zur Theorie politischer Ordnung nach dem Ende des Ost-Westkonflikts, 1997 (im Erscheinen).

[15] Eine eingehende Darstellung zur Aufgabe des Wiener Kongresses und der weiteren Entwicklung der Europäischen Friedensordnung gibt W. Baumgart, Vom Europäischen Konzert zum Völkerbund, 1974.

Konzert als einen Vorläufer des Völkerbundes und der Vereinten Nationen zu interpetieren.[16] So signalisiert die Idee von ständigen Konsultationen zwischen den führenden Mächten des neuen Sicherheitssystems und von regelmäßig einzuberufenden Kongressen der Mitglieder eine für die Zeit neue Wahrnehmung ihrer internationalen Verantwortung für Frieden und Sicherheit. Bisher wurde die Aufrechterhaltung des Friedens als eine genuin nationale Verantwortung gesehen. Die noch bescheidene Botschaft des Wiener Kongresses lautete dagegen, daß die Sicherung des Friedens eine Angelegenheit von internationalem und das heißt „öffentlichem" Interesse ist. Nach den ersten Erfahrungen totaler Kriegsführung im italienischen Einigungskrieg (Schlacht von Solferino) und im amerikanischen Sezessionskrieg sowie im 1. Weltkrieg gaben dann der Friedensbewegung in Europa und den USA großen Auftrieb. Die Überzeugung, daß nicht die „Einhegung" der zwischenstaatlichen Gewaltanwendung, sondern die Illegalisierung des Krieges das Ziel sein müsse, gewann an Boden. Unter dem Einfluß der großen Zahl historischer Entwürfe für die internationale Organisation des Friedens[17] und vorbereitet durch bahnbrechende Arbeiten, u.a. des Völkerrechtlers Walther Schücking[18] und auf Initiative vor allem der USA, wurde der erste Versuch einer Organisierung und Institutionalisierung der Friedenssicherung mit der Gründung des Völkerbundes unternommen[19]. Nach dessen Scheitern[20] und der Erfahrung des 2.Weltkrieges kam es dann zur Gründung der Vereinten Nationen.[21]

In diesem Kreise darf die Kenntnis der Strukturen dieser neuen Organisation vorausgesetzt werden. Nur einige wenige zentrale Aspekte der OVN seien hervorgehoben. Die Organisation ist nicht nur mit der Aufgabe der Friedenswahrung betraut, sondern ihr sind auch durch den Sicherheitsrat weitreichende Kompetenzen zur Durchsetzung (Kapitel VII SVN) eingeräumt. Darüberhinaus sieht die Charta für den Sicherheitsrat die Kompetenz vor, unter bestimmten Umständen auch in die inneren Angelegenheiten einzugreifen (Art.2 Abs.7, letzter Halbsatz i.V.m. Kapitel VII SVN) - eine Kompetenz, von der der Sicherheitsrat in der jüngsten Vergangenheit zum Schutz elementarer Menschenrechte verschiedentlich Gebrauch gemacht hat.[22] Kernstück der Charta ist schließlich, das umfassende Verbot, in den internationalen Beziehungen Gewalt anzuwenden oder anzudrohen (Art.2 Abs.4 SVN)[23]. Das zentrale Attribut des souveränen Staates - das liberum ius ad bellum - wird den Staaten genommen. Genau betrachtet, versteht die Charta selbst das Recht auf Selbstverteidigung nicht mehr als ein selbständiges

---

[16] Vgl. I. Claude, Swords into Plowshares, 4. Aufl. 1971, 38ff.

[17] Dazu etwa K. v. Raumer, Ewiger Frieden. Friedensrufe und Friedenspläne seit der Renaissance, 1953.

[18] W. Schücking, Die Organisation der Welt, 1908; dazu K. J. Partsch, Die Ideen Walther Schückings zur Friedenssicherung, Walther-Schücking-Kolleg, Heft 3, 1985.

[19] Dazu näher D. Hunter Miller, The Drafting of the Covenant, 1928.

[20] Zu den eng mit der Ablehnung des Beitritts der USA zum Völkerbund zusammenhängenden Gründen dieses Scheiterns, insbesondere zu den weitsichtigen friedenspolitischen Gründen der USA, den Versailler Friedensvertrag von 1919, dessen Teil die Völkerbundssatzung bildete, vgl. G. A. Finch, The Treaty of Peace with Germany in the United States Senate, American Journal of International Law (AJIL) 15 (1920), 155ff.

[21] Siehe dazu R. B. Russel/J. E. Muther, History of the United Nations Charter, 1958 mwN.

[22] Dazu die unten in Anmerkung 27 angegebene Literatur und dortige weitere Nachweise.

[23] Art.2 Abs.4 lautet in der amtlichen deutschen Übersetzung: „Alle Mitglieder unterlassen in ihren internationalen Beziehungen jede gegen die territoriale Unversehrtheit oder die politische Unabhängigkeit eines Staates gerichtete oder sonst mit den Zielen der Vereinten Nationen unvereinbare Androhung oder Anwendung von Gewalt.", zitiert nach dem Text in Bundesgesetzblatt der Bundesrepublik Deutschland (BGBl) 1973 II, 431ff.

Recht, zum Krieg zu schreiten, sondern als ein Notwehrrecht, das auszuüben den Staaten nur insoweit und solange zusteht, als der Sicherheitsrat einzugreifen nicht in der Lage ist.[24] Aus der Sicht des Prinzips staatlicher Souveränität kann man angesichts des hier kurz angedeuteten Befundes in der Tat nur eine fundamentalen Wandel des vorherrschenden Paradigmas feststellen, das die internationale Rechtsordnung über Jahrhunderte geprägt hatte, nämlich daß die Anwendung von Gewalt durch die souveränen Staaten als Mittel zur Verfolgung ihrer Rechte und Interessen als legitim und legal angesehen wurde. Aber das ist noch nicht der ganze Befund an Wandlungen, die das Völkerrecht in der Ära internationaler Organisation durchgemacht hat. Neben der Illegalisierung der internationalen Gewaltanwendung enthält die Charta der Vereinten Nationen auch die Verpflichtung zur Achtung und Förderung der Menschenrechte, die als einer der Eckpfeiler einer echten Friedensordnung angesehen wird.[25] Das bedeutet, daß neben der Wahrung des Friedens und der internationalen Sicherheit auch die Entwicklung und Durchsetzung der Menschenrechte zu einer Verantwortung der internationalen Gemeinschaft gemacht worden ist. Und so befassen sich die Vereinten Nationen und ihre Sonderorganisationen nicht nur mit der Ausarbeitung und Kodifikation der Menschenrechte in verbindlichen internationalen Konventionen, sondern sie haben auch die Kompetenz, deren Einhaltung zu überwachen, wobei die von den Vereinten Nationen eingesetzten oder durch Konventionen geschaffenen Überwachungsorgane zunehmend die Unterstützung nichtstaatlicher Organisationen in Anspruch nehmen.[26] Auch diese Überwachungs- und Durchsetzungskompetenz bedeutet

---

[24] Hier ist die Parallele zum innerstaatlichen Recht deutlich: auch hier ist Notwehr kein Recht zur Anwendung von Gewalt, sondern eine durch die Notwehrlage gerechtfertigte Gegenwehr, die ohne die Notwehrlage rechtswidrig wäre. Zu dieser nicht unbestrittenen Interpretation der Charta vgl. J. Delbrück/K. Dicke, The Christian Peace Ethic and the Doctrine of Just War from the Point of View of International Law, in: GYIL 28 (1985),194ff. mwN. Der insoweit einschlägige Art.51 SVN lautet in der amtlichen deutschen Übersetzung: „Diese Charta beeinträchtigt im Falle eines bewaffneten Angriffs gegen ein Mitglied der Vereinten Nationen keineswegs das naturgegebene Recht der individuellen oder kollektiven Selbstverteidigung, bis der Sicherheitsrat die zur Wahrung des Weltfriedens und der internationalen Sicherheit erforderlichen Maßnahmen getroffen hat. Maßnahmen, die ein Mitglied in Ausübung dieses Selbstverteidigungsrechts trifft, sind dem Sicherheitsrat sofort anzuzeigen; sie berühren in keiner Weise dessen auf dieser Charta beruhende Befugnis und Pflicht, jederzeit die Maßnahmen zu treffen, die er zur Wahrung oder Wiederherstellung des Weltfriedens und der internationalen Sicherheit für erforderlich hält.", zitiert nach BGBl 1973 II, 431 (Hervorhebung v. Verf.).

[25] Art.1 Abs.3 SVN definiert als eines der Ziele der Vereinten Nationen, „eine internationale Zusammenarbeit herbeizuführen, um internationale Probleme wirtschaftlicher, kultureller und humanitärer Art zu lösen und die Achtung vor den Menschenrechten und Grundfreiheiten für alle ohne Unterschied der Rasse, des Geschlechts, der Sprache oder der Religion zu fördern und zu festigen;....", zitiert nach BGBl 1973 II, 431 ff (Hervorhebung v. Verf.).

[26] Aus der Fülle der Regelungen, die die Beteiligung von NGOs im Rahmen des internationalen Menschenrechtsschutzes vorsehen, seien hier nur das sog. 1503-Verfahren der Arbeitsgruppe der als Unterorgan des Wirtschafts- und Sozialrates der Vereinten Nationen eingesetzten Unterkommission zur Verhinderung von Diskriminierungen und für den Schutz von Minderheiten (Resolution 1503 (XLVIII) des Wirtschafts- und Sozialrates vom 27. Mai 1970 (ESCOR 48th Session, Suppl. No l A, 8) und Resolution 1(XXIV) der Unterkommission zur Verhinderung von Diskriminierungen und für den Schutz von Minderheiten vom 13. August 1971 über die Behandlung von Mitteilungen über Menschenrechtsverletzungen (Abs. 2 lit. a), Text wiedergegeben in B. Simma/U. Fastenrath, Menschenrechte - Ihr internationaler Schutz, 2. Aufl., 1985; sowie die Verfahrensregeln des Committee on Conventions and Recommendations der UNESCO in UNESCO Doc. Decision 104 EX/3.3, abgedruckt bei Tardu (Hrsg.), Human Rights - The International Petition System, Bd. 3, Teil 2,7; dazu J. Delbrück, Non-Judicial Procedures of Enforcement of Internationally Protected Human Rights with Special emphasis on the Human Rights Practice of Unesco, in: J. Delbrück/D.

einen erheblichen Einbruch in die staatliche Souveränität, da die Einhaltung oder Nichteinhaltung der Menschenrechte in früherer Zeit als eine ausschließlich innere Angelegenheit der souveränen Staaten galt. Der Sicherheitsrat ist sogar so weit gegangen, die schwere und andauernde Verletzung der grundlegenden Menschenrechte durch Staaten als eine Bedrohung des Friedens einzustufen, und hat auf diese Verletzungen mit Zwangsmaßnahmen nach Kapitel VII SVN reagiert.[27] Und schließlich verpflichtet die Charta die Mitgliedstaaten - und das sind heute 185! - in den Bemühungen zu kooperieren, wirtschaftliche und soziale Bedingungen zu schaffen, die für die Erhaltung des Friedens und der Sicherheit förderlich sind.[28] Dieser Frieden wird nicht nur als Abwesenheit von physischer Gewaltanwendung konzipiert, sondern auch als eine gerechte, auf der Herrschaft des Rechts beruhende Ordnung, in der die Menschenrechte und wirtschaftliche und soziale Gerechtigkeit gefördert werden.[29]

Der Befund könnte den Schluß nahelegen, daß die Dominanz des Souveränitätsdogmas in der Völkerrechtsordnung der Ära der internationalen Organisation zumindest in rechtlicher Hinsicht gebrochen ist. Doch ist daran zu erinnern, daß die Charta der Vereinten Nationen, die als Verfassung der Staatengemeinschaft fungiert, die Achtung und den Schutz der staatlichen Souveränität - der „souveränen Gleichheit der Mitgliedstaaten" formuliert Art. 2 Abs.1 SVN - zu einem tragenden Prinzip der Ordnung der Vereinten Nationen erklärt hat. Ein Gesamtfazit über die charakteristischen Kennzeichen des Völkerrechts dieser Periode muß daher dahin lauten: die Ordnung ist noch ambivalent. Einerseits gibt es nachhaltige Wandlungen in der Auffassung von der Aufgabenverteilung zwischen Staaten und organisierter Staatengemeinschaft unter gleichzeitiger Beschränkung, teilweise sogar Durchbrechung der Souveränität. Andererseits bildet nicht nur von Rechts wegen die Achtung und der Schutz der Souveränität nach wie vor eine beachtliche Größe in den internationalen Beziehungen, sondern auch in der Praxis ist die Berufung auf die Souveränität nach wie vor ein wichtiger Faktor. Das Völkerrecht hat sich für neue Handlungsstrukturen geöffnet, den Kreis der Völkerrechtssubjekte um die internationalen Organisationen und - in sehr beschränktem Maße - das Individuum erweitert und Normen entwickelt, die Materien zum Gegenstand haben, die in der vorangegangenen Periode ausschließlich innerstaatliche waren. Aber die Verlagerung von rechtlichen Regelungen innerstaatlicher (innenpolitischer) Materien auf die internationale Ebene bedeutet angesichts der noch immer bedeutenden staatlichen Souveränität noch nicht einen Wandel des Völkerrechts von einer Staatenordnung zu einer Rechtsordnung der Menschen und Völker.

Rauschning/W. Rudolf/Th. Schweisfurth (Hrsg.), Der internationale und Nationale Schutz der Menschenrechte - Neuntes deutsch-polnisches Juristen-Kolloquium, 1992. 31ff. (34ff).

[27] Vgl. dazu neuerdings ausführlich H. Gading, Der Schutz grundlegender Menschenrechte durch militärische Maßnahmen des Sicherheitsrates - das Ende staatlicher Souveränität?, 1996; auch M. Reisman, Humanitarian Intervention and Fledgling Democracies, Fordham International Law Journal 1995, 794.

[28] Siehe dazu den oben, Anmerkung 25, zitierten Text des Art.l (3 SVN).

[29] K. Ipsen hat dafür in Anlehnung an den Begriff der (militärischen) kollektiven Sicherheit den der „wirtschaftlichen kollektiven Sicherheit" geprägt; vgl. ders., Entwicklung zur „economic collective security" im Rahmen der Vereinten Nationen ?, in: W. A. Kewenig (Hrsg.), Die Vereinten Nationen im Wandel - Referate und Diskussionen eines Symposiums „Entwicklungslinien der Praxis der Vereinten Nationen in völkerrechtlicher Sicht", veranstaltet aus Anlaß des 60jährigen Bestehens des Instituts für Internationales Recht an der Universität Kiel (20.-23.11.1974), 1975, 11ff.

III. Das Völkerrecht unter dem Einfluß der Globalisierung

1. Wie eingangs schon kurz angedeutet, wird hier unter Globalisierung ein Prozeß der Entstaatlichung[30] verstanden. Dies soll zunächst anhand von einzelnen - hier wichtigen - Erscheinungen etwas näher erläutert werden. Vorweg sei gesagt, daß in negativer Abgrenzung Globalisierung ganz grundsätzlich nicht ein „im Trend des politischen Jargons" liegendes Synonym für Internationalisierung bedeutet. Eine positive Bestimmung jenseits der Beschreibung von Globalisierung als Prozeß der Entstaatlichung ist dagegen schwieriger. Globalisierung umfaßt nämlich unterschiedliche empirische Phänomene, die allerdings das eine gemeinsam haben: es handelt sich um Phänomene, die den Rahmen einer staatsorientierten politischen und rechtlichen Ordnung transzendieren. Für eine erste Gruppe von Globalisierungserscheinungen ist als zunächst das von der modernen elektronischen Medientechnologie bestimmte, Staatsgrenzen nicht nur im räumlichen Sinne überschreitende Marktgeschehen zu nennen. Beispielhaft ist hier das Internet, das sich nicht nur Markttransaktionen, sondern auch sich selbst staatlicher Regulierung weitgehend entzieht. Nationale Regulierungsversuche erreichen allenfalls Randbereiche dieses Kommunikationsraumes.[31] Was aber noch bedeutsamer ist: die Akteure im Internet sind sich sehr wohl dessen bewußt, daß es einen Regelungsbedarf gibt. Aber sie sind nicht geneigt, diesen durch die Staaten decken zu lassen, sondern sind dabei, eine eigene lex informatica zu entwickeln[32] - vergleichbar der im einzelnen in ihrer Rechtsnatur heftig umstrittenen lex mercatoria[33], die überwiegend als eine vom nationalen und internationalen Recht verschiedene dritte Rechtsordnung eingeordnet wird. Aus der Perspektive der Globalisierung der Märkte könnte durchaus von einem supraterritorialen Regelungsregime gesprochen werden. Wie immer die Einordnung erfolgen mag: auch die lex informatica ist dabei, ein eigenes, globales Regelungsregime (global governance) zu bilden. Aus Raumgründen ist auf weitere Beispiele dieser Art aus der ersten Gruppe von Globalisierungserscheinungen zu verzichten.

Eine zweite Gruppe von Erscheinungen, die konkretisiert, was hier unter Globalisierung verstanden wird, ist die qualitative Veränderung von Aufgaben, die traditionell innerstaatliche waren und als Gefahrenabwehr und Daseinsvorsorge qualifiziert wurden bzw. noch werden. Ein Teil dieser Aufgaben haben eine Dimension angenommen, die die nationale Problemlö-

---

[30] Dazu näher J. Delbrück, Globalization of Law, Politics, and Markets, aaO. (Anm. 4), 11: „Thus, it seems that globalization as distinct from internationalization denotes a process of denationalization of clusters of political, economic and social activities. Internationalization, on the other hand, refers to cooperative activities of national actors, public or private, on a level beyond the nation state but in the last resort under its control".

[31] Zu einem solchen Versuch vgl. etwa das kürzlich vom Deutschen Bundestag verabschiedete Gesetz zur Regelung der Rahmenbedingungen für Informations- und Kommunikationsdienste (IuKDG), dazu Deutscher Bundestag 13. Wahlperiode, Drucksache 13/7385, und Stenographischer Bericht 182. Sitzung v.13. Juni 1997; zu dieser Problematik auch A. Roßnagel, Globales Datennetz: Ohnmacht des Staates - Selbstschutz der Bürger, Zeitschrift für Rechtspolitik (ZRP) 1997, 26ff; auch R. Röger, Internet und Verfassungsrecht, ZRP 1997, 203ff.

[32] Dazu näher W. H. van Boom/J. H. M. van Erp, Electronic Highways: On the Road to Liability, in: V. Bekkers et al. (eds.), Emerging Electronic Highways: New Challenges for Politics and Law, 1996, 153ff; A. Mefford, Lex Informatica - Foundations of Law on the Internet, unveröffentlichtes Manuskript 1996 (liegt dem Verf. vor).

[33] Zur lex mercatoria Ch. W. O. Stoecker, The Lex Mercatoria: to what extent does it exist?, in: International Journal of Arbitration 7 (1990), 101ff; für die Zuordnung des internationalen Handelsrechts entweder zum je einschlägigen nationalen Recht oder zum Völkerrecht und damit gegen die Annahme einer dritten, einer Sonderrechtsordnung M. Herdegen, Internationales Wirtschaftsrecht, 2. Aufl., 1995, 23ff. (24).

sungskapazität, aber auch diejenige der nun schon als klassisch einzustufenden internationalen zwischenstaatlichen Organisationen nicht nur quantitativ, sondern auch qualitativ übersteigen. Zu denken ist hier an die globalen Herausforderungen des Klimaschutzes, die Migrationsströme, die Kontrolle der Bestände an Massenvernichtungsmitteln usw. Ein dritter Bereich, der einem Prozeß der Entstaatlichung unterliegt, ist der des bisher als „internationaler" Menschenrechtsschutz bezeichneten. In der Umsetzung des Menschenrechtsschutzes ist Entstaatlichung in mehrfacher Hinsicht zu konstatieren. Zunächst wurde - in der Ära der internationalen Organisation - von Internationalisierung der Menschenrechte und ihres Schutzes gesprochen, womit gemeint war, daß die Frage der Einhaltung dieser Rechte aus dem Bereich der inneren Angelegenheiten, der „domestic jurisdiction", der Staaten durch die Inkorporierung der Menschenrechte in das Völkerrecht herausgenommen sei. Doch blieb - so die ganz herrschende Meinung- die Durchsetzung eine Aufgabe der Staaten, sei es unmittelbar, sei es mittelbar über die Organe der zwischenstaatlichen Überwachungsinstitutionen.[34] In der Gegenwart ist jedoch festzustellen, daß sich ein grenzüberschreitendes Netzwerk nichtstaatlicher Organisationen einen bedeutsamen Platz im Spektrum der für die Durchsetzung der Menschenrechte zur Verfügung stehenden Mechanismen erobert haben.[35] Auch in anderen Lebensbereichen spielen nichtstaatliche Organisationen eine wichtige Rolle in der Erfüllung „öffentlicher Aufgaben", wobei insbesondere ihre Wächter- und Mahnerfunktion ins Auge fällt (Beispiel Greenpeace). Diese Organisationen verstehen sich als Anwälte eines internationalen öffentlichen Interesses, das jenseits selbst eines aufgeklärten nationalen Interesses angesiedelt ist.

2. Welchen Effekt haben nur die hier wiederum nur angerissenen Erscheinungen und Entwicklungen auf das Völkerrecht? Hat es diese Erscheinungen aufgenommen im Sinne einer strukturellen Veränderung bis hin zu einer Änderung auch der Geltungsgrundlagen oder haben diese Erscheinungen nur - aber auch immerhin - zu einem wirksameren zwischenstaatlichen Recht geführt?[36] Der Befund ist nicht abschließend zu beurteilen, aber Tendenzen können ausgemacht werden.

Wenden wir uns zunächst dem Phänomen der globalen Regelungsregime zu. Negativ ist zunächst festzustellen, daß bisher nicht davon die Rede sein kann, daß diese „globale governances" als Teil des geltenden Völkerrechts anerkannt sind. Beispielhaft ist dafür die erwähnte Lehre von der sog. „Dritten Rechtsordnung" im Falle der lex mercatoria. Auf der anderen Seite ist im Völkerrecht eine zunehmende Zustimmung dazu unübersehbar, daß völkerrechtliche Regelungen, die existentielle Bedürfnisse der Menschen und Völker, so z. B. im Menschenrechts- und im internationalen Umweltschutz, in ihrer Geltung nicht mehr vom Wil-

---

[34] Dazu näher J. Delbrück, International Protection of Human Rights and State Sovereignty, in: Indiana Law Journal 57 (1981-82), 567ff.; ders., Menschenrechte im Schnittpunkt zwischen universalem Schutzanspruch und staatlicher Souveränität (mit engl. Zusammenfassung), in: GYIL 22 (1979), 384ff. (396ff.).

[35] Neben Amnesty International sind hier die Internationale Juristenkommission (International Commission of Jurists), die Internationale Liga für Menschenrechte (International League for Human Rights) und Human Rights Watch zu nennen. Näher zu der mitgliederstärksten und weltweit präsenten Organisation Amnesty International siehe J. S. Ignarski, Amnesty International, in: EPIL Bd.I (1992), 151ff.

[36] Dazu auch J. Delbrück, Wirksameres Völkerrecht oder neues „Weltinnenrecht"? - Perspektiven der Völkerrechtsentwicklung in einem sich wandelnden internationalen System, in: W. Kühne (Hrsg.), Blauhelme in einer turbulenten Welt - Beiträge internationaler Experten zur Fortentwicklung des Völkerrechts und der Vereinten Nationen, 1993, 101ff.

len der einzelnen Staaten abhängen dürfen.[37] Ausgehend von einem obiter dictum des Internationalen Gerichtshofes im berühmten Barcelona Traction-Fall[38] ist heute eine neue Normkategorie anerkannt, die als „erga omnes „- Normen bezeichnet werden. Ihre Einhaltung wird gegenüber jedem Staat geschuldet und ihre Durchsetzung kann auch von Staaten unternommen werden, die von einer Verletzung entsprechender Normen nicht unmittelbar betroffen sind. Diese Wirkung der erga omnes-Normen kann in einer bisher nur vom Willen der Staaten getragenen Rechtsordnung nur damit erklärt werden, daß diese Normen das „internationale öffentliche Interesse", also das Interesse nicht nur bestimmter Staaten, sondern der Menschen und Völker artikulieren.

Ein anderer Beweis, daß die Globalisierung Einfluß auf die Gestaltung des Völkerrechts hat, ist die wachsende Rolle der nichtstaatlichen Organisationen auch in rechtlicher Hinsicht. Nach der noch herrschenden Lehre sind diese Organisationen keine Völkerrechtssubjekte.[39] Sie gehören dem Gesellschaftsbereich an und sollen an der zwischenstaatlichen Rechtsordnung keinen Anteil haben. Aber entspricht dies der Wirklichkeit? Untersucht man einmal das jüngere und jüngste geltende Recht darauf, welche Rolle die NGOs hier spielen, so stößt man auf erstaunliche Regelungen. Nicht nur haben NGOs im Rahmen des operativen Menschenrechtsschutzes das Recht, Beschwerden gegen die Menschenrechte verletzende Staaten vor den internationalen Überwachungsorganen einzureichen (locus standi), haben diese Organisationen das Recht, an den Beratungen von Organen internationaler zwischenstaatlicher Organisationen teilzunehmen, ja aktiv an der Ausarbeitung von Konventionen mitzuwirken.[40] Sie werden auch - so etwa in der Konvention zu Verhinderung der Wüsten (Desertification Convention) aktiv in den Durchsetzungsprozeß eingebunden.[41] Selbst nach der bisher herrschenden Lehre ‚wonach Völkerrechtssubjekt ist, wer völkerrechtsunmittelbar Recht und Pflichten besitzt, liegt der Schluß nahe, daß die NGOs in den Kreis der Völkerrechtssubjekte - wie immer beschränkt in ihren Rechten - eingetreten sind. Damit ist für den Einzelmenschen - neben seiner beschränkten eigenen Völkerrechtssubjektivität - ein neues Instrument für seine Teilhabe an der sich globalisierenden Weltordnung im Werden.

---

[37] Näheres dazu bei J. I. Charney, Universal International Law, in: AJIL 87(1993), 529ff.; E. Riedel, International Environmental Law - A Law to Serve the Public Interest? - An Analysis of the Scope of the Binding Effect of Basic Principles (Public Interest Norms) in: J. Delbrück (Hrsg.), New Trends in International Lawmaking - International 'Legislation' in the Public Interest, 1997, 61ff; K. Dicke, National Interest v. The Interest of the International Community - A Critical Review of Recent UN Security Council Practice, ebd.,145ff; J. I. Charney, International Lawmaking - article 38 of the ICJ Statute Reconsidered. ebd. 17lff; J. Delbrück, The Impact of the Allocation of International Law Enforcement Authority on the International Legal Order, in ders. (Hrsg.), Allocation of Law Enforcement Authority in the International System, 1995, 135ff.

[38] Case Concerning Barcelona Traction, Light and Power Company Ltd. (Belgium v. Spain), ICJ Reports 1970, 3 (32).

[39] Statt anderer V. Epping, ß6: Internationale Organisationen, in: K. Ipsen (Hrsg.), Völkerrecht, 3., völlig neubearbeitete Auflage des von E. Menzel begründeten Werkes, 1990, 73f.

[40] Näher zur Stellung internationaler nichtstaatlicher Organisationen R. Lagoni, Art. 7l, in B. Simma (Hrsg.), The Charter of the United Nations - A Commentary, 1995.

[41] Vgl. Art. 25 der United Nations Convention to Combat Desertification in those Countries Experiencing Serious Drought and/or Desertification, Particularly in Africa, UN General Assembly Document A/AC.241/15/Rev.7, abgedruckt in International Legal Materials (I.L.M.) XXXIII (1994), 1328ff; (1353).

Schließlich ist die Erscheinung der erga omnes-Normen ein deutlicher Hinweis, daß die Dominanz der Staaten als alleinige Erzeuger und Adressaten der Völkerrechtsnormen im Schwinden begriffen ist. Das Völkerrecht entwickelt sich zu einer nicht vom Willen der souveränen Staaten abhängigen Staatenordnung zu einer objektiven Rechtsordnung, die gilt, weil sie als Bedingung der Möglichkeit des Überlebens der Menschheit im wörtlichen Sinne notwendig ist.[42] Damit nimmt das Völkerrecht nicht nur zunehmend Themen einer Weltinnenpolitik auf. Es nimmt selbst die Züge eines Weltinnenrechts an. Nach der lex lata sind erst bescheidene Schritte in diese Richtung getan worden. Sie sind aber zu deutlich, um als bloßes „wishful thinking" beiseitegeschoben werden zu können.

---

[42] Dazu ausführlich Dahm/Delbrück/Wolfrum, Völkerrecht, aaO. , 34ff. insbesondere 41ff.

Weltinnenpolitik und Globalisierung

Ernst Ulrich von Weizsäcker

Globalisierung als Erfüllung der Weltinnenpolitik

Weltinnenpolitik war ein neues Schlagwort, das in den sechziger Jahren große Überraschung ausgelöst hat (C. F. v. Weizsäcker, 1964). Bis dahin waren Außen- und Innenpolitik säuberlich getrennt. Der neue Begriff der Weltinnenpolitik wies auf eine gemeinsame Verantwortung der Staatsführungen, aber auch der politisch denkenden Bürger für die ganze Erde hin. Damals ging es zunächst um die „Bedingungen des Friedens" in einer von der Öffentlichkeit als bipolar wahrgenommenen Welt. Bald kam die Herausforderung der Entwicklung der ärmsten Länder hinzu. Die drei Entwicklungsdekaden, die die Vereinten Nationen ausgerufen hatten, *waren* Weltinnenpolitik. Und schließlich wurde die Welt der (ökologischen) *Grenzen des Wachstums* gewahr.

Unterdessen hat sich, fast unbemerkt von der Politikwissenschaft, ein Prozeß abgespielt, der für das Zusammenwachsen der Staaten ebenso wie für das alltägliche Wahrnehmen von globaler Verantwortung eine viel größere Bedeutung bekommen sollte als alle abrüstungs-, entwicklungs und umweltpolitischen Konferenzen und Deklarationen zusammengenommen: die Globalisierung des Wirtschaftsgeschehens. Produktherstellung, Rohstoffbeschaffung, Vermarktung, Finanzierung, praktisch alles ist heute globalisiert. Und die wirtschaftliche Globalisierung hat prima facie eine ausgesprochen friedensstiftende Wirkung. Welcher Staat hätte heute noch die Möglichkeit, sich völlig außerhalb des globalen Konsenses zu stellen?

Auch für die Entwicklung der Entwicklungsländer ist die globale Wirtschaft eine größere Hoffnung als die althergebrachte Entwicklungshilfe. Die weltweite Standortwahl der Produzenten führt zu einem Umfang von Privatinvestitionen in den Entwicklungsländern, wie man sich öffentliche Hilfen und Investitionen nicht einmal hätte erträumen können. Zudem erhöht die weltweite Standortwahl die Effizienz der Wirtschaft. Das vermehrt den verteilbaren Wohlstand.

Schließlich gibt es auch zivilisatorische Vorteile, die die Globalisierung mit sich bringt. Die Engstirnigkeit wird überwunden, die Mehrsprachigkeit zur Normalität. Jeder Manager hat einmal irgendwo im Ausland Dienst getan und kann sich unter Verantwortung für Nachbarländer, für Frieden, für Kundenzufriedenkheit in fernen Ländern etwas sehr konkretes vorstellen. Auch der Ferntourismus trägt sehr zu dieser zivilisatorischen Horizonterweiterung bei.

Freuen wir uns also zunächst einmal über die Erfüllung mancher weltinnenpolitischer Hoffnungen durch die Globalisierung. Aber verschließen wir nicht die Augen davor, daß die Vorteile der weltweiten Marktwirtschaft in akuter Gefahr sind, von Nachteilen überschattet zu werden.

Der Markt stärkt die Starken

Was für Nachteile? Zunächst beobachten wir, daß der Wohlstand immer weniger fair verteilt wird (vgl. z. B. Martin u. Schumann, 1996). Die Spreizung zwischen arm und reich wird immer krasser, in allen Ländern. Zwar gibt es Länder, in denen seit einigen Jahren blühendes Wachstum herrscht und der Reichtum rasch wächst. Aber selbst dort nehmen Armut und Hunger zu.

Die Spreizung hat ursächlich mit dem Sieg der Marktwirtschaft zu tun. Wie komme ich auf diese kühne Behauptung? Ganz einfach: Der freie Markt ist so *gemeint*, daß sich die Starken, die Effizienten, gegen die Schwächeren durchsetzen. Und je mehr die Starken Steuern zahlen müssen, um den Fußkranken und Schwachen zu helfen, desto schlechter für ihre Wettbewerbsfähigkeit.

Für die Schwachen würde diese Marktdynamik böse enden, gäbe es da nicht die Moral, die Religion - und die *Innenpolitik* in der Demokratie! Diese sorgen dafür, daß die Schwachen nicht unter die Räder kommen.

Auch die Umwelt gehört zu den Schwachen. Das ist der zweite große Nachteil des ungebremsten Marktes. Der Markt führt tendenziell immer zur restlosen Ausbeutung der Naturschätze. Auch wenn gegen Ende Knappheiten auftreten, die Preise steigen und die Nutzungseffizienz zunimmt: Das Ende des Raubbaus ist immer erst dann erreicht, wenn mit vernünftigem Aufwand nichts mehr zu holen ist.

Auch die Natur steht unter einem gewissen Schutz durch Moral, Religion und Demokratie. Die moralische und die innenpolitische Machtbegrenzung waren übrigens historisch gesehen gut für das Kapital. Sie haben nämlich der westlich-freiheitlichen Gesellschaft die Stärke und Glaubwürdigkeit verliehen, mit der sie schließlich über den bürokratischen Sozialismus siegen konnte. Dieser letztere hatte bekanntlich keine auch nur annähernd so überzeugende Ausgewogenheit der Macht zustandegebracht.

Bis 1990 war die Welt durch den Wettbewerb der Ideologien gekennzeichnet. Der Kalte Krieg war teuer und schrecklich und darf nicht nachträglich verharmlost werden. Aber der ideologische Wettbewerb zwischen West und Ost hatte eindeutig den Vorteil, daß der Markt um seiner eigenen Glaubwürdigkeit willen demokratisch gezügelt werden mußte. Die Marktwirtschaft hat ihre eigentliche Stärke in der Kombination mit der Demokratie. Der Markt stärkt die Starken. Die Demokratie sorgt dafür, daß die Schwachen sich gegen zu große Ungleichheit wehren können. Das geht, das ging solange gut, wie Markt und Demokratie ungefähr die gleiche geographische Reichweite haben bzw. hatten. Die nach dem Zerfall des bürokratischen Sozialismus rapide einsetzende Globalisierung des Wirtschaftsgeschehens beendet diesen Zustand. Die Globalisierung ist damit im Begriff, die Ausgewogenheit der Macht zwischen Starken und Schwachen zu zerstören.

Das Kapital ist auf den sozialen Konsens im nationalen Rahmen nicht mehr wirklich angewiesen. Der scharfe Wettbewerb um optimale Kapitalrenditen zwingt die Kapitaleigner und -verwalter geradezu, die Durchsetzung der Kostensenkung wichtiger zu finden als die Pflege des Konsenses. Dies führt fast zwangsläufig zum Abbau von Sozial- und Umweltstandards. Es hat Versuche gegeben, gehobene Sozial- und Umweltstandards international durchzusetzen. Insbesondere im Dezember 1996 wurde bei der WTO-Konferenz von Singapur darüber gesprochen. Der Versuch endete aber in einem Fiasko. Insbesondere die Länder des Südens halten jeden solchen Harmonisierungsversuch für baren Protektionismus. Aber auch seitens des Nordens gab es starke Stimmen, nicht zuletzt die des deutschen Wirtschaftsministeriums, die das pure Marktgeschehen durch keinerlei „Hemmnisse" gefährdet sehen wollen.

Bei einem Lamento über die Aushöhlung der Demokratie und die Gefährdung der Umwelt dürfen wir aber nicht stehenbleiben. Wir müssen handeln. Im wesentlichen muß es um zwei Strategien gehen:

1. Die Stärkung von über den nationalen Rahmen hinausgehenden demokratischen Gegengewichten gegen den puren Markt, in anderen Worten, die *politische* Wiederentdeckung der Weltinnenpolitik;

2. Die Sicherung weltmarktunabhängiger Lebensbereiche, in anderen Worten, die Minderung der Erpreßbarkeit.

Neue Weltinnenpolitik

Wir brauchen eine neue Weltinnenpolitik, ein System globaler Politikgestaltung. Dieses bedeutet zunächst eine Stärkung der Vereinten Nationen. Die zumal in den USA und Deutschland modische Verachtung für die Vereinten Nationen ist völlig unangebracht und zeugt von einem mangelnden Verständnis davon, was Demokratie heute *auch* heißen muß.

Auch die regionalen Zusammenschlüsse wie insbesondere die Europäische Union verdienen eine weitere Stärkung, bei gleichzeitiger Verbesserung der demokratischen Mitwirkung. Weitgehendes Neuland ist im Vergleich hierzu die Internationalisierung demokratischer Verhaltensweisen und Mitbestimmungsrechte über den nicht-staatlichen Sektor. Die Mitbestimmung in multinationalen Firmen sollte gestärkt werden. Mindestnormen der sozialen Sicherung, des Schutzes von Kindern, des Arbeitsschutzes und des Umweltschutzes können und sollen weltweit gefordert werden. Firmen und Länder, die nicht mitmachen, müssen den Verbraucherinnen und Verbrauchern bekannt gemacht werden. Auf den Kapitalmärkten üben die von Privatanlegern und ihren vielfach moralischen Überzeugungen gespeisten Anlagefonds bereits zunehmende Kontrollfunktion aus. In den Niederlanden wird die Geldanlage in solchen Fonds steuerlich begünstigt.

Für die globale Stärkung der demokratischen Gegenmacht von besonderer Wichtigkeit ist ein politisch recht neues Phänomen: die weltweit vernetzten, freiwillig organisierten Nichtregierungs-Organisationen der Zivilgesellschaft. Neue Gruppen sind hier aufgetreten und haben international ihre Muskeln gezeigt. Menschenrechtsorganisationen wie Amnesty International, Umweltschutzorganisationen wie Greenpeace und WWF, aber auch Kirchen, Wissenschaftsverbände und internationale Clubs sind bereits vielfach zu Trägern eines internationalen Gewissens und zu Aufpassern gegenüber lokal verübtem Unrecht geworden. Sie sind damit zu Akteuren der Weltinnenpolitik avanciert. Wegen der latenten Drohung von Konsumentenboykotts werden sie von den Unternehmensführungen überaus ernstgenommen. Der Greenpeace-Protest gegen die Versenkung der Ölplattform Brent Spar war - unabhängig von seiner ökologischen Berechtigung - *politisch* ein großer Erfolg. Das aktive Knüpfen und Pflegen internationaler Kontakte unter Gleichgesinnten ist durch das Internet und andere Medien wesentlich erleichtert worden.

Erdpolitik und Weltinnenpolitik

Kurz vor dem welthistorischen Umbruch von 1989, der das Fanal für die rasante Beschleunigung der Globalisierung gegeben hat, habe ich selbst, in einer impliziten Anlehnung an die „Weltinnenpolitik", ein Buch mit dem Titel „Erdpolitik" veröffentlicht. In diesem ist die

Rolle der neuen internationalen Akteure bereits angesprochen worden, aber noch längst nicht mit der heute allgemein empfundenen Dringlichkeit.

Der Hintergrund der „Erdpolitik" war in erster Linie die in den achtziger Jahren breit ins Bewußtsein getretene weltweite ökologische Krise. Die Erkenntnis dieser Krise hat übrigens auch ursächlich mit der Beendigung des Ost-West-Konflikts zu tun, auch wenn das heute niemand mehr wahrhaben will. Für Gorbatschows Handeln, zumindest aber für seine politische Rhetorik hat die Erkenntnis der globalen Umweltkrise eine tragende Rolle gespielt. Und im Westen haben Carl Sagan mit seinem Schreckensszenario des „nuklearen Winters" als Folge eines atomaren Schlagabtauschs sowie die 1985 in Villach beginnende Klimadiplomatie eine zumindest bewußtseinsverändernde Wirkung gehabt, die man zu den starken Motiven für das Ende der Ost-West-Konfrontation zählen muß.

Die „Erdpolitik" sollte eine globale Umweltpolitik symbolisieren, welche die nationalstaatliche Souveränität bewußt (und zum Nutzen der Menschen) untergräbt, ganz analog zu der Motivation für C. F. von Weizsäckers Weltinnenpolitik. Mit dem Erdgipfel von Rio de Janeiro 1992 schien die Erdpolitik eine erste große Kulmination zu erreichen. Fast allseits wurde dabei die Hoffnung gehegt, daß es danach mit dem globalen Umweltbewußtsein immer weiter aufwärts gehen würde, je mehr man sich der konkreten Abarbeitung der drei großen Ergebnisse des Erdgipfels zuwenden würde.

Was waren die drei Themen? Es war der Klimaschutz, der Schutz der biologischen Vielfalt sowie die „Nachhaltige Entwicklung" (sustainable development), niedergelegt in einer umfänglichen „Agenda 21", einem ökologisch-ökonomischen Pflichtenheft für das 21. Jahrhundert.

Doch es kam anders. Es waren keine drei Wochen nach dem Erdgipfel vergangen, da traf sich (wie jedes Jahr) der Weltwirtschaftsgipfel, diesmal in München, auf Einladung von Bundeskanzler Kohl, der in Rio de Janeiro noch ganz Umweltschützer war. Aber in München kam das Wort Umwelt oder die „Nachhaltige Entwicklung" oder Klima oder Artenschutz nicht einmal sprachlich vor, und es wurden die Weichen für eine möglichst rasche ökonomische Verwestlichung Rußlands und eine möglichst radikale Verwirklichung des Freihandels auf der Basis der zuendegehenden Uruguay-Runde des GATT beschlossen. München kann als das vorläufige Begräbnis der Erdpolitik und als der diplomatische Start in die rasante Globalisierung angesehen werden.

Es kam noch schlimmer. In Deutschland, kurz später auch in Japan und anderen als ökonomisch prosperierend geltenden Ländern, brach eine tiefe Rezession aus. Die Arbeitslosenzahlen sprangen nach oben. Die Wettbewerbsfähigkeit der Nationen gegeneinander stand nunmehr im Bevölkerungsbewußtsein brutal obenan, und der Umweltschutz bewegte sich im stetigen Sinkflug von Rang 1 bis 2 der öffentlichen Prioritäten auf Rang 10 und darunter. Es wurde in politischen Kreisen mit einem Mal schick, sich über die Umweltschützer zu mokieren. Und das in einer Zeit, als die globalen Umweltdaten von Monat zu Monat schlechter wurden.

Auch die Weltinnenpolitik verkam zur Welthandelspolitik. In Marrakesch wurde im April 1994 die Welthandelsorganisation (WTO) gegründet, die eine Machtfülle besitzt, welche die UNO nur vor Neid erblassen lassen kann. Wenn ein US amerikanisches Gesetz den Schutz von Meeressäugern durch Fischer vorschreibt und amerikanische Konsumenten konsequenterweise Thunfisch boykottieren, bei dessen Fangmethoden Hunderte von Delphinen elend im Netz ersticken, sagt ein hinter verschlossenen Türen tagendes GATT/WTO-Panel ganz kühl, daß die Abwehr solcher Thunfischimporte den Freihandel behindere und damit illegal sei. Im Dezember 1996 hatte in Singapur zum ersten Mal seit dem Bestehen des GATT eine (nunmehr) WTO-

Ministerkonferenz das Thema Umwelt auf der Tagesordnung. Und das glasklare Ergebnis war: Umweltgesetze dürfen *keinerlei* Handelsbeschränkung bewirken.

Was tun? Man kann den Gang der Geschichte nicht umkehren. Aber man kann darüber aufklären, daß das ökonomische Prinzip in seiner derzeit dominierenden ideologisch radikalisierten Form dazu führt, daß die ökologischen Lebensgrundlagen des Planeten gefährlich untergraben werden. Ferner kann man diejenigen Maßnahmen als „Handelsbehinderung" brandmarken, die der Übernutzung natürlicher Ressourcen unfaire Vorteile verschaffen. Das gilt insbesondere für das (massive) Subventionieren von Energie, Wasser, Landnutzung und Industrieansiedlung. Wie Andrè de Moor (1997) beschreibt, betragen solche umweltverschlechternden Subventionen immerhin über 700 Milliarden Dollar jährlich!

Ferner wird es in der nächsten Zeit darum gehen, denjenigen technischen Fortschritt zu betonen, welcher sowohl der Wettbewerbsfähigkeit wie der Umwelt guttut. Schon im heutigen Markt gibt es hierfür gute Beispiele (Blumberg u. a. 1997). Noch weiter geht die *aktive* Herbeiführung einer Neuausrichtung des technischen Fortschritts, einer „Effizienzrevolution" im Umgang mit den knappen natürlichen Ressourcen.

Wettbewerbsfähigkeit und Effizienzrevolution

150 Jahre lang war das fast alleinige Thema des technischen Fortschritts die Erhöhung der Arbeitsproduktivität. Heute, wo Arbeitskräfte reichlich vorhanden, aber die Umwelt sehr „knapp" ist, gewinnt die Ressourcenproduktivität eine strategisch entscheidende Bedeutung. Es ist heute technologisch möglich, Energie und Rohstoffe um ein Mehrfaches effizienter zu nutzen. Das gilt für Häuser, Autos, Haushaltsgeräte, Lebensmittel, Alltagsgegenständen und sogar bestimmte industrielle Fertigungsverfahren. Ein Faktor vier bei der Effizienz des Energie- und Stoffeinsatzes ist fast durchgängig in Reichweite (Weizsäcker, Lovins, Lovins, 1995). Deutsche und europäische Firmen könnten eine entscheidende Rolle bei dieser Erschließung spielen. Die teilweise Verlagerung des Innovationsschwergewichts von der Arbeitsrationalisierung auf die Ressourcenrationalisierung kann zugleich den Abbau von Arbeitsplätzen bremsen und sogar in großem Umfang neue Arbeitsplätze schaffen.

Damit diese die internationale Wettbewerbsfähigkeit stärkende Innovationswelle auch betrieblich rentabel wird, ist allerdings der eine oder andere staatliche Eingriff erforderlich. In erster Linie müssen die genannten unsinnigen Subventionierungen für Umweltverbrauch und Industrialisierung abgebaut werden. Es ist auch nicht einzusehen, daß man für die Beförderung von Gütern und Personen heute immer noch nicht die vollen gesellschaftlichen Kosten der Verkehrswege zu bezahlen braucht.

Weiterhin muß das gesamte Steuerwesen durchforstet werden. Es sollte den Verbrauch natürlicher Ressourcen einschließlich Energie deutlich stärker und die menschliche Arbeit weniger belasten. Vernünftig gestaltet, wie etwa in Dänemark oder den Niederlanden, stärkt auch eine solche Steuerreform die Wirtschaft und schafft Arbeitsplätze. Die absolut nicht mehr zeitgemäße Steuerbefreiung für die Treibstoffe im internationalen Flugverkehr muß raschestmöglich durch eine internationale Vereinbarung beendet werden.

Dies sind ein paar erste Beispiele dafür, daß durchaus Handlungsspielraum vorhanden ist, um die erdpolitische Herausforderung unter den Bedingungen der Globalisierung anzunehmen. Wir haben aber noch einen sehr langen Weg für unsere Zivilisation vor uns, und zwar im Norden wie im Süden.

Literatur

- Blumberg, Jerald, Åge Korsvold und Georges Blum (für den World Business Council for Sustainable Development). 1997. Environmental Performance and Shareholder Value. Poole, Dorset: E&Y Direct.

- Martin, Hans Peter and Harald Schumann.1996. „Die Globalisierungsfalle". Hamburg: Rowohlt.

- de Moor, André and Peter Calamai.1997. Subsidising Unsustainable Development; Undermining the Earth With Public Funds. Toronto: Earth Council (ISBN 0-9681844-0-5)

- v. Weizsäcker, Carl Friedrich.1964. Bedingungen des Friedens. Göttingen: Vandenhoeck und Ruprecht.

- v.Weizsäcker, Ernst Ulrich. 1989. Erdpolitik. Ökologische Realpolitik an der Schwelle zum Jahrhundert der Umwelt, Darmstadt: Wiss. Buchgesellschaft. 5. neubearb. Auflage mit dem neuen Untertitel: Ökologische Realpolitik als Antwort auf die Globalisierung.

- v. Weizsäcker, Ernst Ulrich, Amory Lovins und Hunter Lovins. 1997. Faktor Vier. Doppelter Wohlstand, halbierter Naturverbrauch. Der neue Bericht an den Club of Rome. München. Droemer Knaur. Taschenbuch 1997.

Entwickelt sich eine Diktatur des Kapitals?
Trends der Weltentwicklung

Ingomar Hauchler

Das Raster, das ich in diesem Versuch, die zentralen Trends der Weltentwicklung zu skizzieren, zugrunde lege, sind zum einen die Grundwerte, die im Prinzip als universal akzeptiert werden. Welche Fakten und Perspektiven sind grundlegend, um in Zukunft ein gutes und sicheres *Leben*, ein Leben in *Freiheit*, die ja in besonderer Weise das menschliche definiert, und ein Leben in *Frieden*, der durch Ausgleich widerstreitender Interessen erst Leben in Freiheit garantiert, zu ermöglichen? Zum anderen gehe ich von der Prämisse aus, daß unsere Welt in Zukunft immer stärker zeitlich, räumlich und kausal vernetzt sein wird: Was wir heute tun oder nicht tun, hat oft irreversible Folgen für die Zukunft; was wir hier tun, hat Folgen dort und was anderswo geschieht, hat Folgen hier. Was wir wirtschaftlich und technisch tun und in Zukunft können, hat Folgen für die Umwelt, die Gesellschaft und die Kultur - und umgekehrt.

Ausgehend von der Frage, wie es um die Verwirklichung universaler Grundwerte steht, und angesichts zunehmender zeitlicher, räumlicher und kausaler Interdependenz, konstatiere ich in zehn Schritten - bewußt zugespitzt und provokativ - folgendes Szenario globaler Entwicklung.

Die Dimension eines guten Lebens -Wohlfahrt und sozialer Ausgleich

1. Die Weltbevölkerung wird innerhalb der nächsten drei Generationen auf mindestens 10 Milliarden Menschen, vielleicht auch auf mehr, anwachsen.

Wir haben es nicht mehr in der Hand, dieses Faktum zu verändern. Es mag gelingen, gegen Ende des nächsten Jahrhunderts eine Stabilisierung zu erreichen. Eine Verringerung ist, da wir Kriege und Katastrophenszenarien ausschließen sollten, nicht möglich.

Aber nicht nur die immer höhere absolute Zahl der Menschen, die gut und in Freiheit leben sollen, stellt uns vor große wirtschaftliche, soziale und ökologische Herausforderungen. Genauso bedeutsam ist, daß sich die Struktur der Weltbevölkerung drastisch verändern wird. Immer mehr Menschen werden in den sogenannten Entwicklungs- und Schwellenländern leben, nämlich schließlich über 90 Prozent. Der Anteil der Menschen in den Industrieländern wird auf unter 10 Prozent sinken. Dabei werden immer mehr junge Menschen im Süden und immer mehr alte Menschen im Norden leben.

Dieser für den Beginn des 21. Jahrhunderts irreversible globale Trend stellt uns vor bisher nicht gekannte Probleme zur Sicherung des äußeren Friedens, da sich die Gewichte zwischen den Völkern verschieben; zur Bewahrung des inneren Friedens, der nur durch gerechten Ausgleich - auch zwischen den Generationen - zu sichern sein wird; zur Erhaltung der allgemeinen Wohlfahrt und ihrer Grundlage, des ökologischen Haushalts Erde. Es deutet alles darauf hin, daß sich das Verhalten der Menschen und das herrschende Wirtschaftssystem grundlegend wandeln muß, um diese Probleme zu lösen.

2. Die globale Produktion wird sich während der nächsten Generation mindestens verdoppeln, in der darauffolgenden dann auf das 5-fache, und dann nach der dritten Generation auf das 8-fache ansteigen.

Die Annahmen, die diesem Szenario zugrunde liegen, sind restriktiv gewählt. Hinsichtlich der Bevölkerungsentwicklung basieren sie auf den niedrigsten Prognosen des Weltbevölkerungsfonds und auf einer Prognose des Produktionswachstums, die noch unter den Annahmen der Weltbank liegen, auch unter den Wachstumszielen, die von Politik und Wirtschaft weltweit gesetzt werden.

Aufgrund der extremen Differenzen der Ausgangsniveaus der Produktion wird der Anteil der Industrieländer am Weltprodukt und am globalen Ressourcenverbrauch - trotz ihres relativ sinkenden Bevölkerungsanteils - weiter anwachsen. Die Schere zwischen Industrie- und Entwicklungsländern wird sich noch über zwei bis drei Generationen weiter öffnen.

Eine höhere Effizienz bei der Nutzung natürlicher Ressourcen und ein relativ ansteigender Anteil der immateriellen Güter am Weltsozialprodukt hat die Wirkung, daß Produktionswachstum und Ressourcenverbrauch tendenziell entkoppelt werden können. Dieser Effekt reicht aber nicht aus, um den immer höheren Verbrauch nicht regenerierbarer Ressourcen zu stoppen, also während des 21. Jahrhunderts ein ökologisches Gleichgewicht zu erreichen. Wenn sich an den geltenden Zielen und Begriffen von Wachstum und Wohlstand nichts ändert, wird es zu einer drastischen Verknappung und stetigen Verteuerung natürlicher Ressourcen kommen. Der Kampf um ihre Verteilung wird sich verschärfen und das Leben und die Freiheit vieler Menschen gefährden.

3. *Die globalen Ressourcen reichen nicht aus, um stetiges Wachstum zu ermöglichen. In wenigen Generationen wird der Zeitpunkt kommen, wo die ökologische Basis für eine expandierende Ökonomie zusammenbricht, damit aber auch die Grundlage für eine Politik, die die Lösung von gesellschaftlichen Problemen in erster Linie durch Wachstum anstrebt.*

Zweifellos ist das allgemeine Bewußtsein für diese Gefahr gewachsen. Dennoch geht der progressive Ressourcenverbrauch weiter. Auf der Weltkonferenz für Umwelt und Entwicklung sind 1992 Ziele für die Reduktion von umweltschädlichen Emissionen und für den Übergang zu einer nachhaltigen Wirtschaftsweise formuliert worden. Heute, fünf Jahre danach, konstatieren wir, daß der Verbrauch von Energie, von Wäldern und von biologischer Vielfalt weiter angestiegen ist und daß sich die klimaschädlichen Kohlendioxydemissionen weiter erhöht haben. Die Weichen für eine nachhaltige Wirtschaftsweise sind nicht gestellt worden. Die Triebkräfte des progressiven Ressourcenverbrauchs sind auf absehbare Zeit nicht außer Kraft gesetzt, weder die wachstumsbedingten noch die armutsbedingten Faktoren.

In den Entwicklungsländern bleibt Wachstum notwendig, um Armut zu bekämpfen und zu den Industrieländern „aufzuschließen". In den Industrieländern bleibt das Wachstum Problemlöser Nummer eins, um die Arbeitslosigkeit zu bekämpfen und die sozialen Spannungen auszugleichen. Auch der durch Armut bedingte Ressourcenverbrauch wird sich vor allem in den Entwicklungsländern weiter erhöhen. Wo die Menschen um ihr Überleben kämpfen müssen, bleibt ihnen oft keine andere Wahl, als Böden und Wälder und Wasser zu über-nutzen. Die absolute Zahl der Armen, die aus Not nicht-regenerierbare Ressourcen zerstören, wird sich bei einer wachsenden Weltbevölkerung, die sich immer mehr in den Entwicklungsländern konzentriert, erhöhen, auch wenn ihr relativer Anteil gleich bleibt - außer es käme zu einer umfassenden - konträr zur gegenwärtigen Entwicklung verlaufenden - Umverteilung von oben nach unten.

Die herrschende Lebens- und Produktionsweise läßt nicht zu, daß die Triebkräfte des progressiven Ressourcenverbrauchs außer Kraft gesetzt werden. Und der verschärfte globale Wettbewerb und eine endemisch gewordene allgemeine Finanzkrise der Staaten, die die Verschuldung immer höher treibt, verhindern sowohl ausreichende Investitionen in den ökologischen Umbau als auch die Bekämpfung von Armut und die Förderung sozialen Ausgleichs.

Weder theoretisch noch praktisch sind bis jetzt die Voraussetzungen gegeben, Zukunftsprobleme ohne Wachstum zu lösen. Wissenschaftlich gibt es noch keine Basis für eine Ökonomie, die gleichzeitig gegenwärtigen Wohlstand und künftige ökologische Vorsorge ins Gleichgewicht bringt. Politisch haben die Demokratien bisher kein System entwickelt, das den Anspruch auf steigenden Wohlstand und auf den faktischen Spielraum, den Natur und Technik bieten, begrenzt.

4. Das Wachstum der Produktion wird nicht von größerer Gleichheit begleitet. Im Gegenteil, die Kluft zwischen denen, die arbeiten und gut leben können und jenen, die nicht arbeiten und schlecht oder gar nicht über-leben können, wird größer.

Seit den 80er Jahren hat sich die neoliberale Denkweise, verschärft dann nach dem Zusammenbruch des Kommunismus, allgemein als leitende Vorstellung zur Gestaltung von Wirtschaft und Gesellschaft etabliert. Sie leistet einem neuen - diesmal globalen - Manchester-Kapitalismus, der politisch immer weniger kontrolliert, also sozial und ökologisch wenigstens moderiert werden kann, Vorschub. Der global neu entfesselte Kapitalismus bewirkt innerhalb der Staaten, aber auch zwischen den Staaten, eine verschärfte Spaltung. Sowohl innerhalb von Industrie- als auch von Entwicklungsländern zeigt sich, daß die Reichen, der Mittelstand und die Armen weiter auseinanderdriften. Die Differenzierung der Einkommensverteilung ist aber nicht ungewollte Folge, sondern bewußtes Programm zur Steigerung des Wachstums. Zwischen den Ländern vollzieht sich die Spaltung zwischen solchen, die die Chance haben, sich im Weltmarkt zu behaupten und anderen die - wie vor allem in Afrika und in Teilen Asiens - abgekoppelt werden.

Parallel zu einer durch Technologie und ökonomische Interdependenz zunehmenden globalen Integration vollzieht sich ein Prozeß der Abkopplung und Marginalisierung von sozialen Gruppen und ganzen Staaten. Es bildet sich eine globale Klassengesellschaft heraus, in der sich das Kapital und die Wissenschaft über die Länder hinweg vernetzen und immer neue Standortvorteile nutzen, die Bürger jedoch, wo sie ihre politischen Rechte wahrnehmen und ihr Einkommen als Arbeitnehmer verdienen wollen, an feste nationale Standorte gebunden bleiben und keine Möglichkeit haben, sich über die Grenzen hinweg politisch zu artikulieren und zu verbinden. Durch diese einseitige Globalisierung verstärkt sich die strukturelle Dominanz jener, die Kapital besitzen und dirigieren über jene, die nur ihre persönliche Arbeit verkaufen können.

Auf globaler Ebene gibt es bisher keine politischen und gesellschaftlichen Regeln und Institutionen, die bewirken könnten, daß allgemeines Wachstum zu höherer Wohlfahrt und gerechtem Ausgleich zu Gunsten der vielen führt. Was im nationalen Rahmen teilweise schon gelungen war, nämlich eine gegenseitige Befruchtung von allgemeinem Wohlstand und sozialem Ausgleich und die Durchsetzung einer Philosophie und praktischen Kultur gesellschaftlicher Solidarität, die sowohl in menschlichem Verhalten als auch in staatlicher Vorsorge begründet war, fehlen auf globaler Ebene noch weitgehend die Voraussetzungen.

5. Die Gefahr zwischenstaatlicher Kriege hat sich verringert. Sie ist aber für die Zukunft nicht gebannt. Die Gewalt aus ethnischen und sozialen Motiven ist angestiegen und kann sich, vor allem wegen verschärfter Spaltungstendenzen, noch verstärken. Globale Gefahren durch Massenvernichtungswaffen und die Verbreitung hochtechnologischer Kleinwaffen sind immer noch nicht ausreichend politisch kontrolliert.

Das Ende des kalten Krieges zwischen West und Ost hat im Norden erhebliche Schritte zur Abrüstung ermöglicht. Im Nahen Osten bleibt die Rüstung und das Denken in militärischen Konfliktlösungen auf hohem Niveau. In Asien, vor allem in Ost- und Südostasien, wird sogar aufgerüstet. Im Bereich der OECD und zwischen West und Ost besteht keine Gewißheit, aber eine große historische Chance, den äußeren Frieden zu wahren. West und Ost sind aber nach wie vor indirekt an Gewaltkonflikten im Süden und Osten beteiligt. Die westlichen Länder haben ihr Instrumentarium verbessert, im Süden militärisch zu intervenieren. Und sie tun dies nicht nur aus humanitären Gründen, sondern auch zur Wahrung geopolitischer Macht und zunehmend zur Sicherung ihres Zugangs zu Ressourcen. Sie zögern auch nicht, aus eigenen wirtschaftlichen Interessen, weiter den Export von Waffen zu forcieren. Dies ist nicht zuletzt eine der Folgen verschärfter staatlicher Standortkonkurrenz.

Ein wirklicher Durchbruch zur Vernichtung von Massenvernichtungswaffen, also zum Abbau globaler Bedrohung, ist bis jetzt nicht gelungen. Trotz teilweisem Abbau von Atomwaffenarsenalen und Atomteststopp gehen die Forschungen auf diesem Gebiet weiter. Die Arsenale bleiben auf einem Niveau, das immer noch weltweite Verheerungen möglich macht. Das Problem der Nichtweiterverbreitung von Atomwaffen ist faktisch nicht gelöst. Immer höher entwickelte Waffen- und Kommunikationstechnologie ermöglicht immer mehr Staaten, Atomwaffen zu produzieren. Die fünf Staaten, denen der Besitz von Atomwaffen bisher zugestanden wurde, bestehen auf ihrem Monopol. Dies verhindert, daß in Entwicklungsländern eine wirkliche Akzeptanz zum Verzicht auf Atomwaffen erreicht wird. Auch biologische und chemische Massenvernichtungswaffen bleiben eine Gefahr.

Die Abrüstung in West und Ost hat nicht dazu geführt, daß durch militärische Abrüstung Mittel für Entwicklung und ökologische Umrüstung frei wurden. Die in den 80er Jahren erhoffte Friedensdividende fiel zwar an, wurde aber in den Staaten, die inzwischen abgerüstet haben, schnell vollständig verbraucht: Für die eigenen Streitkräfte, um sie für Interventionsaufgaben umzurüsten; für die Finanzierung der verschärften staatlichen Standortkonkurrenz und für die soziale Bewältigung verschärfter Arbeitslosigkeit und Armut.

6. Das neoliberale Modell ökonomischer Selbstregulierung kann offenbar nicht gleichzeitig allgemeinen Wohlstand, Arbeit für alle und gerechten sozialen Ausgleich gewährleisten. Es verschärft - gestützt durch eine selbst laufende, ökonomische Vernetzung - die Tendenz, daß die Politik, entgegen demokratischem Verständnis, immer mehr dem Primat der Ökonomie unterliegt.

Es hat sich gezeigt, daß Markt und Wettbewerb zwar die optimale Form ist, um die allgemeine Produktion zu maximieren und auf betrieblicher Ebene die ökonomische Effizienz stetig zu steigern, daß Markt und Wettbewerb aber nicht die klassischen Aufgaben des Staates übernehmen können, nämlich äußeren und inneren Frieden, gesellschaftlichen Ausgleich und die Bereitstellung öffentlicher Güter, deren private Produktion nicht rentabel ist, zu gewährleisten. Diese zweite Botschaft von Adam Smith wird heute im neoliberalen Denken verdrängt.

Die wissenschaftlich-technologisch und ökonomisch getriebene Globalisierung unterstützt die Grundtendenz des Neoliberalismus zur „Entstaatlichung" durch Deregulierung, durch Privatisierung öffentlicher Leistungen und durch Umverteilung der Einkommen von der öffentlichen in die private Sphäre. Und die im Grundsatz sinnvolle Orientierung, die Effizienz des Staates - sei es in Politik und Bürokratie - zu verbessern, ist umgeschlagen in eine generelle Schwächung politischer und staatlicher Leistungs- und damit Handlungsfähigkeit.

Die Politik hat mehr und mehr ihre eigenständige Rolle aufgegeben. Der Staat ist zunehmend zum Dienstleistungsbetrieb der Wirtschaft geworden. Er reagiert zunehmend mehr auf das Diktat der Märkte, denn auf den demokratisch begründeten Willen seiner Bürgerinnen und Bürger. Die Macht der großen Unternehmen gegenüber der Politik steigt, gestützt durch zunehmende Konzentration und global vernetzte Unternehmensallianzen. Der ursprüngliche Gedanke des Wettbewerbs, die Leistung in den Unternehmen zu steigern, tritt mehr und mehr hinter dem Bestreben der Staaten zurück, die Konkurrenz zwischen ihren Volkswirtschaften und ihren Arbeitnehmerschaften zu organisieren. Die immer stärkere Position der großen Unternehmen gegenüber der Politik ermöglicht es ihnen mehr und mehr, Kosten, die früher von ihnen zu tragen waren, auf den Staat, also die Bürger und Steuerzahler zu überwälzen und sich ihrer Steuerpflicht zu entziehen. Nicht zuletzt dies ist eine der wichtigsten Ursachen, warum es zu einer systemischen Höherverschuldung der Staaten gekommen ist.

Wenn es nicht gelingt, den Primat einer demokratisch begründeten Politik gegenüber der Ökonomie herzustellen, wird der Staat seine Aufgaben in Zukunft nicht mehr erfüllen können. Das Fundament des aufgeklärten Staates, die Demokratie, ist bereits untergraben. Wo das Diktat der Ökonomie gegenüber der Politik nicht gebrochen werden kann, wird die Demokratie, als konkrete Souveränität des Volkes und seiner Parlamente, ersetzt durch die anonyme Diktatur des global fließenden Kapitals.

Die Dimension menschlicher Freiheit - Menschenrechte und Demokratie

7. Trotz einer intensiven und kontroversen Diskussion über Reichweite und Grenzen universaler Menschenrechte wird sich weltweit durchsetzen, daß zentrale politisch-bürgerliche Grundrechte akzeptiert werden. Dagegen besteht die Gefahr, daß die sozialen Grundrechte und die Entwicklungsrechte der Völker, die in Dialektik zu den politischen Rechten stehen, in allen Teilen der Welt weiter massiv verletzt werden.

Die immer stärkere Vernetzung der Welt durch Verkehr und Güteraustausch, durch Information und Kommunikation werden es repressiven Regimen immer weniger möglich machen, universale individuelle Menschenrechte zu verletzen. Das Wissen der Menschen in allen Teilen der Welt, wie andere leben und welche Freiheiten sie genießen, kann nicht mehr unterdrückt werden. Und die Notwendigkeit für alle Staaten, sich in die Weltwirtschaft zu integrieren, wird überall ein Mindestmaß an Rechtssicherheit und individueller Freiheit erzwingen.

Die Durchsetzung der sozialen Grundrechte auf Arbeit und menschenwürdiges Auskommen ist demgegenüber eine ungelöste Aufgabe. Soll sie erfüllt werden, so bedürfte es eines Grundbestandes einer globalen Sozialpolitik, die durch ein sanktionsfähiges internationales Recht abgesichert werden müßte, soll sie nicht papierene Deklaration bleiben.

Auch was die Durchsetzung der Entwicklungsrechte aller Völker angeht, bedürfte es der Schaffung eines international sanktionsfähigen Rechts. Nur so könnten alle Staaten gezwungen werden, Wohlstand und Ressourcen wenigstens auf der Basis eines Existenz- und Entwicklungsminimums auszugleichen.

Zur Durchsetzung nicht nur der bürgerlichen, sondern auch der sozialen Menschenrechte und der Entwicklungsrechte der Völker ist es notwendig, über die kulturellen Grenzen hinweg den Dialog über das Verständnis und die Position von Individuum und Gesellschaft zu intensivieren. Die Entwicklung eines Weltethos, in den die philosophischen und religiösen Kerngedanken der verschiedenen Kulturen über ein menschenwürdiges Leben eingehen, ist notwendige Bedingung für die Entwicklung eines internationalen Rechts und die Instrumente zu seiner

Durchsetzung. Wir brauchen also die Verständigung auf globale Normen für individuelle Rechte und Pflichten, die, im Respekt vor kulturell unterschiedlichen Traditionen, in Grenzen durchaus differenziert angewendet werden können. Genauso zwingend ist aber ein zukunftsfähiges System gesellschaftlicher und wirtschaftlicher globaler Ordnung, damit nicht nur die politischen, sondern auch die sozialen Rechte konkret verwirklicht werden können.

8. In vielen Staaten des Südens und des Ostens wird sich eine breite Partizipation der Menschen oder gar die Form der westlichen Demokratie nur langsam und dann oft wohl nicht ohne Gewalt durchsetzen. Gleichzeitig wird auch im Westen der innere Gehalt der Demokratie zunehmend ausgehöhlt.

Demokratie setzt eine breite Aufklärung, eine Transparenz der technischen und ökonomischen, der gesellschaftlichen und politischen Verhältnisse voraus. Sie gründet in der Möglichkeit und Fähigkeit zur Partizipation. Diese setzt aber voraus, daß die Menschen ihre vitalen Grundbedürfnisse befriedigen und ihre bürgerlichen Rechte wahrnehmen können.

In vielen Ländern des Südens und des Ostens sind diese Bedingungen für einen großen Teil der Bevölkerung nicht gegeben. Die Interessen herrschender wirtschaftlicher und politischer Schichten stehen einem friedlichen inneren Übergang zu einem demokratischen System oft entgegen. Auch von außen her kann eine demokratische Entwicklung oft nur begrenzt durch ökonomischen Druck oder durch Androhung von Gewalt erzwungen werden. Ökonomische Interessen des Westens an der Sicherung von Märkten und Ressourcen liegen im Widerstreit mit dem Ziel, die inneren Bewegungen für Demokratie zu stützen.

Die schleichende Aushöhlung der Demokratie in den Industrieländern beruht vor allem auf verschiedenen Faktoren. Vor allem drei Entwicklungen schwächen die Demokratie. Zum ersten: Unter dem ökonomischen Druck der Einschalt- und Leserquoten verzerren die Massenmedien die Wirklichkeit. Die Chance der Menschen, sich über die Welt und ihre Zusammenhänge ein realistisches Bild zu machen, wird auch durch den Rückzug des Staates aus einer demokratisch fundierten, aufklärerischen Medienarbeit immer geringer. Zum zweiten: Bildung, die breitem Wissen und dem Verständnis komplexer Zusammenhänge dient, wird zunehmend fachlichen Qualifikationen zur Wahrung individueller und volkswirtschaftlicher Chancen geopfert. Und drittens: die Politik, das wurde schon gesagt, gerät zunehmend zu einem Feld, auf dem nicht politische Alternativen transparent diskutiert und dem Wähler zur Entscheidung gestellt werden, sondern auf dem weitgehend das „Diktat der Märkte" akzeptiert wird.

Die Bürger wenden sich von den großen gesellschaftlichen und politischen Organisationen ab. Die Beteiligung bei Wahlen und das persönliche Engagement in Parteien und Verbänden sinken. Nur wenige finden noch den Weg in die positive gesellschaftliche Aktion: Dann aber meistens in den kleinen Netzen der Zivilgesellschaft, die sich auf begrenzte Ziele oder überschaubare Aktionen richten und - so unverzichtbar sie sind - nicht legitimiert sind, für die Mehrheit zu sprechen.

Die Dimension von Frieden und Gerechtigkeit -„Global Governance"?

9. Der Nationalstaat wird angesichts einer räumlich, zeitlich und kausal zunehmend vernetzten Welt immer weniger leisten können und doch auf weiteres das politische Monopol behaupten, weil dort, wo nationale Souveränität versagt, noch keine globale Souveränität besteht, die „Global Governance" bzw. „Weltinnenpolitik" im Interesse eines globalen Gemeinwohls ermöglichte.

Seit seinen Ursprüngen ist es vornehmste Aufgabe des Staates, den Frieden nach außen und innen zu sichern. Dies begründet sein Gewaltmonopol. Wenn aber der Krieg und die Gewalt zurückgedrängt werden sollen, gelingt die Sicherung des Friedens nur durch die Herstellung von Gerechtigkeit.

Den globalen Institutionen ist zur Sicherung des Friedens nicht die Kompetenz zugewachsen, die die Nationalstaaten verloren haben und weiter verlieren werden. Die Vereinten Nationen sind der umfassendste Ansatz für die Wahrnehmung globaler Aufgaben im gemeinsamen Interesse der Völkergemeinschaft. Ihnen fehlen aber noch auf lange Zeit die zentralen Voraussetzungen, um nationale Souveränität auf Weltebene durch globale Souveränität zu ergänzen: nämlich eine demokratische Gesetzgebung, ein sanktionsfähiges Recht und eine ausreichende finanzielle Basis, damit eine effiziente Exekutive wenigstens im Kernbereich von Global Governance ihre Aufgaben erfüllen kann.

Die internationalen Finanzinstitutionen, der Internationale Währungsfonds, die Weltbank und die Welthandelsorganisation sind auf ihrem Gebiet vergleichsweise wirksamer als die Vereinten Nationen. Ihr vorwiegend auf die Ökonomie gerichteter Blick erfaßt aber nicht die globalen ökologischen und sozialen Aufgaben. Und sie unterliegen aufgrund ihrer Verfassung dem dominanten Einfluß der Industrieländer. Ihre Kompetenzen und ihre Leistung erfaßt nicht die Komplexität und Interdependenz globaler Herausforderungen. Diese ökonomischen Institutionen können nicht beanspruchen, globales Wissen und Gewissen zu repräsentieren.

Die bestehenden internationalen Sicherheitssysteme sind regional begrenzt und noch nicht zu einem globalen Netz verknüpft. Das gilt für die NATO genauso wie für die Organisation amerikanischer Staaten OAS, die Organisation afrikanischer Staaten OAU und für die asiatischen Sicherheitssysteme. Abgesehen von der NATO haben sie nicht die Fähigkeit, globale Sicherheitsprobleme zu lösen. In allen regionalen Systemen setzen sich im übrigen jeweils die Interessen der dominanten Staaten durch.

Die Gruppe der Sieben ist ein wichtiger Kreis, in dem sich die führenden Industrieländer, jetzt auch in Verbindung mit Rußland, abstimmen. Auch sie repräsentieren aber nicht globale Interessen und verfügen bisher nicht über die Voraussetzungen zur Umsetzung ihrer Beschlüsse. Neben fehlender Legitimation, für die ganze Welt zu handeln, sind es vor allem widerstreitende nationale Interessen, welche einem wirksamen Global Governance durch die großen Industriestaaten entgegenstehen.

Die Leistungsbilanz sämtlicher globaler Institutionen ist mager. Sie haben zentrale internationale Probleme trotz vieler Weltkonferenzen und „Gipfel", Deklarationen und Appelle nicht oder nur mit sehr bescheidenen Ansätzen gelöst. Das gilt für die Bewahrung von Ressourcen und Umwelt, die Eindämmung von weltweit steigender Verschuldung und Spekulation, die Stabilisierung von Währungen und Zinsen, den Aufbau einer internationalen Wettbewerbsordnung, die auch Korruption und Steuerwettlauf eingrenzt, die Ausbreitung von Kriminalität, Drogen und neuen Krankheiten.

Wo angesichts wachsender globaler Herausforderungen wenig Fortschritte gemacht werden, um gemeinsame globale Lösungen zu schaffen, erleben wir eine neue Tendenz zur nationalen Rückwendung. Vor allem die wachsende Arbeitslosigkeit und Finanzkrise begünstigen in vielen Industriestaaten wieder verstärkt nationale Alleingänge. Dies gilt nicht zuletzt für die Vereinigten Staaten. Sie beanspruchen militärisch und zunehmend auch ökonomisch die Stellung der einzigen Supermacht. Sie nehmen aber die selbst angemaßte globale Stellung nicht in globaler Verantwortung wahr, sondern mißbrauchen sie zunehmend im eigenen Interesse. Auch Europa - noch vielfach gespalten - nimmt seine globale Verantwortung nicht wahr. Der jahrzehntelange Impuls zur Integration erlahmt. Asien, Lateinamerika und Afrika sind in einem Stadium, in dem in den meisten Ländern der Gedanke, einen Teil der nationalen Souveränität in übergreifende Systeme einzubringen, noch weniger eine Rolle spielt.

Die Basis für eine Lösung globaler Probleme bleibt auf absehbare Zeit, wo das Mittel des Krieges ausgeschlossen und die hegemoniale Position der großen Staaten abgebaut werden soll, die freiwillige Koordination zwischen national souveränen Staaten. Dieses Instrument ist aber zu schwach, um den globalen Herausforderungen gerecht zu werden.

10. Die Geschichte bewegt sich, so scheint es, auf ein globales Chaos zu, in dem kein Staat und keine internationale Institution wirklich im Interesse ausgleichender Gerechtigkeit und globaler Zukunftssicherung, die ja Voraussetzung des Friedens ist, regieren kann. Jeder einzelne, auch der dominante Akteur - auch wenn er die gute Absicht hätte - ist zu schwach und zu sehr von partikularen Interessen geleitet, um globale Regeln durchzusetzen. Angesichts der Komplexität einer global vernetzten Welt gerät die Ökonomie und die moderne Hochtechnologie außer Kontrolle.

Carl Friedrich von Weizsäcker sprach die Vermutung aus, daß wir uns heute in einer Art prä-revolutionären Situation befinden, die vergleichbar ist mit der Situation Ende des 15. und 18. Jahrhunderts. Prä-revolutionär deshalb, weil immer mehr Menschen wissen, daß drängende Probleme, die ungelöst sind, unerträglich werden und gleichzeitig wissen, daß man sie mit den bestehenden Mitteln nicht lösen kann. Ich teile diese Auffassung.

Droht deshalb aber in Teilen der Welt eine Revolution? Ich denke, nein. Zumindest in den hochentwickelten Staaten ist ein Umsturz der Verhältnisse von unten nach oben wohl nicht mehr möglich und wenn doch, so würde das keine neue Ordnung, vergleichbar der Reformation im 16. Jahrhundert und der Demokratie im 19. Jahrhundert schaffen. Wahrscheinlicher ist, daß die prä-revolutionäre Situation in einem Chaos endet, in dem die Aufgaben des Gemeinwohls nicht mehr wahrgenommen werden *können*. An dessen Ende könnte dann die große Ökonomie, die als einzige global integriert und handlungsfähig wäre, die öffentliche Ordnung auf ihre Weise, nämlich privat, herstellen. Das bedeutete dann mit der Verschmelzung von Wirtschaft und Politik eine polit-ökonomische Diktatur, wie sie, allerdings unter anderen Vorzeichen, im Kommunismus versucht wurde und gescheitert ist. Dort hatte die Politik die Wirtschaft vereinnahmt, hier würde die Wirtschaft die Politik aufsaugen. Aufklärung und Demokratie wären an ihr Ende gekommen.

Welches sind in dieser Lage die möglichen Wege aus der Gefahr? Folgende Schritte müssen wir tun:

Erstens: Wo Global Governance ein zwar notwendiges, aber noch fernliegendes Ziel ist, gleichzeitig aber die Kompetenz der Nationalstaaten schwindet, bleibt der verfaßten Politik nur eine Möglichkeit, um ihren Primat zurückzugewinnen. Das ist der Zusammenschluß der Nationalstaaten zu regional integrierten Räumen. Nur in ihnen kann wieder politische Handlungsfähigkeit zurückgewonnen werden, und nur über sie können schließlich Zug um Zug globale Institutionen, die Völkerrecht wirksam durchsetzen können, aufgebaut werden. Regionale Integration ist deshalb kein Gegensatz, sondern notwendiger Zwischenschritt zu Global Governance.

Parallel zur Abgabe von Kompetenzen des Nationalstaates auf regionale Institutionen muß der Nationalstaat Aufgaben dezentralisieren, um die Regelungspotentiale subnationaler Gebiete und lokaler Einheiten zu erschließen. Damit eröffnen sich gleichzeitig auch die nötigen Freiräume, die die Zivilgesellschaft braucht, um gesellschaftlich bewußte Bürger und Eliten für das Gemeinwohl zu aktivieren. Es geht also um eine der historischen Realität adäquate neue Arbeitsteilung der politischen Ebenen und Räume, der staatlichen und zivilen Akteure. Das politische System muß neu geordnet werden.

Zweitens: Es geht aber nicht nur um die Form, sondern auch um die Substanz künftiger Politik. Politik in globalem Interesse bedarf eines gemeinsamen Weltethos, über das sich die verschiedenen Kulturen verständigen müssen. Wir brauchen einen gemeinsamen Kern von Menschenrechten und Menschenpflichten als Basis eines gestuften Systems politischer Weltordnung, das für eine neue Zeit die herrschenden Prinzipien von Wissenschaft, Technik und Ökonomie ohne Tabus überprüft.

Ökonomie und Technologie müssen angesichts wachsender Weltbevölkerung und begrenzter Ressourcen an einen konkreten und qualitativen Begriff des guten Lebens und der Zukunftssicherung gebunden werden und sich vom abstrakt-quantitativen Wachstum als dominantem Ziel lösen. Menschliche Würde, verantwortlicher Umgang mit der Natur, die allseitige Entfaltung des Menschen und ausgleichende Gerechtigkeit sind die Prioritäten, nach denen sich politisches Handeln orientieren muß. Technik und die Produktion von Gütern müssen aus der Position des Zwecks in jene des Mittels zurückversetzt werden. Dies ist nur denkbar, wenn die Menschen selbst und nicht der blinde Sachzwang autonom gewordener „Systeme" Tempo und Inhalte von Technik und Ökonomie bestimmen, statt daß sie zu deren Objekten werden.

Energiepolitik, Produktverantwortung und die Ökonomie des Vermeidens

Peter Hennicke

Energiepolitik als „Weltinnenpolitik"?

Energiepolitik, so scheint es, ist ein zentrales Aktionsfeld einer auf Frieden, Gerechtigkeit und Sicherheit zielenden „Weltinnenpolitik".[1] Ökologische Krisen (z. B. Klimaveränderungen), weltweite Versorgungssicherheit und ungleiche Ressourcennutzung zwischen Süd und Nord sind offensichtlich globale Probleme, die weit über den nationalen Rahmen der Energiepolitik hinausgehen. Aber gerade am Beispiel „Energie" werden widersprüchliche Dimensionen einer „Weltinnenpolitik" deutlich: Einerseits könnte die Berufung auf „Weltinnenpolitik" einer kleinen Minderheit übermächtiger Staaten zum Vorwand dienen, Klimaschutzpolitik zu Lasten der großen Mehrheit schwacher und armer Staaten - einen neuen „Öko-Imperialismus" - zu praktizieren. Anderen könnte sie schlicht ein Alibi für Untätigkeit liefern, weil nationale und lokale Energiepolitiken scheinbar gegenüber dem Weltmarkt und globalen Klimaveränderungen wirkungslos bleiben. Eine aktuelle Variante hiervon ist das Plädoyer für niedrigere nationale Lohn-, Sozial- und Umweltstandards zur vermeintlichen Sicherung des „Standorts Deutschland" und die Aufforderung zur Unterwerfung unter scheinbar naturgesetzliche internationale Wettbewerbszwänge der „Globalisierung".

Andererseits wird mit „Weltinnenpolitik" aber auch die Verantwortung der Energie-„versorgungs"-Wirtschaft thematisiert, die häufig genug globale Verantwortungslosigkeit im Umgang mit Energie unter dem Deckmantel des „Versorgens" praktiziert. Die Sorge um die Endlichkeit der Ressourcen, um die Aufnahmefähigkeit der Natursenken für Schadstoffe sowie um die Bedürfnisse der Menschen im Süden und in Zukunft haben in der Verantwortungsethik der Energieversorgungswirtschaft bisher kaum eine Rolle gepielt. Hinsichtlich der Versorgungs-„sicherheit", so das scheinbar einleuchtende Argument, ist das betriebswirtschaftliche Expansions- und Verwertungsinteresse der Energiekonzerne deckungsgleich mit dem gesellschaftlichen Interesse nach ausreichender Energieversorgung. Aber Frieden mit der Natur und mit den Eigentümerstaaten der Öl- und Gasressourcen sowie Gerechtigkeit durch Respektierung des „Rechts der Zukünftigen" (U. Bartosch) erfordern das Gegenteil von Absatzmaximierung: das Vermeiden von (nichterneuerbaren) Energien und maximale Energieeffizienz. Es war visionär, als C. F. v. Weizsäcker schon vor 20 Jahren davon gesprochen hat, daß der rationelleren Energienutzung Priorität eingeräumt werden muß[2]. Aber der Zweifel, daß dies jemals möglich sein wird, durchzieht jene Schrift ebenso wie auch die - seinerzeit verständliche -

---

[1] Vgl. Bartosch, U., Weltinnenpolitik: Zur Theorie des Friedens von Carl Friedrich von Weizsäcker, Berlin 1995. Es ist daher auch kein Zufall, daß Energiefragen (und insbesondere die Rolle der Atomenergie) in Weizsäckers Konzept eine wesentliche Rolle einnehmen. Vgl. z.B. v. Weizsäcker, C. F., Wege in der Gefahr, München 1976.

[2] „Energiesparende Techniken sollten die erste Förderpriorität erhalten. Dies sollte nicht nur durch direkte Förderung geschehen, sondern auch durch eine Energiepolitik, die Marktanreize für Energiesubstitution setzt". v. Weizsäcker, C. F., Wege in der Gefahr, a.a.O., S. 40

Skepsis gegenüber den möglicherweise eng begrenzten Effizienzpotentialen. Heute wissen wir: Das Vermeiden von (unnötigem) Energieeinsatz bei gleichen Energiedienstleistungen durch Effizienztechniken und bewußteres Verhalten ist das größte und volkswirtschaftlich bei weitem preiswürdigste Risikominimierungspotential moderner Industriegesellschaften. Zwar löst auch die technisch mögliche Effizienzrevolution nicht die Klimaprobleme, und der lange Weg zu Zukunftsfähigkeit („Sustainabilitiy") ist hierdurch allein nicht zu schaffen, aber der notwendige Zeitgewinn wäre gesichert, um der Solarenergiewirtschaft und naturverträglicheren „neuen Wohlstandsmodellen" (E. U. v. Weizsäcker) noch rechtzeitig zum Durchbruch zu verhelfen.

Auch die Reform des Energiesystems im Rahmen einer „Weltinnenpolitik" erhielte hierdurch einen weniger mißverständlichen Inhalt: Es geht nicht nur um die Schaffung weltweiter Institutionen, um einen globalen Technologie- und Kapitaltransfer von Nord nach Süd und um die Verabschiedung von UN-Rahmenkonventionen (wie z. B. die Klimarahmenkonvention), sondern vor allem auch um einen effektiveren Mechanismus, lokale Erfolgsbeispiele, Maßnahmen und Programme weltweit zu kommunizieren sowie schneller zu übertragen und umzusetzen. Es klingt nur scheinbar paradox: Je globaler die Probleme, desto wichtiger werden die lokalen Lösungen. Nur global denken und lokal handeln reicht nicht aus, um globale Probleme tatsächlich zu lösen. Lokal handeln, um global zu verändern ist heute vielleicht sogar die wichtigere Motivations- und Triebkraft in der internationalen Klimaschutzpolitik geworden. Dabei sollten die Anreizstrukturen so organisiert werden, daß möglichst ein konkreter lokaler und akteursspezifischer Nutzen mit einem angemessenen Lösungsbeitrag zum globalen Klimaschutz verbunden wird. Wann immer im nationalen Rahmen der Übergang in eine Energiespar- und Solarenergiewirtschaft tatsächlich stattfindet, werden auch globale Strukturen effektiver verändert werden, als es durch Klimaschutzdiplomatie möglich ist. Die drei technischen Hauptsäulen eines zukunftsfähigen klimaverträglichen Energiesystems, rationelle Energienutzung (REN), regenerative Energien (REG) und Kraft-Wärme/Kälte-Koppelung (KWK), bedeuten nicht nur eine Dezentralisierung der Technik, sondern auch eine Dekonzentration von Macht und eine Deglobalisierung von Märkten. Vorreiterrollen von Betrieben, Kommunen und Staaten werden zu entscheidenden lokalen Erfolgsvoraussetzungen für die Lösung globaler Energie- und Klimaschutzprobleme, weil sie die Machbarkeit und Finanzierbarkeit eines Übergangs zur Solar- und Energiesparwirtschaft demonstrieren. Hieraus begründet sich auch die im folgenden vorgenommene Konzentration auf die deutsche Energiepolitik. „Weltinnenpolitik" durch nationalstaatliche „ökologische Leitplanken", durch beispielhafte Keimformen („best practices") , durch Wahrnehmung von Produktverantwortung und durch Schaffung neuer Anreizstrukturen („Ökonomie des Vermeidens")[3] - darin liegt eine Chance, aus Energiepolitik auch Friedenspolitik zu machen.

1. „Strom kommt aus der Steckdose": Die Ambivalenz der Ware Energie

Nichts charakterisiert den fahrlässigen Umgang mit Energie so treffend wie der ehemalige Werbeslogan, „Strom kommt sowieso ins Haus, nutz es aus". Nach diesem Muster funktionierte die sogenannte Energie-„versorgung" eine zeitlang scheinbar problemlos: Die einen ließen sich versorgen, und die anderen verdienten gut daran. Für das Energiesparen sind die Verbrau-

---

[3] Vgl. hierzu Hennicke, P./ Seifried, D., Das Einsparkraftwerk, Eingesparte Energie neu nutzen, Berlin, Basel, Boston 1996, Müller, M. / Hennicke, P., Wohlstand durch Vermeiden. Mit der Ökologie aus der Krise, Darmstadt 1995, sowie Hennicke, P., Wohlstand durch Vermeiden, in: Der Gewerkschaftler, 3/1996.

cher zuständig, hieß es, die Energieanbieter für die „Versorgungssicherheit"- so entwickelte sich eine bequeme Arbeitsteilung und die Legende vom Energieverbrauch ohne Reue. Aber das Waldsterben, die Katastrophe von Tschernobyl, drohende Klimaänderungen und Kriege um Öl zeigen unmißverständlich: Energieverkauf ist zwar noch eine lukrative Privatsache für die Anbieter, aber die Gesellschaft zahlt oft genug die Zeche. Keiner Branche wird ihr Geschäft mit allen verfügbaren staatlichen Mitteln so abgesichert wie den Energiekonzernen. Bis hin zu der 100 Millionen DM teuren Inszenierung, den privaten Atommüll auf Staatskosten - von einem Zwischenlager zum anderen - sinnlos durch die Republik zu karren. Das Resultat davon ist: Staatliche Machtdemonstration statt Energiepolitik auf der einen, wachsende Wut und Politikverdrossenheit auf der anderen Seite!

Die deutsche Energiepolitik zielt seit Jahrzehnten auf eine Energieversorgung, die „so sicher und billig wie möglich" (so die Präambel des Energiewirtschaftsgesetzes (EnWG)) gestaltet werden soll. „Versorgungssicherheit" und „Preiswürdigkeit" bildeten bis in die 80er Jahre die alles beherrschenden Schlüsselbegriffe der Energiepolitik. Energie, so suggerieren diese Leitziele, ist eine Ware wie jede andere, mit nur einer Besonderheit: Sie muß ständig „verfügbar" sein. Ständig „verfügbar" für die Energieverbraucher beinhaltet im Umkehrschluß „Versorgungspflicht" für die Anbieter - eine gern übernommene „Pflicht"; denn diese „Besonderheit" diente historisch zur Durchsetzung außergewöhnlicher Privilegien beim Leitungs- und Kraftwerksbau und bei der Absicherung geschützter Absatzgebiete. Dennoch muß eingeräumt werden: Auf dieser energiepolitischen Grundlage hat ein beispielloses Wirtschaftswachstum stattgefunden. Kohle, Elektrizität, Öl und später das Erdgas haben einen Komfort ermöglicht, von dem unsere Großeltern nur träumen konnten.

Die damit verbundenen Alpträume blieben den Großeltern noch weitgehend erspart, den Enkeln aber drohen zukünftig globale Klima- oder Atomkatastrophen, die die natürlichen Lebensgrundlagen in Frage stellen könnten. Denn das herrschende mit den Naturkreisläufen unverträgliche Credo lautet noch immer: Mehr Wohlstand - mehr Wirtschaftswachstum - mehr Energieverbrauch! Wachsender Wohlstand mit weniger Energieverbrauch wird für undenkbar gehalten.

Die Ölpreiskrisen der 70er Jahre erschienen vielen Zeitgenossen als ein Problem der Verknappung von Öl. Die „Scheichs wollen uns den Ölhahn abdrehen", so klang es an den Stammtischen. Der Ton bei Politikern und Energiemanagern war vornehmer, dafür bei einigen, vor allem in den USA, umso drohender: Die „Verfügbarkeit" über die lebenswichtigen Ölressourcen müsse gesichert werden notfalls mit militärischen Mitteln. Der harmlos klingende Begriff „Versorgungssicherheit" erhielt plötzlich einen säbelrasselnden Klang.

Was während der Ölpreiskrisen noch Drohung blieb, wurde wenige Jahre später blutiger Ernst: Der „Desert Storm" gegen Saddan Husseins Aggression war auch ein „Krieg um Öl". Aus der Sicht Europas zwar bisher nur ein Stellvertreter -Krieg: Aber die ölhungrigsten Industriestaaten der Welt, von Japan bis zur Bundesrepublik, haben ihn mitfinanziert, damit das Schmiermittel ihres Wohlstands, das Öl, nicht versiegt.

Aber seit den Ölpreis- und den Nahostkrisen hat sich das Unbehagen über das „weiter so" verstärkt: Nicht zu wenig , sondern zu viel Energie ist das Problem. Immer unabweisbarer kommt das wirkliche Thema auf die Agenda internationaler Konferenzen: Der energieintensive Industrialisierungstyp des reichen Westens ist ein Auslaufmodell. Würde die arme Bevölkerungsmehrheit in der Welt es wie bisher weiter nachzuahmen versuchen, bräuchten wir im nächsten Jahrhundert die Ressourcen, Senken und Atmosphären von fünf blauen Planeten.

Hinzu kommt die wachsende Erkenntnis, daß der überindustrialisierte Wohlstand trügerisch ist. Er beruht auf einer Raubwirtschaft, für die jeder Banker gefeuert würde. Statt von den Zinsen zu leben, verzehrt vor allem die reiche Welt das Naturkapital. Statt die erschöpfbaren Energiequellen maximal für künftige Generationen zu strecken, werden sie im welthistorischen Schweinsgalopp verpraßt.

Weil die einen, die reichen Industrieländer, heute zu viel verbrauchen, wird für alle späteren Generationen, vor allem aber für arme Entwicklungsländer, zu wenig übrig bleiben. Nur für Zyniker oder technologische Optimisten erscheint dies nicht als Problem: Noch reichen die wirtschaftlich gewinnbaren Reserven bei Öl für vielleicht 50 Jahre und bei Erdgas für 65 Jahre. Trotz wachsenden Energieverbrauchs ist die Reichweite der Reserven durch erfolgreiche Exploration gestiegen. Ist das nicht beruhigend? Hat die Energiewirtschaft nicht bewiesen, daß sie eine technologische Antwort auf die befürchtete Verknappung der Ressourcen geben kann?

Heute wissen wir, daß die technologische Antwort, so wie sie gegeben wird, nicht ausreichend ist. Denn der scheinbare Überfluß hebt die Endlichkeit der Ressourcen nicht auf und trifft zunehmend auf eine Naturschranke: Die Welt darf im nächsten Jahrhundert nicht mehr verbrennen, was sie an fossilen Energien entdeckt hat. Wenn das Erdklima stabil bleiben soll und die ohnehin nicht mehr aufzuhaltenden Klimaveränderungen in Grenzen gehalten werden sollen, dürfen nur noch etwa 1/3 der heute bekannten Ressourcen an fossilen Energieträgern verbraucht werden. Nicht allein die Erde, sondern der Himmel ist die Grenze.

Zu einem zukünftigen Katastrophen-Szenario gibt es nur dann eine Alternative, wenn weltweit mehr Wohlstand mit erheblich weniger Energie erreicht werden kann. Zusätzliche Energiedienstleistungen (EDL) wie z. B. warme oder gekühlte Wohnungen und Speisen müssen in erheblich wachsenden Umfange bereitgestellt werden, um die Grundbedürfnisse einer auf mehr als 10 Mrd. ansteigenden Weltbevölkerung zu sichern. Gleichzeitig muß innerhalb von etwa 50 Jahren überwiegend auf Solarenergie umgesteuert und der Einsatz nicht erneuerbarer Energien weltweit mindestens halbiert werden. Eine extrem schwierige, aber noch lösbare Jahrhundertaufgabe!

Energie ist also alles andere als eine gewöhnliche Ware. Wie bei keiner anderen Ware sind bei Energie zukünftige Wohlfahrtssteigerung und globale Katastrophen eng miteinander verkoppelt. Ein verantwortlicher Umgang mit Energie setzt daher voraus, daß diese Ambivalenz bei der Erzeugung und bei der Nutzung jeder Kilowattstunde bewußt bleibt. Daß gerade dies in den großtechnischen Energie-"versorgungs"-systemen von heute nicht mehr der Fall ist, ist einer der Kernpunkte des Energieproblems.

2. Je mehr Markt desto wichtiger sind staatliche „ökologische Leitplanken"

Wegen der besonderen Qualität der Ware Energie hat kein Staat in der Welt jemals den Aufbau einer nationalen Energiewirtschaft dem Markt überlassen. Die Deutschen waren allerdings mit Staatseingriffen früher besonders gründlich. Das heute noch geltende Energiewirtschaftsgesetz (EnWG) stammt aus dem Jahre 1935, und das ist kein Zufall. Es ist dem Inhalt nach kein „Nazigesetz" wie einige Kritiker vermuten, aber es ist ein Gesetz, das autoritäre Staatseingriffe begünstigte, vor allem den großen Energieunternehmen nützte und die Einbeziehung ökologischer Zielsetzungen behindert.

Daher hätte das Energiewirtschaftsgesetz schon längst abgeschafft und durch ein modernes Energiespargesetz ersetzt werden müssen. Beklagenswert ist aber nicht nur, daß damit mehr als 60 Jahre gewartet wurde. Der größere Skandal steht erst noch bevor: Statt ein modernes Energiespargesetz vorzulegen, wird vom Bundeswirtschaftsministerium eine grundlegende ordnungspolitische Weichenstellung eingeleitet: Der Staat soll sich aus der Energiepolitik zurückziehen und den großen Energiekonzernen das Feld überlassen. Statt einen gesellschaftlichen Energiekonsens anzustreben und den Übergang in die Energiespar- und Solarenergiewirtschaft einzuleiten, polarisiert der Wirtschaftsminister mit seinen Energierechtsnovellen die Fronten innerhalb der Energiewirtschaft und zur Umweltpolitik.

Der Wirtschaftsminister nutzt den weitverbreiteten Unmut über die Macht der Energiemonopole, um ihnen noch mehr Macht zu geben. „Mehr Wettbewerb", „Liberalisierung" und „Deregulierung" heißen die wohlklingenden Verkaufsargumente für eine Energierechtsreform, die das Gegenteil erzeugen wird: Mehr Konzentration, Entkommunalisierung, noch weniger Klima- und Ressourcenschutz, dafür billigere Energie für Großverbraucher.[4]

Die Energiepolitik steht am Scheideweg: Gerade heute, wo eine vorsorgende Energie- und Industriepolitik mehr denn je gefragt ist, fordern radikale Marktideologen den völligen Rückzug des Staates aus der energie- und umweltpolitischen Verantwortung. Märkte können aber ohne staatliche Rahmensetzung keine gesellschaftlichen Ziele wie Klima- und Ressourcenschutz ansteuern.[5] Wenn der Staat nicht die Ziele setzt, fehlen auch der Energiebranche klare Rahmenbedingungen und Planungssicherheit.

Ohne vom Staat gesetzte „ökologische Leitplanken" werden und können die Energiekonzerne zum Beispiel keine „Produktverantwortung" wahrnehmen. Nach § 22 des neuen Kreislaufwirtschafts- und Abfallgesetzes (KrW-/AbfG) soll die Wirtschaft eine „Produktverantwortung"[6] übernehmen. Warum wird die Energiewirtschaft, der vermutlich größte und risikoreichste Abfallproduzent (CO_2-Deponierung in der Atmosphäre, ungelöste Atommüllproblematik), von dieser „Produktverantwortung" bisher ausgenommen? Eine explizite gesetzliche Regelung in einem neuen Energieeinsparegesetz bzw. eine entsprechende Einbeziehung der Energiewirtschaft in das KrW-/AbfG sollte angestrebt werden.[7]

---

[4] Eine ausführliche Auseinandersetzung mit dem Deregulierungskonzept des Bundeswirtschaftsministeriums findet sich in Hennicke, P./ Seifried, D., Das Einsparkraftwerk. Eingesparte Energie neu nutzen, Berlin/ Basel/ Boston 1996 sowie in Hennicke, P., in Demokratische Gemeinde: Energie für Europa, Sondernummer Bonn, Nov.1996

[5] Hierüber besteht zwischen Wirtschaftswisssenschaftlern Einigkeit: So schreibt z.B. das EWI: „Die Bedeutung umweltpolitischer Flankierung nimmt bei wettbewerblicher Öffnung sogar zu, denn Wettbewerb zwingt die Unternehmen, das Wirtschaftlichkeitskriterium strikter zu beachten, weil sie einem unmittelbaren Markttest unterworfen werden können". Energiewirtschaftliches Institut, Wettbewerbs- und Umweltschutzziele im Markt leitungsgebundener Energien. Kurzgutachten für ein energiepolitisches und -wirtschaftliches Symposium, Köln 20.12.1996, S.17.

[6] So heißt es in § 22, 1: „Wer Erzeugnisse entwickelt, herstellt, be- und verarbeitet oder vertreibt, trägt zur Erfüllung der Ziele der Kreislaufwirtschaft die Produktverantwortung". Entprechend auf die Energiewirtschaft angewandt, folgt hieraus z.B. ein Minimierungsgebot für den Einsatz nicht erneuerbarer Energien, d.h. insbesondere die maximale Vermeidung von schädlichen Abfällen und Emissionen.

[7] Schmidt, A., Produktverantwortung und Energierecht, Diskussionspapier der Abteilung Energie des Wuppertal-Instituts, Wuppertal 1997.

Dies bietet sich schon deshalb an, weil mit dem Konzept „Energiedienstleistung" (EDL) und dem „Wandel zum Energiedienstleistungsunternehmen" (EDU) in der Energiewirtschaft schon früher als in anderen Branchen Elemente von „Produktverantwortung" berücksichtigt worden sind. Eine der größten Ungereimtheiten der Deregulierungsdiskussion ist, daß in der Unternehmenspolitik von Energieversorgungsunternehmen (EVU) inzwischen wie selbstverständlich von EDL und EDU gesprochen wird, aber die herrschenden Wettbewerbskonzeptionen hiervon beharrlich abstrahieren. Dabei könnte die Wirtschafts- und Wettbewerbstheorie hierzu einen wichtigen konzeptionellen Beitrag leisten, da sich das methodische Instrumentarium für eine Energiedienstleistungswirtschaft, für eine „Ökonomie des Vermeidens" und für IRP/LCP/DSM[8] mit der neoklassischen Wirtschaftstheorie gut fundieren läßt[9].

Energiedienstleistungen (EDL) als der eigentliche Zweck des Energieeinsatzes und der Wandel von EVU zum EDU sind zum Beispiel in vielen energiepolitischen Programmen (z. B. der UNDP), in Leitbildern der Versorgungswirtschaft (z. B. VDEW) und Unternehmensphilosophien (z. B. der ASEW-Unternehmen), in wissenschaftlichen („bottom-up") Szenarioanalysen und im Rahmen des IRP/LCP-Instrumentariums Stand von Wissenschaft und Versorgungspraxis.[10]

Sowohl in der EU-Binnenmarkt-Diskussion als auch von deutschen Deregulierungsaposteln werden jedoch fast ausschließlich Fragen des (direkten) Wettbewerbs zwischen leitungsgebundenen Energien behandelt. Ein Wettbewerb um EDL und EDU als Marktteilnehmer spielen daher keine Rolle. Aber ist dies heute und vor allem in Zukunft noch die entscheidende Fragestellung? Ist nicht der Ersatz jeder Form von (nicht erneuerbaren) Energien durch Kapital, durch technischen Fortschritt und durch anderes Verhalten (Lebensstil; Suffizienz) in ökologischer und ökonomischer Hinsicht zukünftig viel wichtiger? Geht es um billige Endenergie (z. B. Elektrizität) oder um - aus Kundensicht und volkswirtschaftlicher Perspektive - kostengünstige Energiedienstleistungen und Funktionen (z. B. warme oder gekühlte Räume/Produkte, Kommunikation, Beleuchtung, Kraft) sowie um sinkende Energierechnungen (für Endenergie plus Kapitaldienst für Effizienztechniken)? Wie kann der Substitutionswettbewerb zwischen Energie und Kapital (Techniken rationellerer Energienutzung) intensiviert werden?

Die Frage, welche Ware auf den Energiemärkten gehandelt wird bzw. gehandelt werden sollte (verkürzt gefragt:"Kilowattstunden oder Energiedienstleistungen"?) kann von der Ordnungspolitik nicht einfach mit dem Hinweis ad acta gelegt werden, daß heute noch fast ausschließlich Energie und erst ansatzweise EDL gehandelt werden. Denn mit der Ware würden sich auch die Funktion und Wettbewerbsposition des Anbieters (Verkäufer von Arbeit/Leistung oder von Energiedienstleistung?) wie auch das Nutzen- und Kostenkalkül für die Nachfrager (billige Energie oder billige Energiedienstleistungen?), sowie die Wettbewerbsre-

---

[8] "Integrierte Ressourcenplanung"(IRP) steht hier gleichbedeutend für „Least-Cost Planning" (LCP; „Minimalkosten-Planung") oder „Demand Side Management" (DSM); gemeint sind neue Unternehmenskonzepte von EDU, wo die Bereitstellung von möglichst kostengünstigen Energiedienstleistungen für die Kunden im Mittelpunkt steht.

[9] Vgl. Hennicke, P., Unter welchen Voraussetzungen und wie sind die Umweltziele „Klimaschutz" und „Zukunftsfähigkeit" mit Wettbewerb oder Regulierung in der leitungsgebundenen Energiewirtschaft vereinbar? Kommentargutachten zum Kurzgutachten des Energiewirtschaftlichen Instituts (EWI) für ein energiepolitisches und -wirtschaftliches Symposium am 27./28.1.1997 in Frankfurt, (bisher unveröffentlichtes Manuskript), Wuppertal Januar 1997.

[10] Das war nicht immer so: In den 80er Jahren wurden noch heftige Debatten in der Versorgungswirtschaft darüber ausgetragen, ob Begriffe wie EDL und EDU benutzt werden sollen.

geln grundlegend ändern. Zu befürchten ist, daß der volkswirtschaftlich und umweltpolitisch erwünschte Wettbewerb um kostenoptimale Energiedienstleistungen noch schlechter als bisher funktioniert, wenn auschließlich der Wettbewerb um billige Kilowattstunden intensiviert wird. In der Realität liegt hier typischerweise ein Marktversagen vor, das ohne staatliche Rahmensetzung und den Abbau von Hemmnissen die Erschließung von Einsparpotentialen gravierend erschwert.

Ein erweitertes wirtschaftstheoretisch begründetes Verständnis von zweistufig-integrierten Energiedienstleistungsmärkten[11] (erste Stufe: Bereitstellung von Endenergie; zweite Stufe: Umwandlung von Endenergie mittels mehr oder weniger effizienter Wandlertechnik in Energiedienstleistungen) liefert dagegen ein verallgemeinertes Wettbewerbskonzept mit weitreichenden ordnungspolitischen Implikationen:

Erstens geht es um einen energiewirtschaftlich aussagefähigeren Wettbewerbsbegriff, der nicht nur Endenergiemärkte, sondern Effizienztechniken und Hemmnisabbau beim Nutzer in ein Optimierungskalkül mit einbezieht. Es geht dabei um Wettbewerb mit Energiedienstleistungen zu minimalen Kosten für den Kunden (wobei die externen Kosten zusätzlich berücksichtigt werden können), wofür eine effiziente Endenergiebereitstellung („so billig wie möglich pro Kilowattstunde") nur notwendige, aber nicht hinreichende Bedingung ist.

Im Mittelpunkt der Energie- und Unternehmenspolitik steht dann die Bereitstellung kostenoptimaler Energiedienstleistungen durch die Förderung des Substitutionswettbewerbs zwischen Energie und Kapital (Effizienztechnologien) statt nur durch direkten Wettbewerb zwischen Energieanbietern. Wenn die gleiche EDL (z. B. optimierte Bürobeleuchtung oder ein Niedrigenergiehaus) mit weniger Energie und mehr Effizienz zu geringeren Gesamtkosten bereitgestellt werden kann, fördert dies den kosteneffektiven Umweltschutz direkt und nicht erst über den Umweg der Anpassung an eine Energiesteuer. Die integrierte Ressourcenplanung eines EDU, d.h. die Übernahme von Verantwortung auch für die rationellere Energienutzung beim Kunden und die Ausweitung der Geschäftstätigkeit „hinter den Zähler", könnte die kostenoptimale Vermeidung vom Umweltschäden unmittelbar zum Gegenstand der Investitionsplanung von „Stadtwerken der Zukunft" machen. Zielgerichtete Formen des Energieanbieterwettbewerbs (zur Effizienzsteigerung und Kostensenkung auf der Angebotsseite) müssen und können mit einer wettbewerbskonformen Durchführung von LCP/IRP-Programmen und mit der Umkehr der Anreizstruktur[12] verbunden werden. Würde das Konzept der kostenminimalen Energiedienstleistung und der Integrierten Ressourcenplanung (IRP/LCP) in dieser Form im Ordnungsrahmen institutionalisiert, würde damit gleichzeitig der notwendige Flankierungsaufwand für den Umwelt- und Klimaschutz reduziert.

Zweitens wird die Frage der Markthemmnisse bei der Realisierung der eigentlich erwünschten kostenoptimalen Bereitstellung von EDL ins Zentrum gerückt. Werden die bestehenden Markthemmnisse nicht abgebaut, fließt wie schon bisher[13] in volkswirtschaftlicher Hinsicht

---

[11] Hennicke, P., Unter welchen Voraussetzungen..., a.a.O.

[12] Durch Einführung einer „Anreizregulierung" (das heißt kosteneffektive Energiesparprogramme müssen sich auch für EVU mehr lohnen als neues und teures Energieangebot).

[13] Der Beleg hierfür aus „Bottom-up"-Analysen ist, daß das derzeitige „gehemmte", aber nach Hemmnisabbau „eigentlich wirtschaftliche" Energiesparpotential für Elektrizität auf bis zu 30% des heutigen Verbrauchs geschätzt wird. Vgl. hierzu zum Beispiel die LCP-Fallstudie Hannover 1995, sowie Krause, F. (1996): Negawatt Power. Kosten und Potentiale effizienter Stromnutzung in Westeuropa. Deutsche Übersetzung der

zuviel Kapital in das Energieangebot statt in die rationellere Energienutzung. Wird andererseits der Abbau dieser Hemmnisse u.a. durch LCP/IRP-Strategien vorangetrieben, zeigen ingenieurwissenschaftliche Untersuchungen erhebliche volkswirtschaftliche Nettovorteile durch die beschleunigte Markteinführung von REN: Die Ausschöpfung des Stromsparpotentials in der EU würde eine zwei- bis viermal so hohe volkswirtschaftliche (Netto-) Kostenentlastung für alle Kunden bringen wie die erwartete Preissenkung durch die Liberalisierung (Krause et al. 1996).

Drittens reichen die Einführung von „mehr Wettbewerb" für leitungsgebundenes Energieangebot und die Harmonisierung der Angebotsbedingungen für einen Wettbewerb um EDL nicht aus. Auch harmonisierte Rahmenbedingungen für die Energienutzung („gleiche Startchancen für EDU und NEGA- bzw. ÖKOWatts")[14] sind notwendig, damit Chancengleichheit im Qualitätswettbewerb um kostenoptimale EDL herrscht. Erst eine allgemeine Verpflichtung auf IRP für alle EVU/EDU (am besten im europäischen Maßstab durch Verabschiedung der vorliegenden RPT-Richtlinie[15]) neutralisiert die unvermeidlichen Preiseffekte der Produktveredelung. Dadurch werden umlagefinanzierte IRP/LCP/DSM-Aktivitäten zur Erschließung von „Massenpotentialen" mit geringeren Transaktionskosten möglich (für große Einzelpotentiale eignet sich bilaterales Contracting besser).

Diese für die Kundenrechnung und den Umwelt- und Klimaschutz positiven Aktivitäten von EVU/EDU haben - bezogen auf die Abrechnung pro Kilowattstunde - notwendig einen preiserhöhenden Effekt, weil einerseits eine Verlängerung der Wertschöpfungskette (durch Einsatz von Effizienztechniken und Programmkosten) stattfindet und andererseits Fixkosten der Energiebereitstellung nicht im gleichem Ausmaß und zur gleichen Zeit vermieden werden können, wie der Stromabsatz zurückgeht. Entscheidend aber ist, daß die Stromrechnung der Kunden wegen der erzielten Energieeinsparung sinkt, auch wenn der Preis pro Kilowattstunde steigt. Diese in geschlossenen Versorgungsgebieten (vor allem für Tarifkunden) bisher möglichen Win-Win-Konstellationen (die Kunden sowie die Umwelt gewinnen und die EVU werden bei gewinnneutraler Kostenweitergabe an alle Kunden nicht für Einsparaktivitäten bestraft!) können unter den Bedingungen eines verschärften Preiswettbewerbs bis zum letzten Kunden nicht mehr aufrechterhalten werden. Wenn die individuellen Preise pro Kilowattstunde zum alleinigen Maßstab der Leistung eines EVU gemacht werden, muß ein EVU Wettbewerbsnachteile befürchten, wenn es für alle Kunden mehr Qualität, aber zu höheren Preisen liefert.

Im Interesse der Umweltentlastung und der Kunden müssen daher alle EVU zur Produktveredelung verpflichtet werden, aber gleichzeitig muß eine wettbewerbsunschädliche Weitergabe der Kosten über die Energiepreise sichergestellt werden. Daher reichen auch Selbstver-

---

Hauptzusammenfassung des internationalen Projektes für nachhaltige Energie-Strategien (IPSEP), Wuppertal Paper Nr. 66, Wuppertal, November 1996.

[14] Wir benutzen diese populäre Begrifflichkeit zur Abkürzung: „MEGAWatt" sind traditionelle fossile und nukleare Stromangebotskapazitäten; NEGAWatt steht für Energiespartechnik, mit der eine vergleichbare Energiedienstleistung mit weniger Energie bereitgestellt wird. Mit ÖKOWatt sollen Energieträgersubstitutionen (z. B. von Öl zu Strom oder von Strom zu Gas) bezeichnet werden, durch die die gleiche EDL mit geringerem bzw. umweltverträglicheren Primärenergieeinsatz erreicht wird.

[15] Vgl. Europäisches Parlament (Hrsg.), Rational Planning Techniques (RPT). A Tool to Enhance Energy Efficiency? Brüssel April 1996. Siehe auch CEC, Council Directive to introduce rationale planning techniques in the electricity and gas distribution sectors, Brussels 24. 3. 1997, COM (97) 69 final. RPT = Rational Planning Techniques wird im EU-Sprachgebrauch gleichbedeutend mit LCP (Least-Cost Planning) oder IRP (Integrierte Ressourcenplanung) benutzt.

pflichtungen oder freiwillige Einzelaktionen nicht mehr aus, sondern eine allgemeine Verpflichtung der (Weiterverteiler-)EVU im Sinne der EU-RPT-Richtlinie ist notwendig. Wenn dies nicht geschieht, werden - wie es viele deutsche EVU schon jetzt planen und wie es auch in den USA Folge des dortigen Deregulierungskonzepts ist - die LCP/IRP-Aktivitäten weitgehend eingestellt werden.

Es wäre fatal, damit die Illusion zu verbinden, daß andere, z. B. Energieagenturen oder Contracting-Unternehmen, statt dessen und verstärkt den Markt für EDL erschließen würden. Zwar können durch diese Akteure auch bei vollständigem Endverbraucher-Wettbewerb partiell und regional EDL-Aktivitäten zunehmen. In der Nettobilanz ist es aber für den Klima- und Ressourcenschutz wesentlich nachteiliger, wenn gleichzeitig die EVU durch einen unregulierten Endverbraucher-Wettbewerb zum Mehrabsatz und zur Einstellung ihrer EDU-Aktivitäten motiviert würden. Vor der Entscheidung über neue Kraftwerke sollte vielmehr im Sinne einer Integrierten Ressourcenplanung (IRP) die volkswirtschaftliche Kosteneffektivität von MEGAWatt- und NEGAWatt/ÖKOWatt-Aktivitäten gegeneinander abgewogen und die günstigere Variante auch umgesetzt werden. Die Verabschiedung der RPT-Richtlinie[16] hat für die Harmonisierung der Rahmenbedingungen auf der Nachfrageseite und für den Qualitätswettbewerb eine strategische Bedeutung.

3. Aus den Irrtümern der Vergangenheit lernen: Weniger Risiken durch Sparen und Sonnenenergie

Energie- und Umweltpolitik ist viel zu wichtig für uns alle, um sie nur den Politikern oder den Energiekonzernen zu überlassen. Es reicht heute nicht mehr aus, gegen Atomenergie und Castor-Transporte zu sein. Für eine Energiewende und für eine zukunftsfähige Energiespar- und Solarenergiewirtschaft muß viel offensiver gestritten werden; zum Beispiel durch aktive Mitarbeit in Parteien, Umweltverbänden, Bürgerinitiativen, Energie-Wende-Komitees und „Energietischen" - es gibt viele Möglichkeiten, sich in die Energiepolitik vor Ort und bundesweit einzumischen.

Daß diese Einmischung nicht nur durch Demonstrationen, sondern auch durch konkrete Energiepolitik in vielen Kommunen stattfindet, ist ein ermutigendes Anzeichen einer beginnenden Demokratisierung der Energiepolitik. Über 300 deutsche Städte haben sich z. B. dem Klimabündnis[17] zwischen europäischen Städten und den Völkern Amazoniens angeschlossen. Diese Städte haben sich selbst verpflichtet, bis zum Jahr 2010 50% ihrer CO_2-Emissionen zu reduzieren. Ein für viele Städte sicherlich überambitioniertes und daher mehr symbolisches Ziel. Aber auf den gemeinschaftlichen Willen zur Richtungsänderung kommt es an. Denn nur erfolgreiche Beispiele und Vorreiterrollen können letzlich zeigen, daß Klimaschutz „kluge, vorsorgende Industriepolitik" (F.Krause) sein kann und vor Ort möglich und finanzierbar ist.

Die herrschende Energie- und Unternehmenspolitik lebt von der Legende, daß es zu ihr keine realistischen Alternativen gibt. Aber das Gegenteil ist richtig: Risikominimierung und Klimaschutz sind nur noch erreichbar, wenn vorrangig auf die drei „grünen" Säulen einer zukunftsfähigen Energiepolitik gesetzt wird: 1. Vorrang für rationellere Energienutzung. 2. for-

---

[16] Vgl. Europäisches Parlament (Hrs.), Rational Planning Techniques (RPT). A Tool to Enhance Energy Efficiency? a.a.O.

[17] Vgl. Klimabündnis/ Alianza del Cima e.V. (Hrsg.), Klima - lokal geschützt, München 1993.

cierte Markteinführung erneuerbarer Energiequellen und 3. mehr industrielle und kommunale Kraft-Wärme-Koppelung (d.h. gemeinsame Strom- und Wärmeerzeugung mit hohem Wirkungsgrad).

Die konsequenteste Form, Energierisiken zu minimieren, ist es, möglichst wenig Energie zu verbrauchen, das heißt, die „Energiequelle" namens „rationelle Energienutzung" durch technische Effizienz und durch energiebewußtes Verhalten optimal zu erschließen. Jede nicht erzeugte Kilowattstunde baut auch wirtschaftliche Risiken und Planungsunsicherheiten ab, wenn gleichzeitig das Niveau an Energiedienstleistungen unverändert bleibt oder wenn Energieeinsparung durch bewußte Verhaltensänderung gesellschaftlich akzeptiert ist. Eine vermiedene Kilowattstunde kann eben nicht mehr teurer werden und ist nicht mit Schadstoffemission verbunden.

Schon aus Gründen der Vorsorge und wegen der ungewissen Zukunft des Energiesystems müßte daher eigentlich überall in der Welt der rationellen Energienutzung Vorrang eingeräumt werden. Warum bisher gerade das Gegenteil der Fall ist, bleibt zu erklären, denn ganz im Gegensatz zu Energiespartechniken spielt die Zukunftsungewißheit und Planungsunsicherheit beim großtechnischen Energieangebot objektiv eine dominierende Rolle. In der subjektiven Wahrnehmung der Hauptakteure jedoch, der Investoren, der technischen Intelligenz und der Politiker, stellt sich das Problem der Unsicherheit gerade umgekehrt dar: Rationelle Energienutzung wird, wenn überhaupt, nur als höchst unsichere und vor allem teure „Ressource" verstanden.

Nicht viel besser als dem Energiesparen ergeht es den erneuerbaren Energien. Auch sie finden vor dem kühnen Großkraftwerksplaner keine Gnade. Beliebt sind abschreckend gemeinte Rechenbeispiele, in denen die beeindruckenden Strommengen, die ein Großkraftwerk erzeugt, in eine scheinbar abenteuerliche Zahl von dezentralen Wind-, Photovoltaik- und kleinen Wasserkraftanlagen umgerechnet werden. Die Botschaft ist eindeutig: Vertraut auf zentrale und daher beherrschbare großtechnischen Systeme, mißtraut der Vielzahl und Vielfalt unkontrollierbarer menschlicher Entscheidungen - sie sind nicht versorgungssicher! Dieses Credo vieler Ingenieursgenerationen ist natürlich nicht einfach falsch; es hatte in der Geschichte der Energietechnik viele Jahrzehnte seine Berechtigung. Inzwischen ist es aber auch technisch überholt und wirkt sich als das wohl zählebigste mentale Hemmnis für den Übergang in eine Energiespar- und Solarenergiewirtschaft aus.

„Bauleichen pflastern ihren Weg": So könnte man - zugegeben etwas polemisch - den Aufstieg der deutschen Atomenergie charakterisieren. In Wackersdorf sowie mit Brüter, Hochtemperaturreaktor und den Hanauer Atomfabriken sind mindestens 25 Milliarden DM vergeblich investiert worden. Es ist abzusehen, daß einige Projekte zur Endlagerung von atomarem Müll in einem ähnlichen Fiasko enden werden. Nachträglich hierfür den gesellschaftlichen Protest verantwortlich zu machen, zeugt von einem doppelt getrübten Realitätssinn. Zum einen hat dieser Protest gigantische Fehlinvestitionen verhindert; zum anderen wirft es kein gutes Licht auf die Qualitäten eines Managements, wenn es fehlende Zustimmung in der Gesellschaft nicht an entscheidender Stelle bei der Planung von Großinvestitionen berücksichtigt.

Befürworter der Atomenergie sehen sich als nüchterne Realisten und ihre Kritiker als die Utopisten. Eine seltsame Verkehrung der Realität: Auf keinem Feld der Energiepolitik verstieg sich die überwiegende Mehrheit von Pro-Atom-Experten und Politikern zu derartigen Fehleinschätzungen, wie in der Frage der Realisierungschancen der Atomenergie einerseits und der Energieeinsparung andererseits. 1980 haben Vertreter und Befürworter der großtechnischen

Energiewirtschaft in einer Bundestags-Enquete-Kommission[18] bis zum Jahr 2030 noch einen Ausbau der Atomenergie auf 120-165 GW (davon die Hälfte Schnelle Brüter) für notwendig und möglich gehalten, weil der Energieverbrauch sich bis dahin angeblich verdoppeln würde. Heute sind rd. 20 GW Kernenergiekapazität am Netz, der Energieverbrauch stagniert und der Brüter dient als Freizeitzentrum. Als realitätstüchtig hat sich vor allem der Energiepfad erwiesen, der 1980 noch als Marsch in den „Kalorienstaat" (Prof.Häfele) und als „extremes Energiesparen" denunziert worden war. Die damaligen Öko-Spinner erwiesen sich als die größeren Realisten und die Utopisten und Träumer saßen auf der Seite der etablierten Energiewirtschaft und -politik.

Wie also wird es mit dem Energiesparen und der Solarenergie in Zukunft weitergehen?

4. Energiezukünfte sind gestaltbar und Risikominimierung ist finanzierbar

Vergleicht man einige repräsentative Welt-Energieszenarien, die seit den achtziger Jahren erstellt wurden, dann findet man höchst unterschiedliche Vorstellungen von der technisch möglichen Energiezukunft . Bis zu einem Faktor 7 unterscheidet sich der Energieverbrauch im Jahre 2030 - trotz vergleichbarer Basisannahmen zum Beispiel über das Wirtschafts- und Bevölkerungswachstum![19]

In technischer Hinsicht besteht also eine erstaunliche Bandbreite von möglichen Energiezukünften. Die Menschheit hätte im Prinzip große Wahlmöglichkeiten, zum Fatalismus besteht eigentlich kein Anlaß. Oder anders ausgedrückt: In der Energiepolitik besteht weniger ein Technik-, als vor allem ein Politik- und Umsetzungsdefizit. Obwohl gravierende Risiken vermieden werden könnten, geschieht zu wenig.

Sicher ist: Ohne forcierte Effizienzsteigerung und Solarenergienutzung werden sich zukünftig die mit wachsendem Energieverbrauch verbundenen Risiken verstärken: Klimaveränderungen, Kriege um Öl und Atomkatastrophen werden wahrscheinlicher. Wenn der Abbau dieser Risiken im Energiesystem aber technisch möglich ist, geschieht vielleicht deshalb zu wenig, weil Risikominimierung nicht bezahlbar ist?

Seit der letzten Weltenergiekonferenz in Tokyo (1995) wissen wir: Ein Weltenergiesystem mit ausreichendem Klimaschutz (CO_2-Reduktion um 50%) und ohne Kernenergie kann im 21. Jahrhundert verwirklicht werden und wachsenden Wohlstand für mehr als 10 Mrd. Menschen ermöglichen. Geradezu sensationell ist dabei die wirtschaftliche Botschaft: Die Investitionen für diese risikoärmere Energiezukunft werden vom Weltenergierat (WEC) geringer eingeschätzt als für alle anderen - mit deutlich höheren Risiken verbundenen - Szenarien.[20]

Auch für die Bundesrepublik ist in Szenarien gezeigt: Der Übergang zu einer Energiespar- und Solarenergiewirtschaft ohne Kernenergie und mit ausreichendem Klimaschutz (CO_2-Reduktion um 80%) ist bis zum Jahr 2050 technisch möglich. Nach den Studien der Klima-

[18] Vgl. Enquete-Kommission , Zukünftige Kernenergie-Politik, BT-Drucksache 8/4341 Bonn 1980

[19] Vgl. Hennicke, P., Klimaschutz und die Ökonmie des Vermeidens, in: Brauch, H. G. (Hrsg.), Klimapolitik, Berlin, New York,Tokio 1996

[20] Vgl. WEC/IIASA: Global Energy Perspectives to 2050 and Beyond, WEC Report 1995, London 1995 sowie Grübler, A. et al. , A Summary of the Joint IIASA and WEC Study on long-term Energy Perspectives, WP-95-102, Laxenburg/Österreich 1995

Enquete-Kommission kostet es pro Kopf und Jahr für jeden Deutschen zwischen 20 und 140 DM mehr, wenn aus der Atomenergie ausgestiegen und bis zum Jahr 2020 die CO_2-Emissionen um fast 50% reduziert werden.[21]

Klimaschutz und Risikominimierung sind also nicht nur technisch möglich, sondern auch finanzierbar. Dazu muß der rationelleren Energienutzung endlich Vorrang in der Engiepolitik eingeräumt werden. Aus den eingesparten Energiekosten kann dann ein Teil der Anschubfinanzierung für die Solarenergie bereitgestellt werden, für deren forcierte Markteinführung über 15 Jahre eine Anschubfinanzierung von etwa 1 Mrd. DM pro Jahr notwendig ist. Dieses Zukunftsinvestitionsprogramm für Effizienz- und Solartechnologien würde gleichzeitig einige hunderttausend neue Arbeitsplätze schaffen![22]

Daher sprechen wir auch von der Notwendigkeit einer „Effizienzrevolution": Aus jeder Kilowattstunde Strom oder Wärme kann durch innovative Technik und überlegtes Verhalten ein weit höherer Nutzen als heute abgeleitet werden. Es ist, wie E. U. v. Weizsäcker[23] sagt, in volkswirtschaftlicher Hinsicht viel klüger, Kilowattstunden statt Beschäftigung abzubauen. Und oft können auch betriebliche Kosten dramatisch eingespart werden. Heute gibt es „Passiv-Reihenhäuser", die etwa so viel kosten wie übliche Häuser, aber eine um den Faktor 10 (!) geringere Heizkostenrechnung verursachen.[24] Hocheffiziente Beleuchtung senkt den privaten Lichtstromverbrauch und die Rechnung um den Faktor 4, im gewerblichen Bereich mindestens um den Faktor 2 - bei kurzen Amortisationszeiten für die effizientere Beleuchtungsanlagen und bei gleicher Energiedienstleistung (Leuchtstärke).

Wir müssen also viel mehr „Einsparkraftwerke" bauen, statt Kraftwerke: „NEGAWatt statt MEGAWatt" hat der amerikanische Energiesparpionier Amory Lovins diese Alternative einmal plakativ formuliert und den Grundgedanken wie folgt beschrieben: Wer heute keine Energiesparlampe, sondern weiter Glühlampen einsetzt, belastet die Umwelt unnötig mit einer halbe Tonne CO_2 und verzichtet auf eine Stromkostenersparnis von über 100 DM. Jedes Energieversorgungsunternehmen, das seinen Kunden eine 20 W Energiesparlampe schenkt, um damit die 100 W Glühlampe mit gleicher Lichtstärke zu ersetzen, hat einen kleinen Baustein für ein „Einsparkraftwerk" gelegt. Denn für die eingesparten 80 W brauchen keine neuen Stromkapazitäten aufgebaut bzw. können bestehende Kapazitäten an andere Kunden verkauft werden.

Beim Bau eines „Einsparkraftwerks"[25] wird diese Methode systematisiert und potenziert: Mit Prämien und Beratungsprogrammen für alle Kundengruppen z. B. für energiesparende Haushaltsgeräte, für modernste Beleuchtungsanlagen, für geregelte Elektromotoren und Pumpen erschließt ein „Stadtwerk der Zukunft" aus der Vielzahl der eingesparten Watts beim Kunden die NEGAWatts: So wird durch strategisch vermiedene neue Kraftwerkskapazität und weniger Schadstoffen das Energiesparen zur Ressource.

---

[21] Vgl. Enquête-Kommission „Schutz der Erdatmosphäre" des 12. Deutschen Bundestages, Mehr Zukunft für die Erde - Nachhaltige Energiepolitik für dauerhaften Klimaschutz, Bonn 1995 sowie Hennicke, .Klimaschutz und die Ökonomie des Vermeidens, a.a.O.

[22] Vgl. Altner, G. et al. ("Gruppe Energie 2010"), Zukünftige Energiepolitik, Bonn 1995

[23] Weizsäcker, E. U. / Lovins, A. / Lovins, H., Faktor Vier, Doppelter Wohlstand - halbierter Naturverbrauch, München 1995

[24] Vgl. Hennicke, P./ Schuler, H., /Weizsäcker, E.U. (Hrsg.), Effizienz gewinnt, Berlin, Basel, Boston 1997.

[25] Hennicke, P./Seifried, D., Das Einsparkraftwerk, a.a.O.

Studien zeigen[26]: Etwa 45 % des Primärenergieverbrauchs können in Deutschland mit heute bekannter modernster Technik eingespart werden. Dadurch könnten bei derzeitigem Energiepreisniveau etwa 100 Mrd. DM der volkswirtschaftlichen Energierechnung pro Jahr vermieden werden. Etwa eine halbe Million Dauerarbeitsplätze könnten netto (nach Abzug der Verluste im Energieangebotssektor) durch Erschließung dieses Einsparpotentials geschaffen werden.[27]

Daß diese volkswirtschaftlich positiven Modellergebnisse plausibel sind, zeigt ein Blick in die Statistik: Seit 10 Jahren liegen die Zuwachsraten bei der Produktion von Effizienz- und Solarenergie-Techniken etwa doppelt so hoch wie beim verarbeitenden Gewerbe.[28] In den 90er Jahren hat sich dieser Abstand weiter vergrößert. Dennoch handelt es sich bei den jährlich etwa 44 Mrd. DM Umweltschutzausgaben (1993) noch weitgehend um nachgeschaltete (sogenannte „End-of-Pipe-„) Technologien, die zwar für die Hersteller neue Märkte und Renditen, für die Anwender aber im Regelfall Zusatzkosten bedeuten (z. B. Rauchgasreinigungsanlagen bei Kraftwerken). Eine moderne „Ökonomie des Vermeidens" setzt jedoch vorrangig auf „integrierten Umweltschutz", also auf technische Innovationen, die Prozesse und Produkte so dimensionieren und steuern, daß gerade auch für den Anwender Stoff-, Material-, Energie- sowie generell Kosteneinsparungen entstehen und damit eine verbesserte Wettbewerbsposition ermöglicht werden kann.[29]

Eine vorsorgende Energiepolitik und innovative Pionierinvestoren sind notwendig, um die wachsende Kluft zwischen Wissen und Handeln abzubauen. Im Gegensatz zu wenigen hochkonzentrierten Energieanbietern haben die unzähligen Hersteller von Effizienztechniken und die Energiesparer keine einflußreiche Lobby. Investitionen in mehr Energieangebot werden mit Amortisationserwartungen von 15 und mehr Jahren kalkuliert, Energiesparinvestitionen müssen sich dagegen aus Sicht der Anwender maximal in 3-5 Jahren amortisieren. Dadurch fließt ohne veränderte Rahmenbedingungen ständig zu viel volkswirtschaftliches Kapital in die Ausweitung des Energieangebots. Teure Überkapazitäten - mindestens 15.000 Megawatt (15 Großkraftwerke a 1000 MW) in ganz Deutschland - sind die sichtbarste Folge hiervon. Und wirtschaftliche Einsparpotentiale beiben unerschlossen: Eine für die Stadtwerke Hannover erstellte Studie von Öko-Institut und Wuppertal-Institut[30] belegt exemplarisch, daß etwa 30% des Stromverbrauchs prinzipiell wirtschaftlich eingespart werden könnte. Hierzu müssen die Hemmnisse für einen funktionsfähigen „Substitutionswettbewerb", für den sinnvollen Ersatz jeder Form von Energie durch Kapital (d.h. durch Effizienz-Techniken), abgebaut werden. Neue Finanzierungs- und Anreizinstrumente wie das Contracting und das „Least-Cost Planning" (LCP), aber auch freiwillige Vereinbarungen müssen konsequenter angewandt werden.

Mit dem „Least-Cost Planning" wird der Bauplan für ein Einsparkraftwerk entwickelt, denn „Least-Cost Planning" bedeutet: Kraftwerke werden nur noch gebaut, wenn keine billige-

---

[26] Enquête-Kommission „Schutz der Erdatmosphäre" des 12. Deutschen Bundestages, Mehr Zukunft für die Erde - Nachhaltige Energiepolitik für dauerhaften Klimaschutz, a.a.O.

[27] Jochem, E. , Erfolge und Marktchancen für Produkte und Dienstleistungen für Verbesserungen der Enregieeffizienz,, Karlsruhe 1997

[28] Jochem, E., a.a.O.

[29] Die Unternehmensberatungsfirma Kienbaum und der Bundesdeutsche Arbeitskreis für Umweltbewußtes Management e.V. (BAUM) haben hierzu eindrucksvolle Beispiele aus der Industrie untersucht

[30] Stadtwerke Hannover (Hrsg.), Intergierte Ressourcenplanung. Die LCP-Fallstudie Hannover, Hannover 1995

ren Stromsparpotentiale mehr erschlossen werden können. Energieunternehmen sollten durch Beratung und Anreize für ihre Kunden dazu beitragen, wirtschaftlich vorteilhafte Energiespartechniken rascher in den Markt einzuführen. Dadurch können Kunden, Umwelt und EVU gewinnen.

Mit dem Bau von „Einsparkraftwerken" besteht die Chance, die heutige perverse Anreizstruktur im Energiesystem umzukehren: Nicht Mehrverbrauch von Energie, sondern Energieeinsparung muß und kann sich für Verbraucher und Anbieter lohnen. Zumindest eine Pause bei den „MEGAWatts" (beim zusätzlichen Energieangebot) wäre möglich, wenn zunächst die billigeren „NEGAWatts" (Energiesparpotentiale) erschlossen würden. 1996/97 wurden nach Angaben von VDEW[31] in der Bundesrepublik etwa 400 LCP-orientierte Programme von etwa 200 EVU durchgeführt. Allein in NRW haben kürzlich 80 EVU in einer vom Wirtschaftsministerium angeregten gemeinschaftlichen LCP-Aktion etwa eine Million Energiesparlampen zusätzlich in den Markt eingeführt. Damit werden voraussichtlich eine Stromkostenentlastung für die Kunden von rd. 10-16 Mio. DM ermöglicht sowie 49 Mio. kWh und 360.000 Tonnen CO_2-vermieden.

Wir haben die Ergebnisse der oben erwähnten Fallstudie Hannover auf die Bundesrepublik hochgerechnet[32]. Ergebnis: 18.000 Megawatt, fast 1/5 der (westdeutschen) Stromerzeugungskapazitäten, könnten mit hohem volkswirtschaftlichen Gewinn in etwa 10 Jahren weggespart werden. Würden die Kosten für dieses bundesweite Einsparkraftwerk d.h. die Mehrkosten für effizientere Stromgeräte plus den Marketing-und Umsetzungskosten, analog wie bei Kraftwerken über den Strompreis finanziert, würden die Strompreise in 10 Jahren durchschnittlich etwa um 1,5 Pf/Kilowattstunde steigen. Dennoch könnte die Stromrechnung aller Stromkunden in der Bundesrepublik um jährlich etwa 10 Mrd. DM sinken. Und Energierechnungen zählen letzlich für die Wettbewerbsfähigkeit der Industrie und den Geldbeutel der Bürger - nicht die Energiepreise! Der Umwelt blieben jährlich etwa 55 Mio. Tonnen CO_2 erspart. Die Gewinne der EVU könnten als Anreiz für die NEGAWatt-Aktivitäten sogar leicht steigen. „Least-Cost Planning" ist in der Tat eine „Strategie, bei der Kunden und Unternehmen gewinnen können" - so schreiben selbst die „Stromthemen" (eine von der Elektrizitätswirtschaft herausgegebene Info-Broschüre).

Schon dieses Ergebnis ist aufregend genug. Aber mehr noch: Einsparkraftwerke und „Least-Cost Planning" sind nur besondere und erfolgreich praktizierte Spezialfälle einer allgemeinen „Ökonomie des Vermeidens" im Übergang zu einer zukunftsfähigen „Dienstleistungswirtschaft". Das neue Denken läßt sich auf viele andere Bereiche, z.B auf Gas- und Fernwärme, auf Wasser- und Abwasser, auf Verkehr und generell, auf material- und abfallvermeidendes Konstruieren, Herstellen, Gebrauchen und Entsorgen anwenden.[33]

---

[31] VDEW-Pressekonferenz, SL- Strom-Linie, Zahlen und Fakten, Berlin 7. Oktober 1996; VDEW unterscheidet den „Kauf von Energieeinsparung" (Zuschuß- oder Verschenkprogramme) und den „Verkauf von Energieeinsparung" (gegen Entgelt angebotene Leistungen wie z.B. Consulting, Contracting). Nach der IRP/LCP-Methodik ist diese Unterscheidung mißverständlich, weil es in beiden Fällen im Regelfall um die Bereitstellung von *Energiedienstleistungen* zu möglichst geringen Kosten für den Kunden bei angemessenem Gewinn für das EVU geht.

[32] Vgl. Hennicke, P./Seifried, D., a.a.O

[33] Vgl. hierzu Hennicke, P./ Seifried, D., Das Einsparkraftwerk, Eingesparte Energie neu nutzen, a.a.O. sowie Hennicke, P., Wohlstand durch Vermeiden, a.a.O. .

Niemand benötigt Kilowattstunden, sondern konkrete Energiedienstleistungen wie z. B. warme Räume, gute Beleuchtung, motorische Kraft oder Kommunikation. Energie ist nur Mittel zum Zweck. Genauso läßt sich bei jedem Produkt fragen: Welche Dienstleistung erwarten sich die Käufer hiervon, und läßt sich das gleiche Bedürfnis nicht volkswirtschaftlich preiswerter und umweltverträglicher mit weniger Material-, weniger Flächen- und auch weniger Energieeinsatz befriedigen? Besonders gut gelingt dies dann, wenn es ausreicht, Güter (intensiver) zu nutzen, statt sie zu besitzen. Dann hat der Hersteller mehr Interesse an Langlebigkeit, Wiederverwendbarkeit und umweltverträglicher (d.h. billigerer) Entsorgung. So steigt beim Hersteller die „Produktverantwortung" für die Dienstleistungs- und Entsorgungseigenschaft seines Produkts, wenn er nur dessen Nutzen, statt es selbst verkauft, und am Ende der Nutzungsdauer, für die umweltverträgliche Entsorgung zuständig bleibt.

Erfolgreiche „Einsparkraftwerke" könnten also einen generellen Paradigmenwechsel hin zur „Dienstleistungswirtschaft" und eine Ära der „Ökonomie des Vermeidens" einleiten: Mehr Wohlstand mit weniger Energie-, Material- und Flächenverbrauch. Das Spannende daran ist, daß hierbei technische und soziale Innovationen Hand in Hand gehen müssen. Wer sich auf „Einsparkraftwerke" und die „Ökonomie des Vermeidens" einläßt, muß ganzheitlicher denken, planen und handeln. Er oder sie muß den Markt intelligenter nutzen, muß quasi den ‘"Wettbewerb planen', um die eigenen Unternehmensziele, mit den wirklichen Kundenbedürfnissen und dem Umweltschutz in Einklang zu bringen. Kundenorientierung und soziales Marketing („für das Vermeiden und Umweltschutz statt zum Mehrkauf und Wegwerfen gewinnen") werden zum Imperativ. Kraftwerke kann man vorzeigen, technisch kontrollieren und beherrschen. Bei „Einsparkraftwerken" kann man nur messen, ob sich Millionen von Verbrauchern aus umweltpolitischer Überzeugung und wohlverstandenem Eigennutz für energieeffizientere Geräte entschieden haben. Aus Marktkonfrontation und Wettbewerb um jeden Preis, werden Kooperation, neue Allianzen und runde Tische zur Konsensbildung. Funktionierende „Einsparkraftwerke" sind daher soziale und demokratische Innovationen - Keimformen einer bewußten Form umweltverträglich zu wirtschaften und zu leben.

Unser Fazit lautet: Zum Energiesparen und zur Solarenergie gibt es keine zukunftsfähige Alternative. Eine weltweite „Effizienzrevolution" ist nicht nur notwendig, sie ist machbar und finanzierbar. Und nur so kommen wir auch zur Sonnenenergiewirtschaft. Die Etablierung „ökologischer Leitplanken" durch das Primat der Politik, das Einfordern von Produktverantwortung bei den Energieanbietern und die Umkehr der Anreizstruktur im Sinne einer „Ökonomie des Vermeidens" sind Elemente eine zukunftsfähigen Energiepolitik, die auch Maßstäbe für eine „Weltinnenpolitik" setzen könnten.

Solidarische Gesellschaft oder Downswing der Zivilisation.
Die Ökologie: Die soziale Frage des nächsten Jahrhunderts

Michael Müller

I.

Eric Hobsbawm hat unsere Epoche als "Jahrhundert der Extreme" charakterisiert. Am Ende dieses Jahrhunderts von Barbarei und Massenwohlstand, von Kriegen und Massendemokratie steht unsere Gesellschaft erneut in einem schwierigen und unsicheren Umbruch. Nach dem Ende der Ost-West-Konfrontation bilden sich neue Wirtschafts- und Gesellschaftsformen heraus. Konzepte, die gestern noch brauchbar waren, taugen nichts mehr. Fortschrittsglaube ist in Fortschrittsskepsis umgeschlagen. Nach dem Ende der bipolaren Welt herrscht Ignoranz und Orientierungslosigkeit.

Die treibende Kraft der tiefgreifenden Veränderungen ist die Globalisierung der bisher überwiegend national organisierten Branchen und Unternehmen. Und auch die Banken machen mobil für eine neue, rein ökonomische Weltordnung. Hinzu kommt die ideologische Offensive des Neoliberalismus seit den achtziger Jahren, die nach dem Ende der Ost-West-Konfrontation noch weniger Rücksicht auf die soziale Legitimation ihrer Politik nimmt.

Offene Güter- und Finanzmärkte verschmelzen die Erde immer mehr zu einem einzigen Markt, dem soziale und ökologische Leitplanken fehlen. Unter dem Diktat von Deregulierung, Privatisierung und kurzfristiger Kosten-Nutzen-Kalkulation scheint sich kein Bereich der Gesellschaft dem Zwang der Durchökonomisierung entziehen zu können. Mit der umfassenden Nutzung der Informations- und Kommunikationstechniken kommt es zu einer immer intensiveren Nutzung von Zeit und Raum. Mit dieser einseitigen Verengung der Globalisierung kommen auch die alten sozialen Unterschiede über die Peripherie in die Industrieländer zurück und verbinden sich mit den ökologischen Grenzen des Wachstums. So tut sich eine Naturschranke auf, die nur um den Preis von Weltkatastrophen überschritten werden kann.

In allen Gesellschaften ist die grundlegende Tendenz auf eine internationalisierte Welt ausgerichtet, deren Trends in Mode, Konsum und Lebensstilen, deren Ideologie, Unterhaltungsformen und Meinungsmache von einer oberen Mittelschicht getragen wird. Sie orientiert sich immer stärker an den Entwicklungen in den Metropolen, die sich im Netz der globalen Märkte immer mehr angleichen. In der Folge nehmen die Bindungen zur eigenen Gesellschaft ab, der Zusammenhalt der Gesellschaft geht verloren.

In oder Out wird zur fundamentalen Herausforderung. An die Stelle des sozialen und politischen Menschen tritt der nur noch private Mensch, der, obwohl scheinbar individualisiert, in seinem Status nahezu ausschließlich von Geld und Konsum abhängig ist. Als Resultat droht die relative Gleichheit im Reichtum und die relative Gleichheit in der Armut: Armani für die einen, McDonald für die anderen. Mit In oder Out droht die Gesellschaft ihren gemeinsamen und verbindenden Boden von Geschichte und Erfahrung zu verlieren.

II.

Fine de siècle, so hat Hugo von Hofmannsthal in seinem "Brief des Lord Chandos" die weitverbreitete Untergangsstimmung am Ende des letzten Jahrhunderts beschrieben. Das war am Beginn des Zerfalls des europäischen Staatensystems. Mit Macht zog eine neue politische und gesellschaftliche Ordnung herauf. Die ungelösten Konflikte führten in diesem Jahrhundert in den 1. Weltkrieg, als die militaristische und nationalistische Ideologie der niedergehenden Epoche explodierte. Danach kam die Instabilität der zwanziger und dreißiger Jahre, an deren Ende radikalisierte Verhältnisse und Massenarbeitslosigkeit standen. Erst nach Faschismus und Weltkrieg setzte sich in Europa Vernunft durch.

Der Sozial- und Wohlfahrtsstaat war das Ergebnis einer schmerzlichen Lektion der Geschichte, aber auch der Konkurrenz einer Systemalternative, die vor allem die soziale Frage lösen wollte. Doch es kam nur in den westlichen Ländern zu demokratischer Stabilität. Die Basis dafür waren der soziale Grundkonsens in der Demokratie.

Heute spitzen sich erneut bedrohliche Trends zu. Diesmal ist es jedoch nicht allein der europäische Kontinent, von dem Tendenzen von Auflösung und Niedergang ausgehen. Die Erde insgesamt ist von Instabilität und sozialen und ökologischen Krisen betroffen. Die Fehlentwicklungen drohen zu einer Megakrise anzuwachsen, denn sie haben die Erde zu einer zerbrechlichen Einheit gemacht.

Damit stellt sich die Frage, ob Europa sein produktives Erbe für eine neue Phase von Reformen neu beleben kann? Oder paßt sich Europa den Zwängen der globalen wirtschaftlichen Konkurrenz nur an? Und wird damit zu einem Verlierer?

Das alte Europa hat eine besondere Verantwortung für die Bewältigung der Zukunftsaufgaben. Die geistigen Grundlagen und die industriellen Wirtschaftsweisen der (unvollkommenen) europäischen Moderne, die sich weltweit durchsetzen konnten, sind mitverantwortlich für die armutsbedingten Konflikte und hauptverantwortlich für die ökologischen Gefahren, die sich beide wechselseitig verschärfen und die Welt in Atem halten.

Naturzerstörung und soziale Ungleichheit nehmen zunehmend eine Dimension an, die die Erde insgesamt in Gefahr bringt. Ohne grundlegende Reformen in den Industriestaaten, so auch die Botschaft des Erdgipfels von Rio, ist die weitere Expansion der energie-, ressourcen- und kapitalintensiven Industriesysteme ein Experiment mit der Zerbrechlichkeit der Erde. Das ist auf Dauer das größte globale Sicherheitsrisiko.

Deshalb müssen wir wieder fragen: Ist unsere Gesellschaft zu Erneuerung und Solidarität fähig? Eine Solidarität, die heute weltumspannend sein und auch die Interessen künftiger Generationen einbeziehen muß? Wie kann ein solcher sozialer und ökologischer Interessenausgleich aussehen? Oder kommt es mit dem erneut entfesselten Kapitalismus zur Brutalisierung der wirtschaftlichen und sozialen Beziehungen?

Diese Alternative ist real. Der Wechsel von Fortschritt und Niedergang zieht sich wie ein roter Faden durch unser Jahrhundert. So hat auch Bert Brecht die moderne Gesellschaft als Ort des Himmels und der Hölle beschrieben. Welche Zukunft sich durchsetzt, ist nicht naturgegeben, sondern das bestimmen wir mit unserem politischen und gesellschaftlichen Handeln. Anpassen an die impetuosen Zwänge des Weltmarkts oder die Technik und Ökonomie gestalten, auf diese ebenso einfache wie schwierige Alternative reduziert sich die Ausgangslage.

III.

Mit der großen Transformation (Karl Polanyi) zur Industriegesellschaft vollzog sich eine weltgeschichtliche Zäsur erster Ordnung. Die industrielle Revolutionierung aller gewohnten Produkions- und Lebensverhältnisse wurde zum Ausgang und Ziel gesellschaftspolitischer Konzepte. Der systematische Erkenntniszuwachs in der Wissenschaft und ihre Umsetzung in Technik wurde zum wichtigsten Bezugspunkt für Fortschritt, das wirtschaftliche Wachstum zur Basis für eine "bessere Zukunft".

Tatsächlich hat die Entwicklung und Anwendung exakter wissenschaftlicher Arbeitsmethoden zu einem geschichtlich neuartigen Typ von Gesellschaft geführt, der durch die industrielle Dynamik permanent über sich hinaustreibt, was ihn durch Politik und sozial-kulturelle Emanzipation "gestaltbar" macht. Die ständige Erfahrung von Beschleunigung, die stetige Dynamik und Neuerungen und die fortlaufende Revison vorgefundener Lebensformen sind die Folgen aus der grundlegenden Umwälzung der ökonomischen Basis. Modernisierung besteht somit vor allem in der Rationalisierung und Ausdiffenrenzierung gesellschaftlicher Teilsysteme und Handlungssphären.

An dieser "Selbstprodukion moderner Gesellschaften" (Alain Touraine) machten sich in bisherigen Reformkonzepten die Fortschrittshoffnungen fest. Die technisch-ökonomische Modernisierung wurde als Voraussetzung und Ziel für Forschritt interpretiert. Sie schien scheinbar eine ständige und progressive Vorwärtsbewegung der Gesellschaft in Richtung auf Kapazitätserweiterung und höherer Autonomie des Individiums möglich zu machen. Die Arbeiterbewegung war damit auf der Seite des technischen Fortschritts, mit ihr zog die neue Zeit.

Das "Jahrhundert der Ökonomie" (Ernst Ulrich von Weizsäcker) schien durch die gewaltige Steigerung von Optionen viele Zwänge und Ungerechtigkeiten überwindbar zu machen. Zum einen führte die industrielle Revolution in die "Entgrenzung" in der räumlichen und zeitlichen Dimension sowie zur "Grenzenlosigkeit" in der Produktion neuer Güter, synthetischer Stoffe und Energieformen. Zum anderen bewirkte sie eine soziale und kulturelle Herauslösung aus traditionellen Festlegungen und Bindungen und damit die Autonomisierung gesellschaftlicher Akteure, Organisationen und sozialer Teilsysteme.

Das verselbständigte ökonomische Handeln wurde geradezu schrankenlos in Verfolgung und Steigerung partikularer Interessen. Gegenüber der Natur kolonialisiert es zugleich die Vergangenheit und die Zukunft. Es plündert die über Jahrmillionen gewachsenen Ressourcen und nimmt zugleich künftigen Generationen ihre Chance. Schließlich führt die Rationalisierung auch der Lebenswelten zu einer Generalisierung von Werten und Normen und durch den enormen Zuwachs an Optionen für den Menschen zu einer Herauslösung und Individualisierung.

Diese Folgen gesellschaftlicher Modernisierung wurde, angetrieben von technisch-ökonomischen Interessen, zum prekären Ausgangspunkt für die heutige Situation:

Diese ökonomistische Rationalität von Handlungen in den einzelnen Bereichen verträgt sich allzugut mit der Nichtberückksichtigung des Allgemeinwohls. Es zieht gerade daraus auch seine Erfolge. Insofern verfügt die entwickelte Industriegesellschaft durch die vielfältigen sektoralen Optionssteigerungen zwar über eine effiziente Industrie, Wissenschaft und Arbeitsteilung, über ein modernes Kommunikationswesen oder über einen hochtechnologischen Militärsektor, aber als "Gesellschaft insgesamt" weist sie einen wachsenden Modernitätsrückstand auf. Der wird um so größer, je wirkungsvoller sich die Teilsysteme durchsetzen können und das Defizit an Gesamtrationalität vergrößern. Die Koordinationsprobleme wachsen mit den Fernwirkungen und Komplexitäten, die einzelne Handlungen auslösen, weiter an.

Dem entspricht, was heute fast schon zur Alltagserfahrung gehört.: Die rastlose Erneuerung von Verfahren, das industrielle Eindringen in die letzten Zonen der Natur, die Ausbeutung der sozialen Zeitreserven, die Auflösung von Gemeinschaftsbindungen und letztlich die wieder zunehmende soziale Ausgrenzung Spaltung in der Gesellschaft. Das verbindet sich insgesamt zu einem dichten Bündel ungelöster Probelme, das letztlich die "Option" der Selbstvernichtung unserer Zivilisation denkbar macht.

Dabei sind es nicht nur die einzelnen Probleme, so bedrückend sie schon sind, die uns alarmieren müssen. Noch wichtiger ist die Erkenntnis, daß sie allesamt in einem engeren inneren Wechselverhältnis mit der Logik der bisherigen technisch-ökonomischen Entwicklung stehen. Hieraus ergeben sich nicht nur sektorale Reformnotwendigkeiten, vielmehr steht unsere Zivilisation insgesamt auf dem Prüfstand.

IV.

Spätestens seit Ende der 70er Jahre ist die Entwicklung auch unserer Gesellschaft davon gekennzeichnet, daß es keine verträgliche Koexistenz zwischen den Teilsystemen und dem Gesamtsystem gibt. Die Veränderung der sozialen und ökonomischen Rahmendaten führten zu den Grenzen des Sozialstaates: Vor dem Hintergrund der verschärften Konkurrenz durch die Globalisierung der Ökonomie und durch die starke Abhängigkeit vom ökonomischen Wachstum verliert der Sozialstaat an Funktionsfähigkeit und Bindungskraft. Seine Bedeutung als Instanz des gesellschaftlichen Ausgleichs ist in Frage gestellt.

Die Erkenntnis eines hochgradig riskanten Entwicklungspfades der Industriegesellschaft erschüttert die Sicherheit und Zukunftsgewißheit der Menschen. Statt sich auf die Gesellschaft in ihrer heutigen Form "einzulassen" und sie zu reformieren, um mehr persönliche Freiheit und Chancengerechtigkeit in ihr zu verwirklichen, wird heute die Gesellschaft zunehmend als Bedrohung und Blockade empfunden. "Gewinner" sind scheinbar nur die, die auf das Allgemeinwohl keine Rücksicht nehmen. Mit dem Zusammenbruch des vergangenen Ost-West-Politikrasters und in dem Ungleichgewicht zwischen Ökonomie, Sozialstaat und Umweltschutz, die Dysfunktionalitäten", wie Al Gore den Zustand unserer Zivilisation beschreibt, wachsen die Unsicherheiten weiter an.

Die wachsenden Koordinations- und Kompatibilitätsprobleme bedingen in einem stärkeren Umfang Starrheit und Immobilität der Gesamtgesellschaft. Fred Hirsch hat diese Folgen am Beispiel des Automobilverkehrs deutlich gemacht: Je mehr Menschen sich gleichzeitig ins Auto setzen, desto weniger kommen sie von der Stelle und um so aggressiver werden sie. Übertragen heißt dies: Ohne Koordination und soziale und ökologische Leitplanken gibt es keine Stabilität, kein "organisches Wachstum" (Club of Rome) und letzlich weder Demokratie noch Fortschritt. Statt dessen drohen Niedergang und Zerrissenheit. Wenigen Gewinnern steht eine große Mehrheit von Verlierern gegenüber.

In der Vergangenheit konnte der Sozialstaat diesen Interessenausgleich ermöglichen. Doch mit der Globalisierung wird er ausgehebelt, aber er dürfte in seiner einseitigen Ausrichtung auf quantitatives Wachstum auch aus ökologischen Gründen in seiner bisherigen Form nicht neubelebt werden.

Als Fazit dieser Erkenntnis ergeben sich drei problematische Sachverhalte für die weitere Entwicklung der modernen Industriegesellschaften: Die wachsende funktionale Differenzierung, eigengesetzliche Verselbständigung und hohe wechselseitige Abhängigkeit kennzeichnen die komplexe moderne Gesellschaft und erhöhen permanent ihren Koordinatonsbedarf; der gesellschaftliche Zusammenhalt, insbesondere die Kompatibilität zwischen Wirtschaft, Sozialstaat und Ökologie, kann und darf über den Funktionserhalt des quantitativen Wachstumsmechanismus nicht mehr erreicht werden; die gesteigerten individuellen Wahlmöglichkeiten lassen sich unter diesen Bedingungen künftig nur begrenzt nutzen, weil das Eigengewicht der Ökonomie die Gesamtrationalität der gesellschaftlichen Entwicklung in Frage stellt. Mögliche Freiheitsgewinne werden immer häufiger fiktiv, dieser Fortschritt hinterläßt hohe Hypotheken, der den Spielraum künftiger Generationen dramatisch einengen kann.

V.

Die Fortsetzung des industriellen Wachstumsmodells ist mit großen Gefahren verbunden. Und dies um so mehr, je stärker es sich generalisiert. Vieles spricht dafür, daß nach dem Ende der Systemkonkurrenz Theodor Adornos Prognose vom Spätkapitalismus Realität wird: "Die falsche Identität zwischen der Einrichtung der Welt und ihren Bewohnern durch die totale Expansion der Technik läuft letztlich nur auf die Bestätigung von Produktionsverhältnissen hinaus, nach deren Nutznießern man fast vergeblich forscht. Die Verselbständigung des Systems gegenüber allen, selbst gegenüber den Verfügenden, wird einen Grenzwert erreichen".

Besonders deutlich zeigen sich die Folgen ungesteuerter Wachstumskräfte an den ökologischen Trends: "Noch kommt die Natur an einigen Küsten und in einigen Waldstücken zum Vorschein. Doch es scheint, als stünden wir heute vor den letzten freien Beziehungen, die der Mensch mit seiner natürlichen Umwelt unterhält. Befreit von seinen Werkzeugen, seinen Gesten und Muskeln, von der Programmierung seiner Handlungen und seines Gedächtnisses, befreit von der Phantasie, an deren Stelle die Perfektion der Medien getreten ist, befreit auch von der Tier- und Pflanzenwelt, vom Wind, von der Kälte, von den Mikroben und dem Unbekannten der Gebirge und Meere, steht der Homo Sapiens wahrscheinlich am Ende seiner Laufbahn", so hat Andre`Leroy Gourhan die denkbare Zukunft beschrieben.

Denn trotz der "Entzauberung der Welt" (Max Weber) durch die modernen Wissenschaften hat sich an der Ambivalenz der Moderne nichts geändert, auch wenn sie in immer neuen Gesichtern auftritt: Vernunft und Barbarei, Wohlstand und Verelendung, Freiheit und Gewaltmißbrauch können eng zusammen liegen. Denn auch das aufgeklärte 20. Jahrhundert ist nicht nur ein Jahrhundert des sozialen Fortschritts, es ist auch das Jahrhundert der Tragödien von Auschwitz, Hiroschima oder Sarajevo. Mit der auf Weltebene entfesselten kapitalistischen Wachstumsökonomie ist die technische Zivilisation dabei, auch die "ökologische Selbstzerstörung" (Siegfried Lenz) denkbar zu machen.

In der Janusköpfigkeit der Moderne verlieren bisherige Konzepte ihre Grundlagen, gesellschaftliche Kompromisse und Verträge zerbrechen, die Menschen verlieren Orientierung und Halt. Die moderne Religion, der Glaube an den technisch-ökonomischen Fortschritt durch Gesetzmäßigkeit, Determiniertheit und Korrektur wird in der Realität mit Unbestimmtheit, Ungewißheit und Unwiderruflichkeit konfrontiert. Es wird erneut deutlich, daß das "produktivistische Element der Moderne auch immer antimodernistische und regressive Züge trägt" (Johannes Berger).

"Um den europäischen Glauben zu erfüllen, ist die bloße Abschaffung der alten Privilegien nicht genug", so Max Horkheimer. "Die Theorie war richtig und falsch zugleich. Während, wie vorhergesagt, die liberalistische Harmonie des bürgerlichen Staates sich durch Krisen als Illusion auflöst, verblaßt zugleich die Erwartung des Übergangs in eine Ordnung, in der die Gegensätze aufgehoben sind. Mit der Entfesselung der Wirtschaft bleibt sie um so mehr auf draußen verwiesen, erzeugt aber im Inneren jedes Landes, wie auch unter rivalisierenden Ländern, nie endende Konflikte und Kämpfe". Horkheimer warnte schon in den fünfziger Jahren vor Ignoranz, weil "die alte Theorie glaubt, sich der Zukunft gewiß zu sein".

Heute stellt sich die Frage, ob die europäische Gesellschaft noch die Kraft hat, der eigenen Idee, der Orientierung auf Aufklärung, Vernunft und Fortschritt, zur Wirklichkeit zu verhelfen. Horkheimer warnte in seinen "Gedanken zur Soziologie und Philosophie", daß der "Weltgeist an andere Völker" übergeht. Der europäische Gedanke setzt sich in Europa nicht fort Zu dieser Konsequenz kommt auch Kurt Biedenkopf, wenn er die Herausforderungen unserer Zeit als Umwälzungen beschreibt, "die weitaus dramatischer sind als alle, die ihr vorausgegangen sind". Es steht viel auf dem Spiel: die Zukunft einer menschenwürdigen Zivilisation.

VI.

Norbert Elias beschrieb den "Prozeß der Zivilisation" als die "Übertragung von Gewalt auf sozial sanktionierte Instanzen". Aus einer amorphen Gemeinschaft mit einem freien Agressionspotential bildet sich in der Moderne die "soziale Verregelung" von Gewalt durch staatliche und gesellschaftliche Instanzen heraus. Die entscheidende Grundlage hierfür ist die soziale Ausrichtung der Demokratie. Mit anderen Worten : Die "soziale Verregelung" ist der Lackmustest für den jeweiligen Stand der Zivilisation.

Es gibt in der Entwicklung der Moderne keinen naturgegebenen Trend hin zu diesen "Mechanismen sozialer Distanzierung", um Gewalt dauerhaft zu bändigen. Sie müssen stets neu bestimmt und erkämpft werden. Dies ist auch heute die entscheidende Grundlage für die weitere Entwicklung der Gesellschaft. Auch die Ökologisierung läßt sich in der Demokratie nur als Prozeß der sozialen Verregelung vorstellen.

Die Alternative ist die Erzwingung von oben, die autoritär-technokratische Gesellschaft. Demokratie erfordert dagegen die Dynamik ständiger Veränderungen. Diese Dynamik mit den ökologischen Grenzen verbinden, das geht nur auf der Basis einer sozialen Verständigung. Andernfalls wächst die Gefahr von Rückschritt, Ungleichzeitigkeit und Niedergang. Insofern erfordert Modernisierung einen neuen sozialen und ökologischen Vertrag. Andernfalls drohen Konflikte, die einen "decivilizing downswing", wie Eric Dunning das nennt, in Gang setzen können.

Der soziale Regelungsbedarf besteht für folgende Hauptaspekte:

- Die Globalisierung der Ökonomie und die Verschärfung der Konkurrenz zwischen Unternehmen und Standorten mit höchst ungleichen Bedingungen schwächt die Institutionen zur Bändigung von Macht und zur Befriedung von Verteilungskonflikten. Sie aber sind die sozialen Grundlagen der Demokratie.

- Die "Kolonialisierung der Zukunft" durch den fortgesetzten Raubbau an der Natur und die Verschlechterung der natürlichen Lebensgrundlagen erfordern wirksame Regelungsformen, um nicht künftigen Generationen den ihnen zustehenden Möglichkeitsraum zu nehmen.

- Schließlich nehmen die Risiken von Fernwirkungen technisch-ökonomischer Prozesse zu, wodurch nicht nur die Mißbrauchsmöglichkeiten steigen, sondern auch der Freiheitsraum eingeschränkt wird. Auch hierüber muß es zu einer dauerhaften Verständigung kommen.

Somit scheint sich am Ende unseres Jahrhunderts die Elias-Formel zu bestätigen, daß die europäische Moderne nicht nur die Speerspitze von Kultur und Zivilisation ist, sondern auch die late barbarians, die letzten Barbaren hervorbringen kann. Es gibt keinen linearen Prozeß der Zivilisation, er geht weiter, aber in eine zunehmend unbekannte, ja besorgniserregende Richtung.

VII.

Die neue Dialektik zwischen den sozialen und ökologischen Grenzen des Wachstums und der beschleunigten Globalisierung der Ökonomie verschieben den archimedischen Punkt der Politik. Die Warnung von Theodor Adorno droht Realität zu werden, wonach der Fortschritt auch "immer den Keim des Rückschritts in sich trägt". Dies ist der selbstzerstörerische Kern unter dem technologischen Schleier der Allmachbarkeit, der durch die Übermacht und Verselbständigung der wirtschaftlichen Verwertungsinteressen die Gesellschaft national wie global in Frage stellt. Jetzt muß sich zeigen, ob die Menschheit in der Lage ist, das Überschreiten eines kritischen Quantums von Wachstum zu verhindern. Dies ist zuerst eine soziale Aufgabe.

An diesem Punkt der Menschheitsgeschichte werden von Politik und Kultur mehr verlangt als wenige Korrekturen am Modell der Moderne. Um die Zukunft nicht blinden Marktgesetzen zu überlassen, müssen wir den Rahmen für eine dauerhafte Ordnung setzen. Dazu müssen wir unsere Art, zu leben und zu wirtschaften, hinterfragen, die Vorstellung von Freiheit und Fortschritt überdenken und sowohl das Verhältnis zwischen Freiheit, Individium und Gesellschaft als auch zwischen Natur, Sozialstaat und Ökonomie neu bestimmen. Und dies alles ist auch Teil einer solidarischen Weltinnenpolitik.

Europa, der Kontinent von dem die große Transformation der industriellen Revolution ausgegangen ist, muß heute seine besondere Verantwortung für die Folgen erkennen und dem Fortschritt eine neue Entwicklungsrichtung geben.

Vor diesem Hintergrund ist es die zentrale Frage für den Erfolg eines Paradigmawechsels, ob es -wie beim Sozialstaat- zu einer erneuten sozialen Verregelung gesellschaftlicher Konflikte kommt. Diesmal darf die soziale Frage nicht nur die Gegenwart, sondern muß auch die Zukunft einbeziehen. In diesem Sinne ist die ökologische Modernisierung eine erweiterte Dimension der alten sozialen Frage.

Voraussetzung für die soziale Verregelung ist die erneute "Entdeckung" der Gestaltungsfähigkeit von Wirtschaft und Technik. Dies muß in neuen Formen erprobt werden. In der sozialwissenschaftlichen Diskussion besteht jedoch weitgehend Einigkeit darüber, daß die Technik und die Ökonomie wesentlich sozialbestimmte Prozesse sind, in dem die unterschiedlichsten Interessen, aber auch die kulturellen Wertvorstellungen eingehen. Es wäre schön, wenn dies in der hysterischen Debatte um den Industriestandort Deutschland auch so gesehen würde, gleich ob bei Transrapid, Fusionstechnologie oder der Gentechnik: Technik ist ein Instrument, kein Selbstzweck. Sie bedarf stets der Bewertung und muß sich in ihrem Nutzen erweisen.

Dieser Gestaltungsansatz entspricht einem demokratischen und zukunftsfähigen Politikverständnis. Er ist das Gegenteil von Technikfeindlichkeit. Vielmehr steht dahinter die Erkenntnis, daß die Gestaltung der wirtschaftlichen, ökologischen und sozialen Prozesse die Grundvoraussetzung für eine gleichgewichtige Entwicklung der Gesellschaft ist. Nur so können Fehlentwicklungen und negative Abhängigkeiten und Folgewirkungen verringert werden. Insofern muß es im Interesse von Technik und Wirtschaft sein, wirksame Rahmenbedingungen zu setzen.

VIII.

In der Regel wird die Umweltpolitik unter dem Gesichtspunkt der Harmonisierung von Ökonomie und Ökologie gesehen. Dies ist sicherlich eine wichtige Frage, denn sektoral, regional und auch in der Gesamtwirtschaft existieren zum Teil erhebliche Konflikte zwischen diesen beiden Bereichen. Es ist auch nicht einfach, dieses Spannungsverhältnis zu entschärfen. Dennoch ist das größere Problem der ökologischen Modernisierung, den Umbauprozeß sozialverträglich zu organisieren. Denn er ist mit erheblichen Verteilungskonflikten sowohl in der Gegenwart als auch erst recht mit zukünftigen Ansprüchen und Bedürfnissen verbunden.

Wenn der Kern der Ökologie die Beachtung von Grenzen ist, dann sind angesichts der ungleichen Verteilung des Reichtums harte Umverteilungskonflikte die Konsequenz. Die Alternative ist ein Rückfall in die Feudalgesellschaft. Die Einhaltung von Grenzen, die zum Schutz der natürlichen Lebensgrundlagen notwendig sind, kann nur erreicht werden, wenn Chancen und Lasten gerecht verteilt werden.

Abstrakt ist die Notwendigkeit der ökologischen Modernisierung akzeptiert, aber individuell bestehen erhebliche Sperren und Blockaden, weil sie zu Einschnitten und Verzicht für die persönliche Lebenssituation führen. Davor haben viele Menschen Angst. So geraten umweltpolitische Forderungen insbesondere dann unter Druck, wenn sich die wirtschaftliche Situation verschlechtert und die Arbeitslosigkeit zunimmt.

Wichtige Fragen der ökologischen Modernisierung sind nicht geklärt. Das gilt insbesondere für die sozialen Folgen und für die Verbindung von Umwelt- und Verteilungspolitik. Deshalb können ökologische Forderungen mit verunsichernden Einwänden leicht abgeblockt oder durch Vorurteile diskreditiert werden.

Bislang gibt es in der Bundesrepublik nur wenige Untersuchungen über die Auswirkungen und Kosten von Umweltzerstörung und Umweltschutz auf das individuelle Einkommen. Die umfangreichste Arbeit stammt von Klaus Zimmermann. Sie kommt zu dem Ergebnis, daß untere Einkommensgruppen nicht nur von alltäglichen Umweltbelastungen am stärksten betroffen sind, sondern auch proportional den weitaus höchsten Anteil an der Finanzierung von Schutzmaßnahmen leisten. Das erklärt, warum die Umweltpolitik von unteren Einkommensgruppen häufig als Bedrohung empfunden wird, auch wenn die Notwendigkeit anerkannt ist. Aufgabe der Politik muß es deshalb sein, die soziale und beschäftigungspolitische Perspektive der ökologischen Modernisierung herauszuarbeiten, die den Menschen neue und mehr Sicherheit gibt.

Die Bewahrung der natürlichen Lebensgrundlagen ist eine soziale Aufgabe. Sie fordert unmittelbar die Integrationskraft der Politik, unterschiedliche Ziele zusammenzubringen. Die Erweiterung der sozialen Dimension um den Faktor Zukunft ist hierbei die entscheidende Grundlage. Denn auf die Zeitschiene gelegt, ist die Ökologie die wichtigste soziale Frage überhaupt. Sie steht in der Tradition der sozialen Reformbewegungen, denn sie muß die Frage nach dem Fortschritt neu beantworten und dies mit mehr sozialer Gerechtigkeit verbinden.

Die tiefgreifenden Umwälzungen verlangen eine überzeugende Antwort, wie die Zukunftsfähigkeit der Gesellschaft insgesamt erreicht werden kann. Während sich die sozialen Ziele in der Vergangenheit vor allem auf die Verbesserung der realen Arbeits- und Lebensbedingungen bezogen haben, müssen sie heute die Lebenschancen künftiger Generationen mit einbeziehen. Dies erschwert die Aufgabe, aber es ist umgekehrt auch eine Chance. Die ökologische Modernisierung ist nur als solidarische Gemeinschaftsanstrengung denkbar. Das wiederum kann dazu beitragen, auch in anderen Sektoren wieder zur Stärkung des sozialen Denkens beizutragen.

IX.

Die Grundlage der Demokratie ist die soziale Verregelung von Gewalt, die nicht nur eine sozial-kulturelle, sondern auch eine ökologische Seite hat. Diese Basis, die in den letzten Jahren die Stabilität der Gesellschaft garantiert hat, wird heute unter den Bedingungen des weltweiten Freihandels und des Neoliberalismus grundsätzlich in Frage gestellt. Dieser desaströsen Entwicklung kann nicht allein mit der Verteidigung des Status quo entgegengetreten werden. Vielmehr ist es notwendig, soziales Denken neu zu begründen.

Die große Chance ist hierfür die ökologische Modernisierung, denn das Konzept der Nachhaltigkeit, also der dauerhaft sozial- und umweltgerechten Entwicklung, auf das sich die Weltgemeinschaft in Rio verständigt hat, ist nur umzusetzen, wenn es in unserer Gesellschaft zu mehr Solidarität kommt. Die Weiterentwicklung der Wirtschaftsordnung zu seiner sozial-ökologischen Marktwirtschaft muß das Ziel einer dauerhaften Gleichgewichtsordnung haben. Daraus ergeben sich drei, eng miteinander verbundene Handlungsebenen:

- Die *Effizienzrevolution* bei der Nutzung von Energie, Rohstoffen und Material;

- die Herausbildung von neuen Wohlstandszielen, wie Zeitwohlstand, Nähe ist wichtiger als Ferne, Wiederentdeckung der Sinnlichkeit (*Suffizienzrevolution*);

- Überführung der wirtschaftlichen- und technischen Entwicklung in ein weitgehendes Kreislaufsystem, um industrielle und ökologische miteinander zu verzahnen (*Konsistenzstrategie*).

Dafür müssen die sozialen Auswirkungen der ökologischen Modernisierung geklärt und transparent werden. Nur dann wird die Umstrukturierung von Wirtschaft und Gesellschaft mehrheitsfähig. Deshalb muß deutlich werden, wie sich die Chancen und Risiken verteilen. Die Frage ist: Mit welcher Strategie ergibt sich eine Perspektive für möglichst viele Teile und Gruppen der Gesellschaft?

Die für die Bundesrepublik im Auftrag von Miserior, BUND erarbeitete Studie "Zukunftsfähiges Deutschland" hat hierfür eine Diskussionsgrundlage geschaffen. Vor allem zwei Fragen müssen vertieft werden: Wie sieht die Verzahnung zwischen dem wirtschaftlichen, sozialen und ökologischen Strukturwandel aus, was sind die zentrale Felder, Konzepte und Instrumente für einen solidarischen Ausgleichs in unserer Gesellschaft? Wie sieht der Fortschritt in der Zukunft aus, der die Menschen motiviert und überzeugt?

Dies geht nur mit einer Rückbesinnung auf die sozialen Inhalte von Demokratie und Gesellschaft. Die Ökologie als soziale Frage zu erklären, wird darüber entscheiden, ob das große Ziel von Rio, eine dauerhaft sozial- und umweltgerechte Entwicklung, Realität wird. Alle Anstrengungen für dieses Ziel lohnen sich.

Globalisierung und Informationstechnologie

F. J. Radermacher

Meine sehr geehrten Damen und Herren,

es ist mir eine ganz besondere Freude, heute hier im Rahmen dieser Veranstaltung zum 85. Geburtstag und zu Ehren von Carl Friedrich von Weizsäcker einen Vortrag halten zu können. Ich hatte in meinem Leben bisher nicht das Glück und Privileg, Herrn von Weizsäcker persönlich zu kennen. Ich habe aber viele seiner Bücher gelesen und bin dankbar für dieses Medium und seine Einsichten und Wissen vermittelnde Kraft, denn diese Texte haben mir viel gegeben und mein eigenes Denken stark beeinflußt. Ich nenne hier stellvertretend das Buch „Der Garten des Menschlichen" und dort insbesondere die Debatte und Analyse der Diskussionen zur evolutionären Erkenntnistheorie mit Bezug auf die Arbeiten von Konrad Lorenz unter der Überschrift „Die Rückseite des Spiegels, gespiegelt". Der hier bestehende Bezug zur Thematik der evolutionären Erkenntnistheorie tangiert Fragen der Arbeitsweise und des Verständnisses unseres Gehirns, die Frage nach unserer prinzipiellen Erkenntnisfähigkeit und damit verbunden unser Verständnis des Denkens, unserer Kognition, aber insbesondere auch des Bewußtseins. Gerade der letztgenannte Punkt bildet eine vielleicht überraschende Brücke zu unserem heutigen Generalthema der Weltinnenpolitik. Hierauf möchte ich zum Schluß des Vortrags noch einmal kurz zu sprechen kommen.

1. Globalisierung: Ursachen und Folgen

Globalisierung bezeichnet die aktuellen Veränderungsprozesse im Bereich der Weltwirtschaft, die von einer Situation des Handels zunehmend in die Situation einer durchgängigen Weltwirtschaft führen, die man immer mehr als ein einheitliches, wirtschaftliches System verstehen muß, in dem es keine geographischen bzw. politischen Grenzzäune oder unüberbrückbaren Entfernungen mehr gibt. Insbesondere wächst dabei auch der Arbeitsmarkt zu einem weltweiten Arbeitsmarkt zusammen. Daß das so ist, und daß wir diesen forcierten Prozeß der Globalisierung erleben, ist u. a. eine Folge politischer Entscheidungen hinsichtlich der Ausgestaltung der Welthandelsordnung, insbesondere im Rahmen von GATT/WTO. Wir erleben dabei, daß von den vier großen gesellschaftlichen Kräften, nämlich der Politik, der Wirtschaft, der Wissenschaft und der Religion, die Wirtschaft die erste ist, bei der die Globalisierung erfolgt ist. Das hat z. B. die Konsequenz, daß heute das Primat der Politik über die Wirtschaft nicht mehr besteht, da eine national organisierte Politik letztlich den Zwängen eines globalen Marktes wenig entgegenzusetzen hat. Das heißt dann aber auch, daß die Wertschöpfungsstrukturen und die Verteilstrukturen nicht mehr zueinander passen. Das ist der vielleicht wichtigste Grund für die großen Probleme, die wir mittlerweile mit dem Aufrechterhalten eines modernen Sozialstaats haben.

Daß die Globalisierung im Bereich der Wirtschaft als erstes erfolgt ist, ist auch nur vordergründig einem politischen Willen zuzuschreiben und viel mehr Folge einer extrem schnellen technischen Entwicklung, die letzten Endes die Möglichkeiten der Politik für eine rechtzeitige Anpassung überfordert hat. Die wichtigste Triebkraft der Veränderung ist dabei die stürmische Innovation im Bereich der Technik, vor allem die Entwicklung der Informations- und Kommunikationstechnik. Es ist dies die Technologie, die die höchste Innovationsrate aufweist, die wir jemals in der Geschichte der Technik haben beobachten können. Wir beobachten heute bei den Chips, dem Herzstück informationsverarbeitender Systeme, etwa alle 2 Jahre eine Verdoppelung des Preis-Leistungsverhältnisses (d. h. wir erhalten die doppelte Leistung für denselben Preis). Ein solches Tempo der Leistungssteigerung hat es noch nie gegeben. Wir können dabei heute schon absehen, daß wir in 15 bis 20 Jahren einen Rechner vor uns auf dem Tisch werden stehen haben, der zum Preis eines heutigen PCs bei gleicher Größe etwa um den Faktor 1000 leistungsstärker sein wird und der insofern dann die Rechenleistung eines kleinen heutigen Rechenzentrums besitzen wird.

Diese Technik ist so leistungsfähig, daß sie heute bereits eine preiswerte, leistungsstarke Kommunikation rund um den Globus erlaubt und damit Orts- und Zeitdistanzen praktisch aufhebt. Dies hat beispielsweise die Voraussetzungen dafür geschaffen, daß Geld sich als Produkt im wesentlichen zur Information über Transaktionsrechte entwickelt hat. Geld ist heute weitgehend ein virtuelles Produkt. Die internationalen Finanztransaktionen liegen im Umfang um den Faktor 100 oberhalb des Volumens der physischen Warenströme mit der Konsequenz, daß man die Finanzbewegungen heute weder national noch kontinental mehr kontrollieren kann. Damit ist die entscheidende ökonomische Bezugsgröße, also das Geld, im Kern globalisiert, da sie auf Basis der Technik ohne Zeitverlust beliebige Distanzen überbrücken kann. Dies gilt übrigens ähnlich für Information und Wissen im allgemeinen. Eine Konsequenz dieser Entwicklung, die man in dieser Form ursprünglich vielleicht nicht erwartet hätte, besteht darin, daß Geld und Wissen heute überall konzentriert wirksam werden können und damit Investitionen in praktisch allen Technologiebereichen heute fast überall auf diesem Globus möglich sind. Zum Beispiel werden zur Zeit in Malaysia, genauer auf Borneo, die weltweit ehrgeizigsten Projekte zum Bau neuer Chipfabriken durchgezogen.

Als Folge dieser veränderten Randbedingungen ist in den reichen Industriestaaten mittlerweile eine für einen ausgebauten Sozialstaat adäquate Besteuerung praktisch nicht mehr durchzusetzen. Steuern, die wir z. B. als moderne europäische Sozialstaaten als adäquat erachten, lassen sich nicht mehr erheben, weil sonst das Geld, das wir besteuern wollen, im Zweifelsfall gar nicht mehr da ist. Hieran wird besonders plastisch der oben gegebene Hinweis deutlich, daß die Strukturen der Wertgenerierung und die Strukturen der Wertverteilung weltweit nicht mehr zueinander passen.

Wenn wir also heute in Deutschland über alle Parteiengrenzen hinweg eine Steuerreform diskutieren, die gerade bei hohen Einkünften den Steuersatz deutlich absenken wird, und wenn wir Zinseinkünfte aus hohem Kapitalbesitz überhaupt nicht mehr adäquat zu besteuern versuchen, dann ist das auch eine Folge dieser Entwicklung und Globalisierung, die im Kern den weltweit operierenden Firmen die Möglichkeit eröffnet, bedarfsabhängig die Gewinne z. B. in Malaysia zu produzieren, und die Verluste in Deutschland. Das ist dann im wesentlichen nur noch eine Frage der internen Verrechnungspreise und ggf. der Komplexität der eigenen Organisationsstrukturen. Und weil das so ist, können wir das, was wir z. B. im Bereich der Besteuerung für richtig halten, de facto politisch nicht mehr umsetzen. Oder noch deutlicher, jede nationale Politik muß sich letztlich den wesentlichen Wirkungsfaktoren einer weltweiten Wirtschaft unterwerfen. Erst eine bis heute noch nicht erkennbare, weltweite politische Struktur würde es erlauben, das Primat der Politik wieder gegenüber der Wirtschaft durchzusetzen.

Viele unserer heutigen Schwierigkeiten sind insofern kein Problem zwischen „rechts" und „links" oder zwischen den Sozialpartnern, wie oft unterstellt wird, und auch kein Problem hinsichtlich der Frage, was eigentlich eine angemessene Besteuerung oder sozial gerecht oder umweltpolitisch geboten wäre: Ausschlaggebend ist vielmehr die Erkenntnis, daß wir als Folge der Globalisierung sowie der Weltwirtschaftsordnung (GATT/WTO) eine adäquate Besteuerung bei uns nicht mehr durchsetzen können, es sei denn, wir wollen Kapital, Investitionen, Ausbildungsplätze usw. definitiv aus Deutschland verjagen. Es ist für viele politisch interessierte Bürger schmerzhaft zu erkennen, daß die Verhältnisse mittlerweile so sind.

2. Abfluß der Arbeit aus den entwickelten Industrieländern

Ähnlich gravierend wie die Veränderungen im Bereich der Besteuerung sind diejenigen auf den Arbeitsmärkten. Es ist dabei sehr schmerzhaft zu erkennen, daß sich hier ebenfalls große Belastungen aufbauen. Arbeit wird nämlich ebenfalls zunehmend weltweit verteilbar. Dies hängt u. a. damit zusammen, daß wir heute für etwa 30.000 DM pro Jahr einen smarten jungen Menschen in Indien oder sonstwo in den Weltmarkt integrieren können. Alles, was dazu in vielen Fällen noch notwendig ist, ist eine Multimedia-Workstation mit Satellitenanschluß und Solarenergiequelle. Wenn man diese drei Komponenten zusammennimmt, dann erhält man eine vollständig individualisierte Infrastruktur. In diesen Fällen braucht man keine voll ausgebauten, teuren, staatlich verantworteten Infrastrukturen mehr, man braucht kein Wassernetz, keine Straßen, keinen Flughafen, statt dessen kann man jeden Mitarbeiter einzeln, d. h. ad personam, für etwa 30.000 DM pro Jahr in den Weltmarkt integrieren, um z. B. in Deutschland Standardsoftware zu pflegen.

Und weil ein üppiges Gehalt für viele dieser smarten jungen Menschen in vielen Teilen der Welt nicht einmal 20.000 DM pro Jahr beträgt, können die Unternehmen sich in der beschriebenen Konstellation sogar die jährliche Abschreibung der technischen Ausstattung erlauben, was unser Staat und unsere Unternehmen schon lange nicht mehr finanzieren können, selbst wenn sie das wollten. Dies hat zur Folge, daß unsere Konkurrenten häufig nicht nur viel preisgünstiger sind als wir, sondern oftmals auch bereits technisch besser ausgestattet sind als unsere Arbeitskräfte. Wir kommen hier immer mehr in die „verkehrte" Situation, daß wir Mitarbeiter beschäftigen, die etwa 100.000 DM im Jahr (Gehalt plus Nebenkosten) kosten, denen wir aber kein vernünftiges Werkzeug zur Verfügung stellen können, weil weder die Firma die jährliche Abschreibung bezahlen kann noch das Finanzamt. Und so sitzen letztlich bei uns hochbezahlte Leute mit „gefesselten" Händen da, ohne adäquate Hard- und Software (weil für uns zu teuer, obwohl preiswert) und programmieren u. U. für den x-fachen Preis Dinge inadäquat und nicht anschlußfähig nach, die man woanders längst hat, weil man sich dort jedes Jahr die neueste Hard- und Software vom Markt leisten kann.

In dieser Art von Konkurrenz versuchen wir dann, hier bei uns die Arbeitsplätze zu halten. Die Antwort unserer Unternehmen ist Verschlankung, Kostensenkung, Standardisierung, weiterer Personalabbau, abgestützt auf technische Lösungen wie Intranetze und Internet, weitere Telematisierung, weitere Virtualisierung aller unserer großen Unternehmen. Und dies gilt nicht nur für unsere großen Unternehmen, sondern irgendwann - in nicht allzu ferner Zukunft - notwendigerweise auch für viele mittlere Unternehmen und für unsere Verwaltungen, selbst die öffentlichen. Dann werden wir alle und überall standardisierte Software einsetzen und möglicherweise irgendwann auch alle die englische Sprache im Bereich der Buchführung benutzen. Aber mit jedem Schritt in diese Richtung, der akut Erleichterung schaffen soll, verbessern wir zugleich immer mehr die Möglichkeiten zur anschließenden Auslagerung der verbleibenden Arbeit über den gesamten Globus.

Es gibt eine Studie des MIT, die besagt, daß bis zum Jahr 2010 potentiell 80 % aller Arbeitsplätze in den G7-Staaten in diesem Sinne weltweit werden ausgelagert werden können.

Wenn man dieses Verlagerungspotential vor Augen hat, dann kommt man erst gar nicht mehr auf den Gedanken, wir hätten jetzt die Spitze der Arbeitslosigkeit bei uns schon erreicht. Davon kann überhaupt nicht die Rede sein. Der beschriebene Prozeß muß, so wie er angelegt ist, fast zwangsläufig dazu führen, daß wir in eine immer weitergehende De-Industrialisierung der Industrienationen hineingeraten, daß die bisherigen Arbeitsplätze bei uns durch mobile Telearbeit immer weitergehend individualisiert werden und daß in diesem Prozeß ein Großteil der Arbeit in andere Länder wandert, sobald bzw. solange dort das Preis-Leistungsverhältnis deutlich günstiger als bei uns ist. Wir werden deshalb sehr sorgfältig prüfen müssen, welche Arbeitsplätze hier überhaupt noch gehalten bzw. geschaffen werden können, sofern wir nicht bereit sind, unsere bestehenden Strukturen ganz massiv zu verändern. Und das führt dann zu der Situation, daß bei uns diejenigen Firmen, die besonders schnell Mitarbeiter entlassen - was sie in dieser Situation am Weltmarkt dann übrigens müssen -, die größten Gewinne haben und an der Börse die beste Bewertung finden.

Früher hätten wir dies gelassen hinnehmen können und im Zweifelsfall die gut verdienenden Firmen so hoch besteuert, daß wir dann im öffentlichen Dienst die Arbeitsplätze hätten neu schaffen bzw. finanzieren können, die bei den Firmen verloren gehen. Alternativ hätten wir auch durch immer neue sicherheitstechnische oder umweltbezogene Vorschriften regulativ wieder für mehr Arbeitsplätze in der Wirtschaft sorgen können. Diese Umverteilung ist aber nun wegen der Globalisierung nicht mehr möglich, woraus der heutige Druck auf unsere Arbeitsplätze resultiert. Tatsächlich ist die Lage sogar noch schwieriger. Nicht nur das Besteuerungsniveau ist limitiert, nicht nur wird nur ein Teil der wirklichen Gewinne ausgewiesen, sondern selbst dieses Geld wird immer öfter nicht mehr hier reinvestiert, sondern eher in anderen Ländern, zunehmend auch in Schwellenländern, weil unser Standort mit seinen hohen Kosten - trotz verschiedener nach wie vor bestehender anderer vorteilhafter Rahmenbedingungen - nicht mehr attraktiv genug ist im Verhältnis zu den sich weltweit bietenden Alternativen.

Dabei muß immer klar sein, daß sich eine einzelne Firma diesem Trend nicht entziehen kann, sobald die Konkurrenten so verfahren. Das ist eine Konstellation, die man zur Kenntnis nehmen muß. Unsere heutigen Schwierigkeiten sind insofern eine Folge der beschriebenen Veränderungen der technischen und politischen Rahmenbedingungen. Und wenn man diese Konstellation erkennt, dann wird klar, daß unsere Probleme primär nicht zu lösen sind durch moralische Appelle, z. B. Appelle an die Arbeitgeber oder Appelle an die Firmen mit hohen Gewinnen, sich aus ethischen Gründen für mehr Arbeitsplätze, höhere soziale Leistungen und noch mehr Umweltschutz zu engagieren, denn wenn die einzelnen Firmen gegen den Markt operieren würden, könnten sie sich in absehbarer Zeit an den Geldmärkten nicht mehr refinanzieren, weil die eigenen Aktionäre oder die Anleger abwandern würden oder bei schlechter Bewertung an den Aktienmärkten unfreundliche Übernahmen drohen. Das zeigt, daß wir in diesem „Spiel" alle Gefangene der bestehenden Situation sind, und diese Situation, die Spielregeln, werden im wesentlichen bestimmt durch offene Märkte, durch GATT/WTO und das Veränderungspotential der neuen Technologien.

3. Die Welt steht vor riesigen Herausforderungen: Ist eine nachhaltige Entwicklung erreichbar?

Die zentrale Herausforderung beim Übergang in ein neues Jahrtausend heißt nachhaltige Entwicklung. Die Erde ist heute bedroht durch eine immer rascher wachsende Weltbevölkerung, den ungebremsten Verbrauch von Ressourcen, die zunehmende Erzeugung von Umweltbelastungen und schließlich die immer raschere Beschleunigung von Innovationsprozessen, die letztlich zu einer Unregierbarkeit unserer Gesellschaften führen können. Die Hoffnung, daß der technische Fortschritt, z. B. in Form einer zunehmenden Dematerialisierung, die resultierenden Probleme lösen wird, hat sich bis heute nicht erfüllt. Das ist u. a. eine Folge des sogenannten Rebound-Effekts, der im Kern dazu führt, daß Einsparungen, die aus technischen Fortschritten resultieren könnten, sofort in vermehrte menschliche Aktivitäten umgesetzt werden.

Solche vermehrten Aktivitäten führen - in einer historischen Perspektive - zu einer wachsenden Bevölkerung, mehr Konsum, mehr Mobilität und einer ständig höheren Umweltbelastung. Als Folge der zunehmenden Globalisierung stehen dabei kurzfristig gewaltige zusätzliche Umweltbelastungen durch das hohe wirtschaftliche Wachstum in den Schwellenländern und damit zusammenhängend - als neues Phänomen - der oben angedeutete rasante Abfluß von Arbeit aus den reichen Industrieländern mit wachsender Arbeitslosigkeit und Bedrohung unserer Sozialsysteme an. Bei Fortsetzung der bisherigen Trends drohen einerseits erhebliche soziale Konflikte, andererseits ein Klimakollaps, und es ist absolut unklar, wie wir diese Situation bewältigen sollen.

Offensichtlich ist, daß eine friedliche Bewältigung dieser Herausforderungen nur im Rahmen weltweiter Lösungen erfolgen kann, also im Rahmen von Vereinbarungen zwischen Nord und Süd, Ost und West, die allen Menschen auf diesem Globus eine positive Perspektive für die Zukunft versprechen. Dies erfordert das graduelle Schließen der heute unerträglich großen Differenz zwischen Reich und Arm, aber ebenso die weltweite Durchsetzung - und Mitfinanzierung - von Umwelt- und Sozialstandards. Entsprechende Mechanismen der Zusammenarbeit (z. B. CO2-Emissionszertifikate, weltweite Ausbildungs- und Sozialsysteme, Maßnahmen des Joint Implementation zwischen Nord und Süd) würden den Aufbau von globalen Infrastrukturen ermöglichen und den Weg in eine nachhaltige Entwicklung marktwirtschaftlich absichern. Zugleich würden sie zu wirklich zukunftssicheren Arbeitsplätzen führen, bestimmte „Dumping-Mechanismen" in ihrem Umfang limitieren und damit auch unsere Sozialsysteme zu stabilisieren erlauben. Geeignete globale Rahmenbedingungen sind dann auch die Voraussetzung dafür, daß regionale Initiativen in zielführender Weise möglich werden, gemäß der Leitidee „Think globally, act locally".

4. Die globale Informationsgesellschaft als Chance

Informations- und Kommunikationstechnologie ist für die beschriebenen Prozesse der Globalisierung ein ganz wesentlicher Faktor. Zum einen wirkt IT „empowernd", erlaubt weltweit Menschen, sich effizient in den Wirtschaftsprozeß einzubringen, ist ein wesentlicher treibender Faktor für eine preiswerte weltweite Organisation von Wertschöpfungsketten, damit indirekt eine wichtige Ursache für den Abfluß von Arbeit aus den Industriestaaten. Dieser Prozeß wirkt mehrfach in Richtung auf globale Vereinbarungen. Zum einen werden die Schwellenländer ökonomisch stärker, sind damit ernstzunehmende Verhandlungspartner. Zum anderen erzeugen sie in der Folge ähnliche Umweltbelastungen wie wir, erzwingen damit Verhandlungen, wenn katastrophale Verhältnisse vermieden werden sollen. IT ist andererseits Teil der Lösung, denn Informations- und Kommunikationstechnik ermöglicht besonders weitgehende Effekte der Dematerialisierung durch Technik; zu denken ist hier an Telearbeit, Teleshopping, Telekooperation, Telemedizin und - ganz wichtig - nationale und internationale Teleausbildung, aber ebenso die Optimierung von Verkehr durch Telematik. Bei Vermeidung von Rebound-Effekten durch geeignete gesellschaftliche Randbedingungen eröffnet Informations- und Kommunikationstechnik daher gute Chancen für langfristige, tragfähige Lösungen. Noch nie war es so preiswert und umweltverträglich möglich, Menschen überall auf der Welt in gleichberechtigter

Weise in die weitere Entwicklung einzubeziehen. Internationale Teleausbildung ist hier ein besonders vielversprechender Ansatz. Dies gilt um so mehr, als das Human Capital aufgrund einer Studie der Weltbank etwa 60 % des Reichtums der Nationen ausmacht.

5. Der Rebound-Effekt

Die „Falle", in die wir im Rahmen des technischen Fortschritts bisher immer wieder gelaufen sind, besteht darin, daß wir den Fortschritt immer „on top", also additiv genutzt haben (sog. „Rebound- bzw. Bumerang-Effekt"). Dies besagt, daß die Marktkräfte und die offenbar unbegrenzte Konsum- und Verbrauchsfähigkeit des Menschen dazu führen, daß mit der neuen Technik noch mehr Ressourcen in noch mehr Aktivitäten, Funktionen, Services und Produkte übersetzt werden. Um dies an einem besonders eindrucksvollen Beispiel zu zeigen: Die Dematerialisierung bei Rechnern hat über die letzten dreißig Jahre sicher einen Faktor von 1.000 und mehr beinhaltet. Die Entwicklung von einem Großrechner klassischer Art vor zwanzig, dreißig Jahren zu einem heutigen PC bedeutet eine unglaubliche Senkung der Ressourcennutzung, obwohl der PC heute sogar mehr leistet als solch ein früherer Großrechner. Er braucht zudem viel weniger Energie, er muß nicht aufwendig gekühlt werden, er braucht zu seinem Betrieb viel weniger Personal - welch ein Fortschritt! Wenn man dann allerdings überlegt, wieviele PCs es mittlerweile weltweit gibt, dann stellt man fest, daß wir alles, was wir über Dematerialisierung eingespart haben, mit einem Faktor von vielleicht 10 oder mehr über eine Vervielfachung der Nutzung überkompensiert haben. Wenn man dann noch den kumulativen Energieverbrauch all dieser PCs über die ganze Erde errechnet und das, was dort an Papier verbraucht wird, und das mit den Zeiten vergleicht, als weltweit maximal 1.000-10.000 Großrechner im Einsatz waren, dann sieht man, was passiert, wenn man den technischen Fortschritt „on top" nutzt. Derselbe Effekt tritt ein, wenn wir anfangen, E-Mail, Videokonferenz, Bildtelefon usw. additiv zu nutzen, und diese Hilfsmittel letztlich dann auch dafür eingesetzt werden, noch mehr Menschen noch öfter zu treffen, weil wir bei Nutzung der modernen Kommunikationsmöglichkeiten sehr viel mehr Prozesse als früher bearbeiten und noch mehr Treffen gut vorbereiten können und ja nun auch während des Reisens unsere Arbeit im Büro erledigen können. Wobei wir uns diesem Trend unter marktwirtschaftlichen Bedingungen übrigens auch nicht entziehen können, weil unsere Konkurrenten ebenso verfahren.

6. Die Forderung nach geeigneten globalen Rahmenbedingungen: Was leistet eine globale sozialökologische Marktwirtschaft?

Aufgrund des Gesagten braucht ein stabiler Weg in eine nachhaltige Welt eine erhebliche Dematerialisierung durch technischen Fortschritt bei gleichzeitiger Vermeidung von Rebound Effekten. Dies ist eine Frage nach geeigneten Rahmenbedingungen der Weltwirtschaft. Hier findet heute auf einem weitgehend nicht ökologisch und sozial organisierten Weltmarkt ein Ringen um geeignete Gesellschaftssysteme statt, wobei die USA, Asien und Europa ganz unterschiedliche Ansatzpunkte einbringen.

Die Bewältigung der Zukunft wird dabei im wesentlichen in einer geeigneten Austarierung des Spannungsverhältnisses zwischen Wirtschaft, sozialen Anforderungen und der Umwelt bestehen. Aufgrund der Globalisierung des Wirtschaftens wird dieses Austarieren auf Dauer allerdings nicht mehr national oder regional, sondern nur noch global zu bewältigen sein. Geht man von der europäischen Gesellschaftstradition aus, die im Gegensatz etwa zu den USA, Slums um die eigenen Großstädte bis heute hat vermeiden können, dann sind die entscheidenden Fragen insofern Fragen hinsichtlich der weltweiten Durchsetzung sozialer und ökologischer Mindeststandards, die eine Ausrichtung des Wirtschaftens hin zu einer nachhaltigen Entwicklung, aber auch zu einem sozialen Miteinander - und damit zu einer weitergehenden Verwirklichung der Menschenrechte - bringen werden. Natürlich erfolgen solche Standards partiell zu Lasten des insgesamt erreichbaren Produktionsumfangs, verbessern dafür aber die Lebensqualität, den Grad an sozialer Gerechtigkeit, die ökologische Situation und insgesamt die Durchsetzung der Menschenrechte. Offensichtlich sind Lösungen der angedeuteten Art nur denkbar, wenn sie auch weltweit und fair finanziert werden, z. B. über Mechanismen der Zusammenarbeit wie Umweltzertifikate, Ausbildungshilfen, Maßnahmen des Joint Implementation zwischen Nord und Süd. Eine gedeihliche Zukunft ist nur im Rahmen weltweiter Lösungen, im Rahmen von Vereinbarungen zwischen Nord und Süd, Ost und West erreichbar, und diese werden letztlich allen Menschen auf diesem Globus eine positive Perspektive versprechen müssen. Eine globale, soziale und ökologische Marktwirtschaft bietet für diese Zielsetzung einen sinnvollen Ansatzpunkt.

7. Der Zusammenhang zwischen Information Society und Sustainable Development

Das Forschungsinstitut für anwendungsorientierte Wissensverarbeitung (FAW) hat für die Europäische Kommission in Form der Koordinierung einer Expertengruppe in 1995 eine Studie[1] zum Thema der Wechselwirkung zwischen den beiden Leitideen „Informationsgesellschaft" und „nachhaltige Entwicklung" erarbeitet. Es ist dies ein diffiziles Thema. In der Diskussion ist klar geworden, daß zum einen das beschriebene Dreieck von Anforderungen im wirtschaftlichen, sozialen und ökologischen Bereich auszutarieren ist und daß zum anderen die beiden Leitideen nicht automatisch konvergieren. Konkret kann man sich zwar bei der heutigen Ausgangssituation kaum eine nachhaltige Welt vorstellen, die nicht wesentlich auf Informationstechnologien aufbaut, aber man kann sich sehr wohl Gesellschaften vorstellen, die auf Informationstechnologien aufbauen und nicht nachhaltig ausgerichtet sind.

Die beschriebene Studie hat in Form einer Präambel gewisse Leitprinzipien für die weitere Entwicklung herausgearbeitet, die hier erwähnt werden sollten. Hierzu gehört (1) die hohe Relevanz des Themas der „Nachhaltigkeit" (die in ihrer Wichtigkeit vergleichbar ist mit den Menschenrechten, Demokratie und dem Recht auf Arbeit), (2) die Feststellung, daß Nachhaltigkeit immer aus einer globalen wie aus einer lokalen Perspektive betrachtet werden muß, (3) die Erkenntnis, daß mit dem Ziel einer nachhaltigen Entwicklung fast unauflösbar die Notwendigkeit verbunden ist, vergleichbare Lebensbedingungen für Menschen überall auf diesem Globus herbeizuführen, (4) die Berücksichtigung der Interessen zukünftiger Generationen und (5) die Feststellung, daß die Informations- und Kommunikationstechnologie ein großes Potential besitzt, um einen Beitrag zur Erreichung dieser Ziele zu leisten. Allerdings erschließt die Informations- und Kommunikationstechnologie diese Chancen nur dann, wenn Rebound-Effekte vermieden werden können. Dies erfordert (6) neue gesellschaftliche Rahmenbedingungen, die derartige Effekte verhindern. Ein Denkmodell ist die Mobilisierung der Marktkräfte in

---

[1] Greiner, C., Radermacher, F.J., Rose, T.: „Contributions of the Information Society to Sustainable Development", Report of the Working Circle: A DG XII-initiated Group on Sustainability and the Information Society (held at the European Commission, 12-13 December 1995, Brussels), FAW, Ulm, April 1996.

Form einer ökologisch und sozial ausgerichteten, globalen Marktwirtschaft[2]. Hierfür sind die Randbedingungen des Marktes geeignet zu definieren. In einer bestimmten ökonomischen Interpretation geht es dabei um die Internalisierung von externen Kosten (sozialer und ökologischer Art). Schließlich werden (7) entsprechende weltweite, leistungsfähige und integrierte Infrastrukturen benötigt, die am besten über marktgetriebene Prozesse unter geeigneten gesellschaftlichen Rahmenbedingungen entstehen. Wenn dies alles in der richtigen Weise angegangen wird, dann bestehen gute Aussichten, daß man aus Sustainability einen Business Case machen kann und sich die Leitidee „Think globally - act locally" umsetzen läßt. Tatsächlich würden in diesem Rahmen die neuen zukunftssicheren Arbeitsplätze entstehen, und wahrscheinlich ließen sich entlang dieser Idee in geeigneten Übergangs- und Anpassungsprozessen auch die nationale Sozialstaatmodelle langfristig absichern.

8. Die ISAD-Konferenz in Südafrika (13.-15. Mai 1996)

Nach der Etablierung der Initiative zum Aufbau einer globalen Informations-Infrastruktur (GII) als Folge der Al Gore-Kampagne im Rahmen der Zusammenarbeit der G7-Staaten haben die Entwicklungsländer gefordert, daß sie in diesen Prozeß, der aus ihrer Sicht enorme Chancen beinhaltet, der aber erneut auch zu einer weiteren Vertiefung der Kluft zwischen „Nord" und „Süd" führen kann, adäquat eingebunden werden. Die ISAD-Konferenz, die auf Einladung von Präsident Mandela zum Thema „Information Society and Developing Countries" (ISAD) im Zeitraum 13.-15.Mai 1996 in Südafrika stattfand, hatte genau dieses Thema zum Gegenstand; die Europäische Union hat die Organisation dieser Veranstaltung wesentlich unterstützt. Während der auf Regierungsebene angesiedelten ISAD-Konferenz haben die G7-Staaten, zahlreiche Entwicklungs- und Schwellenländer und verschiedene internationale Organisationen im Rahmen von Minister-Versammlungen, Workshops und einer Ausstellung das Thema aufbereitet, wesentliche Fragen identifiziert und bestimmte notwendige Schritte in die angestrebte Richtung vereinbart. Hierbei geht es insbesondere darum, durch das Forcieren der globalen Infrastrukturentwicklung unter Berücksichtigung der Interessen der Schwellen- und Entwicklungsländer den Skandal der totalen Ungleichverteilung des Zugriffs auf die Ressourcen der Informations- und Kommunikationstechnologie, wie er heute besteht, aufzuheben. In diesem Zusammenhang gilt es, den Hinweis von Präsident Mandela zu beachten, daß bei aller Euphorie zum Thema Informations- und Kommunikationstechnologie die Hälfte der Menschheit noch nie ein Telefongespräch geführt hat. Das FAW war in Südafrika mit einer Reihe von Exponaten zu den Themen Welthandelsnetze (Zusammenarbeit mit International Trade Center (ITC) (UNCTAD/WTO)), Koordination der wissenschaftlichen Beiräte der Weltgesundheitsorganisation (Zusammenarbeit mit WHO), Umweltberichterstattung als Teil des G7-Pilots zur Umwelt (Zusammenarbeit mit dem Umweltbundesamt), die oben erwähnte Studie Information Society and Sustainable Development (Zusammenarbeit mit der EU-Kommission), eine Schnittstelle über WorldWideWeb zu russischen Datenbanken (Zusammenarbeit mit russischen KI-Instituten) sowie schließlich mit Exponaten zur EXPO 2000 (Zusammenarbeit mit dem EXPO 2000-Generalkommissariat) vertreten. Die ISAD-Konferenz in Südafrika hat die große Lücke, die besteht, deutlich gemacht, aber auch erste Ansatzpunkte zur Überwindung der bestehenden Probleme und zur besseren Nutzung der bestehenden Chancen aufgezeigt.

---

[2] Morath, K., Pestel, R., Radermacher, F.J.: Die Überbevölkerungssituation als Herausforderung: Robuste Pfade zur gobalen Stabilität. In: Welt im Wandel - Wege zu dauerhaft-umweltgerechtem Wirtschaften (K. Morath, ed.), Frankfurter Institut - Stiftung Martkwirtschaft und Politik, 89-111, 1996.

9. Forderungen an die Politik: Der Übergang zu einer Weltinnenpolitik

Wenn die angedeuteten globalen Trends umgekehrt werden sollen, dann ist es aufgrund des Gesagten wichtig zu begreifen, daß wir als Weltgemeinschaft in unsere gemeinsame Zukunft investieren müssen, und zwar gerade auch unter dem Aspekt einer nachhaltigen Entwicklung; letzteres betrifft sowohl die ökologische als auch die soziale Seite. Es geht z. B. darum, die Telematikinfrastrukturen weltweit geeignet so zu etablieren, daß eine preiswerte und gleichberechtigte Einbeziehung von Menschen rund um den Globus in die zukünftige Informationsgesellschaft ermöglicht und gleichzeitig eine signifikante Dematerialisierung (d. h. eine Erzeugung von Lebensqualität bei geringerem spezifischem Energie- und Ressourcenverbrauch) erreicht wird. Dies erfordert eine Wechselwirkung zwischen Nord und Süd, in deren Rahmen z. B. erhebliche Mittel des Nordens in entsprechende Infrastrukturprojekte des Süden fließen müssen, etwa im Rahmen von Maßnahmen des Joint Implementation. Von der Finanzierungsseite her könnte man hier beispielsweise an globale Ökosteuern oder Umweltzertifikate (CO_2-Emissionszertifikate) denken, die zum besseren Schutz der Umwelt führen. Zugleich können aus den auf diese Weise gewonnenen Mitteln der weltweite Aufbau von Sozialsystemen, Anreizsystemen zur Senkung der Kinderzahlen (das rasche Wachsen der Weltbevölkerung bildet den mit Abstand bedrohlichsten Einzelfaktor für eine nachhaltige Zukunft) und Maßnahmen des Joint Implementation finanziert werden.

Von ganz besonderer Bedeutung scheint hier der Aufbau globaler Ausbildungssysteme auf Basis der Multimediatechnologie und unter Nutzung weltweiter Netzwerke zu sein. Auf diese Weise ließe sich sehr viel Wissen weltweit umweltfreundlich und kostengünstig verfügbar machen, auch als Export oder Beitrag des Nordens in den Aufbau einer nachhaltigen Weltwirtschaft. Zugleich würde damit das Human Capital irgendwann vielleicht auch für 10 Milliarden Menschen auf ein adäquates Niveau gehoben werden können. Wie oben bereits erwähnt wurde, sind die Human Resources nach einer Studie der Weltbank der wichtigste Einzelfaktor für den Reichtum der Nationen (etwa 60 %). Das Heben der Human Resources, insbesondere auch erheblich höhere Investitionen in die Ausbildung der Frauen und auch eine stärkere ökonomische und rechtliche Position der Frauen, sind zugleich ein wesentlicher Beitrag in einen Prozeß, der schließlich einmal zu einer Verringerung der Kinderzahlen weltweit und zu einem Schrumpfen der Weltbevölkerung führen könnte. Durch Heben des Verständnisses für die insgesamt notwendigen Maßnahmen wird auf diese Weise auch weltweit dazu beigetragen, daß politische Entscheidungen in die richtige Richtung (Good Governance bzw. eine auf Nachhaltigkeit und Menschenrechte ausgerichtete Weltinnenpolitik) Realisierungschancen haben, auch unter den - für die rasche Bewältigung schwieriger Situationen nicht immer einfachen - Randbedingungen einer Demokratie. All dies würde zu zukunftssicheren Investitionen führen, die uns zugleich zukunftssichere Arbeitsplätze bescheren würden, weil hier langfristig tragfähige Investitionen erfolgen. Es geht dabei nicht um großzügige Hilfe für die ärmeren Staaten, sondern um „Insightful Selfishness", also das gemeinsame Arbeiten an einer zukunftsfähigen Welt, gerade auch zur Sicherung unseres eigenen Wohlstands. Die Betonung des letzten Punktes ist dabei deshalb so wichtig, weil nach aller historischen Erfahrung wenig Aussichten dafür bestehen, daß Menschen in großer Zahl ohne erheblichen Widerstand einen Rückschritt gegenüber einem von ihnen als normal und angemessen empfundenen Lebensstandard akzeptieren. Hier droht also ein erhebliches gesellschaftliches Konfliktpotential, falls geeignete Wege in die Zukunft nicht gefunden werden können.

Unter den angedeuteten neuen Rahmenbedingungen würde sich das Schwergewicht des Wirtschaftens in die aus heutiger Sicht erforderliche Richtung verlagern, in der Tendenz z. B. weg von physischer Bewegung und hoher Energie- und Ressourcennutzung hin zu dematerialisierten Lösungen, also plakativ gesprochen, stärker von einem Verkehr auf Straßen hin zu einem Verkehr auf Kommunikationsnetzen. Es würden auch nicht mehr primär die Probleme der reichen Staaten im Vordergrund stehen, sondern die Lösung der weltweiten Herausforderungen.

Es ist offensichtlich, daß Multimedia, Datenautobahnen und neue Medien Schlüsseltechnologien auf diesem Weg in die Zukunft sind, ihnen gehört die Zukunft. Es kann dabei durchaus so sein, daß die Frage der Zukunftsfähigkeit unserer Lebensform entschieden werden wird in der Frage, ob es gelingt, das Potential der Informationstechnologie zur Erreichung des Ziels einer nachhaltigen Entwicklung zu erschließen oder ob Rebound-Effekte auch hier - wie in der Geschichte schon so oft - die sich bietenden Chancen zunichte machen werden.

Konkrete, jetzt anstehende Herausforderungen betreffen die Erschließung des Potentials der Informations- und Kommunikationstechniken - in einer weltweiten Perspektive - für mehr Partizipation, Demokratie und Bürgernähe, für die Verbesserung der Effizienz und die Verschlankung des Staates, für die Realisierung multimedialer, globaler Ausbildungssysteme, für den Aufbau digitaler Bibliotheken, für die Erschließung neuer Formen der Kooperation in der Industrie, beim Handwerk, in weltweiten Wertschöpfungsketten, für den Erhalt adäquater Qualitäten von Arbeitsplätzen. Dabei gilt es gemäß der Leitidee „Think globally, act locally" lokale Potentiale und Anstrengungen im Gesamtzusammenhang eines geeigneten internationalen gesellschaftlichen und wirtschaftlichen Rahmens, der heute nur noch ein Rahmen für eine verantwortbare Weltinnenpolitik sein kann, voll wirksam werden zu lassen.

Erwähnt sei schließlich, daß im Hinblick auf alle oben beschriebenen Fragen für Deutschland die besondere Chance besteht, als Gastgeber der EXPO 2000, die unter dem Motto „Mensch, Natur, Technik" in einem äußerst sensiblen Moment (einer Jahrtausendwende) stattfindet, an der Erarbeitung von Antworten auf die brennenden Fragen der Menschheit aktiv mitzuwirken. Das FAW hat in diesem Kontext mit anderen wissenschaftlichen Partnern in einem weltweit ausgerichteten thematischen Prozeß in Form von 22 Thesen ein Dokument zur EXPO 2000[3] erstellt, das ebenfalls auf der ISAD-Konferenz verfügbar gemacht wurde.

10. Die Verantwortungsfragen

Zum Abschluß dieser Texte scheinen ein paar Hinweise zum Thema Verantwortung angebracht. Dies betrifft die Frage, welche Verantwortung ein einzelner in dieser schwierigen Lage hat, wie diese Verantwortung positioniert ist und was man als einzelner angesichts dieser globalen Herausforderungen tun kann. Die Standardantwort darauf ist in unserer Gesellschaft stereotypisch und wenig greifbar, läuft aber immer auf einen diffusen Appell an der Verantwortung des einzelnen hinaus. Wir haben so etwas wie ein „Political Correctness"-Syndrom der permanenten Betonung die Verantwortung des einzelnen. Angemessener ist demgegenüber die Sicht, daß die Verantwortung geteilt ist. Sie ist geteilt zwischen den einzelnen Personen und den gesellschaftlichen Strukturen, in denen sie leben, also den größeren Organismen, den Su-

---

[3] Dahlmanns, G., Eckart, S., Hormann, J., Pestel, R., Radermacher, F.J., Schmidt-Bleek, F.: „Expo 2000 Thematic Orientation - One World - One Future! Sustainability is no longer divisible", revised version, result of the thematic process. February 1996, FAW-Publikation, April 1996.

perorganismen, in die der einzelne eingebettet ist. Es liegt insofern sehr viel Verantwortung darin, wie ein Unternehmen organisiert ist, wie ein Staat organisiert ist, wie die Weltwirtschaft organisiert ist, und systematische Fehler in der Organisation eines Staates oder eines Weltwirtschaftssystems kann man nicht auf der Ebene des einzelnen durch dauerndes Einfordern der Verantwortung des einzelnen kompensieren. Um es noch deutlicher zu machen: Für die Probleme in Bosnien ist der normale Bosnier nur begrenzt zuständig. Er agiert dort vielmehr unter sehr schwierigen Rahmenbedingungen, die ihm im Einzelfall ein Verhalten aufzwingen, das er selbst gar nicht exerzieren will, aber realisieren muß, um zu überleben. Die Verantwortung liegt damit primär bei den Rahmenbedingungen; auf nachfolgenden Ebenen liegen nachfolgende Verantwortungsdimensionen, und das schließt den einzelnen mit ein. Zugleich besteht bei dem einzelnen somit in besonderem Maße die Verantwortung, gemeinsam mit anderen im Rahmen der eigenen Einflußmöglichkeiten daran zu arbeiten, daß die Rahmenbedingungen stimmen. Und die Rahmenbedingungen müssen in einer globalisierten Weltwirtschaft so gewählt sein, daß sie einen verantwortbaren Rahmen für eine auf die Verwirklichung einer nachhaltigen Wirtschaftsweise und die Umsetzung der Menschenrechte hin ausgerichtete Weltinnenpolitik darstellen.

Bei uns wird häufig so getan, als wären die Rahmenbedingungen keine variable Größe, als wären diese sozusagen „vom Himmel gefallen". Die Rahmenbedingungen bilden aber die wichtigste politische Gestaltungsaufgabe. Denn jeder von uns muß zunächst einmal unter den Rahmenbedingungen operieren, wie sie sind. Und das heißt beispielsweise auch, daß wir im Moment alle die Beschleunigung der Innovation akzeptieren, ja geradezu nutzen und selber vorantreiben müssen, damit wir als Staat oder als Firma auf dem Weltmarkt überhaupt im Spiel bleiben, damit wir überhaupt dabei bleiben, damit wir also zunächst einmal ökonomisch überleben, selbst wenn wir das Tempo eigentlich als zu hoch ansehen.

Das darf uns aber nicht daran hindern, gleichzeitig darüber nachzudenken, wie wir weltweit zu besseren Strukturen kommen, bei denen dann z. B. die Beschleunigung überall nicht mehr so groß ist - und sein muß - wie heute. Wir müssen auch im Moment in massivem Umfang Ressourcen verbrauchen. Aber das darf uns nicht daran hindern, daran zu arbeiten, daß es irgendwann weltweit Rahmenbedingungen geben wird, unter denen wir alle nicht mehr soviel Ressourcen verbrauchen (müssen) wie heute. Das heißt also, daß wir unsere Rolle im System und außerhalb des Systems permanent geschickt ausdifferenzieren und genau aufeinander abstimmen müssen, eine Position, die auch der heute hier geehrte Carl Friedrich von Weizsäcker in seinem Leben und Arbeiten immer wieder vorgelebt hat. Dieses Austarieren ist die eigentliche ethische Herausforderung, und das heißt im Normalfall auch, daß gerade auch Personen mit Macht und Einfluß auch dann, wenn sie natürlich überwiegend (z. B. zu 95 %) ihrem Tagesgeschäft nachgehen und dieses erfolgreich betreiben müssen, sich dann ihrerseits in begrenztem Umfang (z. B. 5 %) auch der Frage widmen müssen, wie wir insgesamt als Gesellschaft weiterkommen und wie wir in ganz anderen Bereichen, die nicht unmittelbar mit der eigenen Arbeit zusammenhängen, die erforderlichen Veränderungen bewirken können. Tatsächlich ist das die heutige ethische Herausforderung, und nur dann, wenn wir hier alle unseren Beitrag leisten, haben wir noch eine Chance, die vor uns liegenden Herausforderungen zu bewältigen.

Schlußbemerkung

Ich möchte zum Schluß noch einmal auf Beiträge des heute hier geehrten Carl Friedrich von Weizsäcker zurückkommen und insbesondere auf den von ihm so früh geprägten Begriff der Weltinnenpolitik. Ich deutete schon an, daß wir uns am FAW mit Fragen des Verständnisses von Intelligenz, Kognition und Bewußtsein, und damit verbunden natürlich auch mit der Architektur des menschlichen Gehirns als einem massiv-parallelen System der Informationsverarbeitung, beschäftigen. Das Gehirn weist dabei Ähnlichkeiten zu menschlichen Großorganisationen (Superorganismen), aber auch zur Menschheit als Ganzes auf. Es ist eine ausgesprochen interessante Frage, warum dieses massiv-parallele System in sich einen sequentiell arbeitenden obersten Kontroll- und Monitoringkanal, nämlich das Bewußtsein, ausgeprägt hat, der einen wesentlichen Einfluß auf das Gesamtverhalten dieses Lebewesens nimmt. Warum kann der Mensch insbesondere nur ein Thema zu einem Zeitpunkt tiefgehend geistig durchdringen und bewußt verfolgen? Wenn man dies tiefer durchdenkt, dann resultiert diese Art der Architektur wohl vor allem aus der Notwendigkeit, bestimmte unmittelbar überlebensrelevante, knappe Ressourcen adäquat zu verwalten. Es sind dies Ressourcen, die man mit Blick auf Überlebensfähigkeit nicht durch einen standardisierten Algorithmus bzw. fest vorgegebene Zuteilprozeduren an Subsysteme verwalten kann. Eine solche knappe Ressource, für die der Mensch über das Bewußtsein Verantwortung (mit-)übernimmt, ist z. B. die eigene Bewegungsrichtung. Es wäre sicher nicht überlebensfähig, wenn verschiedene „Bewußtseinssysteme" in bedrohlichen Situationen an verschiedenen Orten gleichzeitig den Abwehrkampf gegen verschiedene „Feinde" führen würden, da der Mensch ja physikalisch-materiell zu einem Zeitpunkt immer nur an einem Ort sein kann. Hier muß also die eigene Bewegung im Raum situationsabhängig geeignet priorisiert werden.

Für den Superorganismus Menschheit stellen sich ähnliche Fragen einer zentralen, übergeordneten Wahrnehmung von Verantwortung immer dann, wenn er als Ganzes bestimmte kritische Ressourcen in nicht-standardisierter Weise verantworten muß, um so einen potentiell großen Schaden abzuwenden. Dieser Zustand war im Rahmen der Weltpolitik erstmalig in unabweisbarer Form beim Auftauchen der atomaren Bedrohung des Lebens wie auch der materiellen Ausstattung von hunderten von Millionen von Menschen gegeben. Erstmalig bestand die Gefahr, daß kurzfristig, ungeplant und unbeherrschbar ein Großteil der personellen und materiellen Werte der Menschheit - und u. U. sogar die Hochkultur selber - mit einem Schlag ausgelöscht werden könnten. Es ist vor diesem Hintergrund nicht überraschend und nicht ohne innere Logik, daß sich gerade in diesem Umfeld die intelligentesten Strategien herausgebildet haben, die wir überhaupt in der politischen Geschichte finden. Ich nenne hier so intelligente Mechanismen wie den NATO-Doppelbeschluß, also eine rückgekoppelte eigene politische Position, die im Zweifelsfall bereit ist, Maßnahmen zu ergreifen, die man eigentlich für falsch hält, um die andere Seite dazu zu „motivieren", in Partnerschaft gemeinsam das Richtige zu tun. Oder alternativ auch die wechselseitig garantierte Rückschlag- und Vernichtungsfähigkeit oder die Möglichkeit einer flexiblen Erwiderung, die beeinhaltet, daß man selbst nicht genau festlegt, unter welchen Bedingungen man wann was tun wird. Der „Charme" dieser Lösung besteht darin, daß bei diesem Vorgehen die eigene Strategie für andere inhärent nicht erschließbar ist, weil man sie ja selbst nicht im Detail kennt. Für einen Gegner ist es andererseits ausgesprochen unangenehm, wenn er in einer Situation im Prinzip mit ganz unterschiedlichen Arten der Erwiderung rechnen muß, weil dies definitive Risikoabschätzungen und Schadensbegrenzungen unmöglich macht.

Für die Menschheit stellte sich plötzlich das schwierige Problem der Bewältigung der atomaren Bedrohung, und konsequenterweise ist eine Art von Weltinnenpolitik in Form der Übernahme von politischer Verantwortung für den „hellwachen" Umgang mit dieser bedrohlichen Situation zu diesem Zeitpunkt als Antwort fast unausweichlich gewesen. Hier hat sich mittlerweile durch die Auflösung des Ost-West-Konflikts eine gewisse Stabilisierung ergeben, auch wenn dieses Thema, wie Carl Friedrich von Weizsäcker zu Recht betont, durchaus wieder virulent werden kann. Mit der nun drohenden globalen Umweltkatastrophe, insbesondere der CO_2-Problematik und damit der möglichen tödlichen Gefährdung der Biosphäre als gemeinsame Ressource der Menschheit, haben wir es nun plötzlich mit anderen globalen Ressourcen zu tun, die „hellwach" zu managen sind. Dies gilt möglicherweise auch für das Oberflächenwasser und vielleicht auch für die von uns betriebene gigantische Vernichtung genetischer Informations- und Wissensbestände in Umfängen, gegenüber denen die Bücherverbrennungen des Mittelalters vernachlässigbar erscheinen. Hier ist eine verantwortliche übergeordnete koordinierende Instanz im Sinne von Weltinnenpolitik letztlich die einzige adäquate Antwort. Es ist an dieser Stelle deshalb nicht überraschend, daß das Thema der Weltinnenpolitik damals schon und heute wieder so aktuell ist.

Wir können Carl Friedrich von Weizsäcker nur dankbar dafür sein, daß er uns die Augen für diese Notwendigkeit einer weltweiten, nach innen gerichteten Sicht der „einen Welt" schon so früh geöffnet hat. Wir sind deshalb heute vom Denken und von der Debatte her nicht unvorbereitet; davon zeugt gerade auch diese Veranstaltung. Zu hoffen bleibt nun, daß wir auch zum weltweiten politischen Handeln fähig sind. Hier geht es darum, daß wir alle miteinander, zunächst wohl in der Anreicherung des bereits global ausgerichteten wirtschaftlichen Rahmensystems GATT/WTO um soziale und ökologische Standards, das Richtige tun. Nur so läßt sich auch das Primat der Politik in einem weltweiten Rahmen wieder herstellen, und nur so können wir die Voraussetzungen dafür schaffen, wirklich verantwortlich mit den vor uns liegenden Herausforderungen umzugehen.

Das Regime des Freihandels als Weltinnenpolitik

Carl Christian von Weizsäcker

I. Methodische Vorbemerkung zum Thema Ethik des Weltfriedens

Carl Friedrich von Weizsäcker führte 1963 den Begriff der Weltinnenpolitik als deskriptiven Begriff ein. Wie er später verschiedentlich betonte, sollte damit der Wandel der internationalen Konflikte von solchen zwischen Völkern oder Reichen zu solchen der politischen Programme bezeichnet werden. Der Kampf der politischen Programme entsprach traditionell den innenpolitischen Konflikten. Später aber entwickelte der Begriff der Weltinnenpolitik eine Eigendynamik. So wird er heute doch vielfach auch in dem Sinne verwendet, daß er den Zustand einer künftigen erwünschten befriedeten Welt bezeichnen soll, in der Konflikte nach wie vor existieren werden, die aber mit friedlichen Mitteln ausgetragen werden.

Ehe ich in die materielle Diskussion einsteige, erlaube ich mir, veranlasst durch vorangegangene Vorträge und Diskussionen auf dieser Tagung, eine methodische Vorbemerkung. Jede Diskussion über Ethik sollte unterscheiden zwischen der Ebene der Fakten und der Ebene des Sollens. Es gehört zur Ethik der Ethikdiskussion, diese Ebenen klar voneinander zu unterscheiden. So haben wir drei Aufgaben: 1. Die Erforschung der Fakten und ihrer Gesetzmässigkeiten. Das spielt sich auf der Ebene der Fakten ab. Hier sind die zuständigen wissenschaftlichen Disziplinen gefragt und zu fragen. Eine Diskussion über die ethischen Aspekte der Gentechnologie kann sinnvoll nur geführt werden, wenn das vorhandene Wissen über die Molekulargenetik berücksichtigt wird. 2. Die Erforschung und Diskussion des Sollens. Hier befindet man sich auf der Ebene des Sollens. Die Fachwissenschaften reichen offenkundig hier nicht aus. Es bedarf der Diskussion zwischen Fachleuten, sowie Philosophen, Theologen, Juristen, Publizisten, Politikern und, in einem demokratischen Gemeinwesen, den Bürgern. Es müssen Ziele formuliert werden. 3. Es gibt aber noch eine dritte Aufgabe: die Erforschung der Bedingungen für die Umsetzung der Ziele. Die Wahl der geeigneten Mittel für die Umsetzung der Ziele hängt sehr stark ab von der Einschätzung dieser Umsetzungsbedingungen. Hier nun sind wieder Fachleute gefordert, insbesondere die verschiedenen Gesellschaftswissenschaften, meine eigene, die Ökonomie, eingeschlossen. Ich bin persönlich häufig irritiert - und beteilige mich deshalb auch kaum daran - von den Ethikdiskussionen insbesondere innerhalb der Kirchen, weil dort häufig Wege empfohlen werden, die aus meiner Sicht als Ökonom völlig unrealistisch und deshalb für die propagierten Ziele unproduktiv, ja kontraproduktiv sind. Im Sinne eines Beitrags zu dieser dritten Aufgabe bitte ich meinen folgenden Vortrag zu verstehen.

II. Missverständnisse über die Zwänge der Globalisierung

Ebenfalls durch die vorangegangenen Vorträge und Diskussionen auf dieser Tagung, werde ich zu einer inhaltlichen Vorbemerkung veranlasst. Das öffentliche Bewusstsein und die öffentliche Diskussion werden heute geprägt durch die Vorstellung, daß die Globalisierung der Wirtschaft uns mit Zwängen in der Politik versieht, die ungut seien und an die Substanz der Demokratie gehen. Die globale Wirtschaft entscheide und nicht mehr der demokratische politische Prozess. Es wird gefordert eine Rückkehr zu einem Zustand, der durch den Primat der Politik gekennzeichnet werden kann.

Ich bin der Ansicht, daß in der Logik dieser Rhetorik einiges durcheinandergeht. Deshalb möchte ich hierzu als Ökonom etwas sagen. Ich verwende drei Beispiele.

Falsche Behauptung 1: Die Globalisierung führt zu einer Erosion des Steuersubstrats und damit zu einer Unfähigkeit des Staats, seine Aufgaben noch angemessen finanzieren zu können. Diese Behauptung wird insbesondere aufgestellt im Hinblick auf die Gewinnbesteuerung. Der internationale Standortwettbewerb führe dazu, daß es einen Steuersenkungswettlauf der Staaten bei den Gewinnen gebe. Auf den ersten Blick hat dieses Argument viel für sich. Bei näherer Betrachtung ist es aber verkehrt. Wenn die Globalisierung schuld daran sein soll, daß Unternehmensgewinne nicht mehr besteuert werden können, dann müsste ja im Extremfall einer geschlossenen Wirtschaft ohne jede aussenwirtschaftliche Verflechtung dies anders sein. Die Unternehmensgewinne müssten dann besteuerbar sein.

Das ist zwar in einem rein formalen Sinn der Fall, nicht aber in einem eigentlich ökonomischen Sinn. Es gibt das Phänomen der Steuerüberwälzung. Dieses ist in der öffentlichen Diskussion wohlbekannt bei der Umsatz- oder Mehrwertsteuer oder der Tabaksteuer oder der Mineralölsteuer. Bei all diesen Steuern ist das steuerpflichtige Unternehmen, das die Steuer abführt, in der Lage, die Steuer auf die Verbraucher zu überwälzen. Weil die Unternehmen im Wettbewerb stehen und auch die Konkurrenten derselben Steuer unterliegen, sind die Kosten sämtlicher Anbieter um diese Steuer höher. In einem Konkurrenzmarkt aber werden Kostensteigerungen zu 100% in der Form von höheren Preisen an die Verbraucher weitergegeben oder überwälzt. Der Raucher zahlt die Tabaksteuer, der Autofahrer zahlt die Mineralölsteuer, der Konsument zahlt die Mehrwertsteuer etc.

Nun ist es nicht schwer zu zeigen, daß diese Überwälzung auch bei der Gewinnbesteuerung erfolgt. Die Gewinnsteuer wird auch in einer geschlossenen Volkswirtschaft letztlich von den Arbeitnehmern getragen. Weshalb? In jeder kapitalistischen Volkswirtschaft ist es ein ehernes Gesetz, daß der überwiegende Teil der Anlageinvestitionen (Maschinen etc) aus den Gewinnen finanziert wird. Jede andere Form der Finanzierung würde, wenn sie die Eigenfinanzierung aus den Gewinnen überwiegen würde, das Unternehmen so grossen Risiken aussetzen, daß es bei der nächsten Absatzkrise zahlungsunfähig würde. Im Darwinschen oder Schumpeterschen Selektionsprozess der Unternehmen bleiben die übrig, die ihre Anlageinvestitionen aus Gewinnen finanzieren. Werden nun die Gewinne besteuert, so bleibt bei gleichbleibenden Gewinnen weniger Geld für Anlageinvestitionen übrig. Es werden daher weniger Arbeitsplätze geschaffen; die Arbeitslosigkeit steigt. Dadurch wird Druck auf Senkung der Löhne ausgeübt. Auf diese Weise steigen die Gewinne (vor Steuern). Das geht so lange fort, bis die Gewinne vor Steuern so stark gestiegen sind, daß die Gewinne nach Steuern wieder das Niveau erreicht haben, das sie vor der Besteuerung hatten. Erst dann wird wieder genügend Geld investiert, um die erforderliche Zahl von Arbeitsplätzen zu schaffen. Auf diese Weise wird die Gewinnbesteuerung auf die Arbeitnehmer überwälzt, die jetzt mit niedrigeren Löhnen vorlieb nehmen müssen.

Auch in einer geschlossenen Volkswirtschaft können die Gewinne nicht besteuert werden. Es ist also falsch, daß die Globalisierung schuld ist an einer Erosion des Gewinnsteuerertrags. Das Steueraufkommen eines Landes wird letztlich immer von den konstanten Faktoren Arbeit und Boden zu tragen sein. Der fluide Faktor Kapital kann weder in einer geschlossenen noch in einer offenen Volkswirtschaft besteuert werden. In einer offenen Volkswirtschaft ist Kapital zwar doppelt fluide, sowohl örtlich als auch zeitlich. Aber die zeitliche Fluidizität des Kapitals in der geschlossenen Volkswirtschaft reicht aus, um sich der Besteuerung zu entziehen. Das Kapital weicht der Besteuerung dadurch aus, daß es mit höherer Besteuerung einfach weniger rasch gebildet wird. Dadurch wird es relativ zu Arbeit und Boden knapper, bis diese gestiegene Knappheit es ihm erlaubt, einen Preis zu erzielen, der es für die Besteuerung kompensiert.

Falsche Behauptung 2: Die Globalisierung zwingt die Nationalstaaten zu einem Abbau des Sozialstaats, weil die Sozialleistungen aus den Lohnkosten der Unternehmen finanziert werden und deshalb im internationalen Standortwettbewerb eine Belastung darstellen. Diese Behauptung hat wieder eine gewisse prima facie Plausibilität für sich. Sie ist dennoch falsch. Was im internationalen Standortwettbewerb der Arbeitsplätze bedeutsam ist, sind die Lohnkosten insgesamt, die pro Arbeitsstunde anfallen. Dabei ist es sekundär, wie diese Lohnkosten sich aufteilen in den Individuallohn, den der Arbeitnehmer ausgezahlt bekommt, und den Kollektivlohn, den sein Arbeitgeber in der Form von Beiträgen zu den Sozialkassen und der Lohnsteuer an den Staat abzuführen hat. Man muss nur verstehen, daß der Lohnwettbewerb bedeutet, daß die Arbeitnehmer die gesamten Sozialbeiträge zu tragen haben, auch die sogenannten Arbeitgeberbeiträge. Es gilt wieder das oben dargestellte Überwälzungsargument: die Arbeitgeber können die Arbeitgeberbeiträge auf die Arbeitnehmer abwälzen: je höher die Arbeitgeberbeiträge, desto niedriger der Gleichgewichtslohn in der Volkswirtschaft. Das gilt übrigens auch für eine geschlossene Volkswirtschaft und hat insofern nichts mit der Globalisierung zu tun. Die Höhe des Gesamtlohns liegt bei gegebener Produktivität der Arbeit im wesentlichen fest. Aber die Bürgergesellschaft ist als Kollektiv frei in der Aufteilung dieses Gesamtlohns auf den Kollektivlohn und den dem einzelnen Bürger oder Arbeitnehmer zur freien Verfügung stehenden Individuallohn. Es besteht kein Zwang zum Abbau der Segnungen des Sozialstaats. Man muss sich nur im klaren sein, daß der Sozialstaat mit oder ohne Auslandskonkurrenz zu 100% von den Arbeitnehmern zu finanzieren ist.

Falsche Behauptung 3: Die Globalisierung zwingt die Nationalstaaten zu einem Abbau des Umweltschutzes. Auch diese Behauptung ist weitgehend falsch. Es ist zweckmässig, zwischen nationalen und globalen Umweltgütern zu unterscheiden. Nationale Umweltgüter sind solche, deren Herstellung oder Schädigung allein von nationalen Maßnahmen abhängen. Dazu gehören etwa lokale Umweltgüter wie Lärmschutz, gesunde Luft zum Atmen, sauberes Trinkwasser, Schönheit der Landschaft etc. Globale Umweltgüter sind solche wie der Schutz der Erdatmosphäre vor übermässigen Treibhausgasemissionen oder der Schutz der Ozonschicht vor FCKW-Emissionen. Ich betrachte zuerst nationale Umweltgüter. Für jede nationale Volkswirtschaft, sei sie offen oder geschlossen, ergibt sich das Problem, zu entscheiden, wieviel Geld für den Umweltschutz ausgegeben wird. Das für Umweltgüter ausgegebene Geld muss irgendwo anders eingespart werden: entweder bei anderen vom Staat finanzierten Gütern oder beim privaten Konsum. In einem demokratischen Gemeinwesen wird man erwarten, daß die Entscheidung über das Ausmaß des Umweltschutzes gesteuert wird von den Präferenzen der Bürgermehrheit bezüglich einer intakten Umwelt einerseits und bezüglich anderer öffentlicher und privater Güter andererseits. Da eine intaktere Umwelt ein Beitrag zum Lebensstandard der Bevölkerung ist, besteht bis zu einem gewissen Grad die Bereitschaft, Reallohn oder andere öffentliche Güter zu opfern, um eine intaktere Umwelt zu bekommen. Diese Überlegungen gelten in einer offenen Volkswirtschaft genau so wie in einer geschlossenen. Es ist nicht einzusehen, daß eine intaktere Umwelt eines Landes ein Standortnachteil für ein Unternehmen sein sollte, wenn die volkswirtschaftlich ohnehin erforderliche Kompensation in der Form geringerer Löhne dem Unternehmen auch tatsächlich angeboten werden kann.

Gewiss erscheint die Perspektive vielleicht anders, weil die Unternehmen sich möglicherweise über die Kosten von Umweltauflagen beklagen und darauf hinweisen, daß in anderen, konkurrierenden Standorten die Umweltauflagen geringer sind. Besteht eine hohe Präferenz für Umweltgüter, dann wird die Regierung als Verhandlungspartner des jeweiligen Unternehmens diesem keine Sonderkonditionen in punkto Verschmutzung einräumen. Wenn es sich um Unternehmen handelt, deren Kosten durch Umweltauflagen besonders stark erhöht werden, dann werden diese allmählich in jenen Ländern zu finden sein, in denen die Umweltpräferenzen geringer sind. Diese haben dann einen komparativen Vorteil für Produktionsprozesse mit starken Umweltschäden. Länder mit hohen Umweltpräferenzen werden umgekehrt einen komparativen Vorteil bei den Gütern haben, deren Herstellung keine grossen Umweltschäden verursacht. Dieses Ergebnis entspricht aber genau der ökonomischen Theorie der optimalen Allokation: diese lehrt, daß Produktionsprozesse dort angesiedelt werden sollten, wo die Produktionsfaktoren reichlich vorhanden sind, deren diese Prozesse in hohem Maße bedürfen. Der Produktionsfaktor „Umweltschäden" ist dort reichlich vorhanden, wo die Umweltpräferenzen der Bevölkerung schwächer ausgebildet sind, wo also die Umweltschäden, die durch diesen Produktionsprozess verursacht werden, geringer gewichtet werden als die ökonomischen Vorteile dieses Prozesses.

Was also als Umweltdumping kritisiert wird, kann völlig in der Ordnung sein, wenn man nicht die deutschen, sondern z. B. die brasilianischen oder chinesischen Präferenzen für Umweltgüter relativ zu anderen Gütern zugrundelegt. Der Vorwurf des Umweltdumping muss sich den möglicherweise berechtigten Gegenvorwurf einer neuen Form des Kulturimperialismus der reichen Länder gefallen lassen: nur wir, die zivilisierte Bürgergesellschaft Mitteleuropas mit einem Sozialprodukt pro Kopf von 25.000 $ wissen, wieviel Umweltschutz für die Brasilianer richtig ist, deren Sozialprodukt pro Kopf leider nur 3500 $ beträgt, und die deshalb noch nicht das nötige Bildungsniveau erreicht haben , um diese Entscheidungen selbst zu fällen.

Ich sehe keinen negativen Zusammenhang zwischen der Globalisierung und dem nationalen Umweltschutz, eher das Gegenteil. Die Globalisierung bringt es ja mit sich, daß sich auch die Informationsflüsse globalisieren. Errungenschaften des Umweltschutzes in einem Land werden so leichter und schneller in anderen Ländern bekannt. Der technische Fortschritt und der administrative Fortschritt verbreiten sich schneller auf allen Gebieten und so auch auf dem Gebiet des Umweltschutzes. Ein schlagendes negatives Beispiel für den mangelnden Umweltschutz isolierter Wirtschaftssysteme ist das Umweltschlamassel des Sowjet-Blocks, der sich der internationalen Wirtschaftskonkurrenz- zu seinem eigenen Schaden - nie gestellt hat.

Etwas anderes sind die globalen Umweltgüter wie das Weltklima und seine Beeinträchtigung durch fossile Brennstoffe. Dieses Problem kann nur gemeinsam gelöst werden. Aber das Problem wird durch die Globalisierung sicher nicht verschärft. Im Gegenteil. Es ist kein Zufall, daß die auf das Sozialprodukt bezogene Energieeffizienz im Sowjetblock besonders schlecht war, der sich der wirtschaftlichen Globalisierung gerade entzogen hat und deshalb vorübergehend sich diese Ineffizienzen leisten konnte.

Die Globalisierung übt ohne Zweifel Zwänge aus. Es sind dies mutatis mutandis die Zwänge des Wettbewerbs, um derentwillen man sich heute weltweit zur Marktwirtschaft bekennt: der Zwang etwas zu tun, was dem Rest der Gesellschaft von Nutzen ist. Der Zwang resultiert aus dem Prinzip, daß der Kunde König ist. Dies bedeutet, daß einem vom Markt, im Fall der Globalisierung vom Weltmarkt, diktiert wird, was man zu produzieren hat. Über das WAS der Produktion entscheidet man nicht selbst, sondern der Kunde. Aber als Teil des globalen Systems ist man ja auch Kunde. Das bedeutet, man kann selbst entscheiden, was man kauft mit seinem Einkommen. Über das WAS des Konsums entscheidet man selbst. Diese Entscheidungsfreiheit ist durch die Globalisierung wesentlich erhöht worden. Ein Ausdruck davon, aber nur einer unter vielen, ist der hohe Prozentsatz der Urlaubszeit, den der durchschnittliche Mitteleuropäer ausserhalb Mitteleuropas zubringt. Diese Entscheidungsfreiheit über das WAS des

Konsums gilt aber eben auch für die nationalen Staaten. Es liegt in ihrer Entscheidung, wie gross der Anteil des Kollektivlohns und wie gross der Anteil des Individuallohns an dem Gesamtlohn ist, den ihre Volkswirtschaft im internationalen Wettbewerb erwirtschaftet. Es liegt in ihrer Entscheidung, wieviel sie für den Umweltschutz tun wollen, solange sie die Kosten in der Form des Verzichts auf andere Güter akzeptieren.

III. Politik und Wirtschaft. Marktversagen und Staatsversagen

Eine dritte Vorbemerkung liegt mir am Herzen. Wenn wir die Weltprobleme, die vor uns liegen, lösen wollen, dann müssen wir sowohl dem Marktprozess als auch dem politischen Prozess eine bedeutsame Rolle zumuten. Die Forderung nach einem Primat der Politik, wie sie heute vielfach erhoben wird, ist ein Beispiel für die Kritik an der heutigen Rollenaufteilung zwischen Markt und Staat. Die Kontrolle des Staats (oder der Staaten) über den Wirtschaftsprozess soll grösser werden, die Rolle des staatlich unkontrollierten Marktprozesses soll kleiner werden. Ich möchte hier nur eine methodische Beobachtung anstellen. Die Kritik am ungebändigten Markt gründet sich auf Marktergebnissen, die als Beispiele für das angesehen werden können, was man traditionell als Marktversagen bezeichnet hat. Dem steht das gegenüber, was man als Staatsversagen bezeichen könnte. Die Frage nach der geeigneten Rolle von Markt und Staat, von Markt und Politik kann nur vernünftig beantwortet werden, wenn man sowohl Marktversagen als auch Staatsversagen in die Analyse mit einbezieht. Es bedarf einer realistischen Theorie des Marktes und einer realistischen Theorie der Politik. Nur mit diesen können realitätsbezogene Empfehlungen über die geeignete Rolle von Markt und staatlicher Politik formuliert werden. Natürlich bedarf es keiner besonderen Hellsicht, um vorauszusagen, daß der Theoretiker, dem das Marktversagen schwerer wiegt als das Staatsversagen, die Rolle der Politik grösser und die Rolle des Marktes geringer sieht als der Theoretiker, der umgekehrt das Politikversagen für bedeutsamer hält im Vergleich zum Marktversagen. Dennoch ist diese Aussage von einer gewissen Bedeutung, wie folgendes an obiges anknüpfendes Beispiel demonstriert.

Ich greife das Thema „Umweltdumping" noch einmal auf. Gegen die oben dargestellte Theorie der optimalen internationalen Allokation könnte eingewendet werden, daß die Regierungen, die mit den Unternehmen über Umweltauflagen etc verhandeln, nicht die „eigentlichen" Wünsche der Bevölkerung repräsentieren, da das politische System schlecht funktioniere, z. B. extrem korrupt sei. So führe das Staatsversagen zu einer den Präferenzen nicht entsprechenden Untergewichtung des Umweltschutzes. Diese Untergewichtung werde verstärkt, wenn durch den internationalen Standortwettbewerb, d.h. gerade durch die Entfaltung des anderen Mechanismus, des Marktmechanismus die Zahl der umweltpoltisch relevanten Entscheidungen der schlecht funktionierenden politischen Systeme anwächst: Marktversagen durch Staatsversagen. Die Empfehlung ist dann also, den weltweiten freien Wettbewerb einzuschränken durch international vereinbarte umweltpolitisch begründete staatliche Koordination, weil einzelne Staaten, oder gar sehr viele Staaten, insbesondere der Dritten Welt korrupt sind, generell schlecht funktionieren. Die Empfehlung erscheint paradox. Empfohlen wird weniger Markt und mehr Staat, insonderheit mehr Staat der entwickelten Welt mit funktionierenden Bürokratien und Demokratien als Folge des Staatsversagens in der Dritten Welt. Die Empfehlung erscheint nicht nur paradox; sie behält doch auch in dieser Form ein gewisses „Gschmäckle" an Kulturimperialismus.

IV. Das Modell Demokratie heute

Im Jahre 1997, 34 Jahre nach Carl Friedrich von Weizsäckers Rede, die den Begriff „Weltinnenpolitik" eingeführt hat, befinden wir uns in einer veränderten Welt. Der 1963 dominierende Konflikt zwischen dem demokratisch-kapitalistischen und dem autoritär-sozialistischen Programm, der Ost-West-Konflikt, existiert nicht mehr. Das autoritär-sozialistische Programm erwies sich als der Realität des menschlichen Zusammenlebens nicht gewachsen. Das Sowjet-System wurde wegen seiner zentralistischen Struktur der Komplexität des gesellschaftlichen und wirtschaftlichen Lebens nicht mehr Herr. Es gibt allerdings neue Herausforderungen für das demokratisch-kapitalistische System: Seine Antworten auf die vorhandenen Probleme sind nicht schon deshalb richtig, weil die Antworten des konkurrierenden Programms falsch waren. Jeder, der von Carl Friedrich von Weizsäcker in politicis gelernt hat, weiss von der Verkehrtheit des politischen Syllogismus: „Mein Gegner hat unrecht, also habe ich recht."

Die Probleme der Schaffung eines dauerhaften Weltfriedens, einer nachhaltigen Form des Wirtschaftens, eines Ausgleichs zwischen Reich und Arm bleiben bestehen. Wenn heute, wie es scheint, frühere nationale Konflikte wieder entstehen und kriegerisch ausgetragen werden, so kann man mit Carl Friedrich von Weizsäcker von einem Rückfall sprechen im Verhältnis zu dem Zustand der Weltinnenpolitik, der während des Kalten Krieges schon erreicht schien. Aber diese nationalen Konflikte sind zugleich Resultat demokratischerer Herrschaftsformen. Ihre Unterdrückung während des Ost-West-Konflikts erfolgte im Kern nach dem Grundgedanken des Leviathan von Hobbes: Absolute Herrschaft der Staatsspitze als Voraussetzung für die Unterdrückung des „Krieges aller gegen alle". Die Sanktionsmittel des mit absoluter Herrschaft ausgestatteten Staats waren, etwa in der Sowjetunion, notwendige Voraussetzung für die Unterdrückung der im Sinne der Weltinnenpolitik „veralteten" ethnischen Konflikte. Ein demokratischeres Russland ist nicht mehr in der Lage, die Einheit des Staatswesens gegen nationale Autonomiebestrebungen, etwa der Tschetschenen, aufrecht zu erhalten.

Das demokratische, pluralistische, mit staatlichem Gewaltmonopol ausgestattete, wohlhabende Gemeinwesen westeuropäischer oder nordamerikanischer Variante baut auf Institutionen auf, deren Existenz nicht selbstverständlich ist. Diese Erkenntnis tritt seit 1989 wieder verstärkt in unser Bewusstsein. Für die Weltinnenpolitik hat diese Erkenntnis hohe Relevanz. Denn, nach dem Scheitern des autoritär-sozialistischen Modells der Weltbefriedung bleibt das westlich-demokratische Modell das einzige in der Praxis erprobte Modell für eine friedlich zusammenlebende Welt. Die Voraussetzungen dieses Modells kann ich hier nicht in extenso diskutieren. Ich konzentriere mich auf einen einzigen Punkt, der für mein heutiges Thema von besonderer Bedeutung ist: Voraussetzung für das Funktionieren des demokratisch-pluralistischen, wohlhabenden Gemeinwesens ist neben dem Gewaltmonopol des Staates die marktwirtschaftlich-wettbewerblich verfasste Wirtschaft. Dies soll nun kurz begründet werden.

Eine pluralistisch-demokratisch verfasste Gesellschaft muss das in den Wünschen ihrer Mitglieder fest verankerte Ziel des Wohlstands respektieren. Angesichts der Bedeutung des eigenen Wohlstands als Entscheidungskriterium des Wählers bei demokratischen Wahlen kann im Wettbewerb der Parteien und Richtungen nur obsiegen, wer dieses Ziel zu dem seinen erhebt, gewiss neben anderen Zielen.

Eine Gesellschaft mit dem Ziel hoher Produktivität als Voraussetzung hohen Lebensstandards benötigt ein funktionsfähiges System der Arbeitsteilung. Dieses aber setzt voraus, daß hinreichende Belohnungen und Bestrafungen vorhanden sind, die die Mitglieder der Gesellschaft veranlassen, ihre Rolle im arbeitsteiligen System rollenadäquat zu spielen. Der Wettbewerb auf Märkten schafft eine Fülle solcher Sanktionsmechanismen in der Form sehr hoher Gewinne bei gutem und des Konkurses bei schlechtem Wirtschaften, in der Form von guten Löhnen bei produktivitätssteigerndem und der Form von schlechten Löhnen bei produktivitätsminderndem Verhalten der Arbeitnehmer. Diese wirtschaftlichen Sanktionsmechanismen wirken bei entsprechenden staatlichen Rahmenbedingungen „von selbst", d.h. ohne weiteres staatliches Zutun, unabhängig davon, welche Staatsform im engeren staatlichen Bereich verwirklicht ist. Die staatlichen Organe sind, abgesehen von der Verantwortung für die Rahmenbedingungen, entlastet von der Verantwortung für das Funktionieren des großen arbeitsteiligen gesellschaftlichen Subsystems, das wir „die Wirtschaft" nennen.

Das demokratische Regierungssystem beruht, etwa in der Form der Meinungs- und Pressefreiheit, auf starken Individualrechten. Die demokratische Gesellschaft ist eine individualistische Gesellschaft. Demokratie ist nach modernem Verständnis nicht einfach Mehrheitsentscheidung, sondern impliziert eine möglichst freie und umfängliche Dauerdebatte aller jeweils aktuellen Themen. Abweichende Meinungen dürfen in der Demokratie nicht negativ sanktioniert, nicht bestraft werden. Aber gerade die Abwesenheit von negativen staatlichen Sanktionen gegenüber Andersdenkenden und Anders-Redenden führt zu einer strukturellen Sanktionsschwäche der Demokratie. Diese könnte eine Gefahr für das produktive Funktionieren des arbeitsteiligen Zusammenspiels der Gesellschaftsmitglieder werden, wenn nicht die unpolitischen Sanktionsmechanismen des Marktes verfügbar wären. Wer Produkte kauft, ist in erster Linie an der Qualität der Produkte interessiert und nicht so sehr an der Hautfarbe, dem Geschlecht, der Religion oder der politischen Meinung des Verkäufers. So wird der einzelne im Markt nicht primär nach seinen Zugehörigkeitsmerkmalen oder seinen politischen Meinungen, sondern nach seiner Leistung belohnt oder bestraft. Auf diese Weise kann der Leistungsanreiz mit seinen verhaltenssteuernden Wirkungen im Wirtschaftsbereich funktionieren, ohne die Verhaltensfreiheit im politischen Bereich zu stark einzugrenzen. Politische Sanktionsschwäche des Systems als Voraussetzung für seine freiheitlich-demokratische Verfassung kann nur dann einhergehen mit einem hohen, von den meisten Mitgliedern gewünschten Lebensstandard, wenn es ein entpolitisiertes, also nach dem Prinzip des Wettbewerbs organisiertes sanktionsstarkes Wirtschaftssystem gibt.

Ich schliesse diesen Exkurs ab mit der Bemerkung, daß das Gewaltmonopol des Staates nicht nur Voraussetzung eines funktionierenden demokratischen Regierungssystems, sondern auch gerade einer funktionierenden Marktwirtschaft ist.

V. Der Staat ist statisch, der Markt ist dynamisch

Zurück zur Weltinnenpolitik. Angesichts des Wachstums der Weltbevölkerung muss jeder Stillstand in der Bewegung auf eine friedliche Weltgesellschaft als Rückschritt angesehen werden. Es besteht der Zwang zu einem Wettlauf zwischen den wachsenden Problemen und dem Wachstum eines tragfähigen Systems von Institutionen zur friedlichen Bewältigung dieser Probleme auf globaler Ebene. Hier nun müssen wir ein weiteres Strukturmerkmal demokratischer Systeme zur Kenntnis nehmen und dieses mit einem Strukturmerkmal des Marktes kontrastieren.

Das politische System demokratischer Systeme ist äusserst konservativ. Das liegt an drei Faktoren. Erstens: die grosse Mehrheit der Menschen sträubt sich gegen Veränderung. Zweitens: Interessengruppen scharen sich primär um die Verteidigung etablierter Interessen, sogenannter vested interests. Das liegt an den Funktionsprinzipien von Interessengruppen. Die Inhaber heutiger Arbeitsplätze mit gemeinsamen Interessen können eine funktionsfähige Gewerkschaft bilden. Die Inhaber künftiger Arbeitsplätze in neuen Branchen können heute offenkundig keine Interessengruppe bilden. Drittens, die Prozeduren der Gesetzgebung arbeiten notwendigerweise nach dem Grundsatz: solange keine neuen Gesetze beschlossen sind, gelten die alten. Je komplexer die Gesetzgebungsmaterien werden, desto mühsamer wird der Prozess der Gesetzgebung, desto stärker wird rein prozedural der Primat des Status Quo.

Dieser konservative Zug wird nur durch einen egalitären Zug dann durchbrochen, wenn realistisches Potential zu einer Umverteilung zugunsten von wahlberechtigten Personen besteht. Da die Markteinkommen ungleicher verteilt sind als die Wählerstimmen bei allgemeinem Wahlrecht, kann sich eine Politik der Umverteilung von „Reich" zu „Arm" durchsetzen, solange dadurch die Funktionsfähigkeit des Marktsystems nicht übermässig beansprucht wird. Dieses Umverteilungspotential ist im Verlauf der Periode raschen wirtschaftlichen Wachstums in Europa voll ausgeschöpft worden. Heute, bei vermindertem Wachstum, wird ernsthaft kein weiterer Ausbau des Sozialstaats verlangt, da nach Ansicht vieler schon der heutige Sozialstaat unser Wirtschaftssystem und damit unseren Wohlstand ernsthaft beeinträchtigt. (Auch ich bin dieser Ansicht, aber das ist nicht Thema dieses Vortrags). Der innenpolitische Kampf geht heute um die Aufrechterhaltung oder die Reduktion des Sozialstaats. So vereinen sich heute konservativer und egalitärer Zug des demokratischen Regierungssystems in dem Kampf für die Aufrechterhaltung des Status Quo.

Diese konservativen Strukturmerkmale der Demokratie sind sicher ein Haupthindernis in der rechtzeitigen Erreichung eines internationalen Institutionensystems zur Befriedung der Welt. Der Prozess der friedlichen Integration Europas seit dem zweiten Weltkrieg ist ein Beispiel für die Langsamkeit des politischen Wandels, für die Langsamkeit der Aufgabe politischer Regional- und Nationalkompetenzen zugunsten europäischer Kompetenzen. Die mangelhafte Ausstattung der Vereinten Nationen mit Kompetenzen ist ein anderes Beispiel.

Ganz anders und gar nicht konservativ sind die Funktionsprinzipien einer wettbewerblichen Marktwirtschaft. Dort kann sich das innovative Element im Wettbewerb durchsetzen. Eine Änderung bedarf nicht der Zustimmung durch die Mehrheit. Sie bedarf nur der Akzeptanz durch die Käufer, und seien diese zuerst nur eine kleine Minderheit. So sind in den vergangenen Jahrzehnten die eigentlichen Fortschritte in der Weltintegration auf wirtschaftlichem Gebiet und durch die wirtschaftliche Dynamik erzielt worden.

Es steht dem konservativen System „Politik" das progressive System „Wirtschaft" gegenüber. Die Eigengesetzlichkeiten der beiden Systeme machen es schwer denkbar, daß die friedliche Weltintegration anders erfolgen kann als dadurch, daß der wirtschaftliche Globalisierungsprozess hierbei die Führungsrolle spielt. Es mag erlaubt sein, Goethe aus dem Faust und Karl Marx aus dem Kommunistischen Manifest zu zitieren, um den Gegensatz zwischen der Statik der Politik und der Dynamik der Wirtschaft zu bezeichnen. Goethe zum Thema Politik:

„Nichts Bessers weiss ich mir an Sonn- und Feiertagen
Als ein Gespräch von Krieg und Kriegsgeschrei.
Wenn hinten weit in der Türkei
Die Völker aufeinanderschlagen.
Man steht am Fenster, trinkt sein Gläschen aus
Und sieht den Fluss hinab die bunten Schiffe gleiten;
Dann kehrt man abends froh nach Haus,

Und segnet Fried und Friedenszeiten. "
„Herr Nachbar, ja! So lass ichs auch geschehn
Sie mögen sich die Köpfe spalten,
Mag alles durcheinander gehn;
Doch nur zuhause bleibs beim alten. "

Sodann das Kommunistische Manifest zum Thema Wirtschaft: " Die Bourgeoisie kann nicht existieren, ohne die Produktionsinstrumente, also die Produktionsverhältnisse, also sämtliche gesellschaftlichen Verhältnisse fortwährend zu revolutionieren...Die fortwährende Umwälzung der Produktion, die ununterbrochene Erschütterung aller gesellschaftlichen Zustände, die ewige Unsicherheit und Bewegung zeichnet die Bourgeoisieepoche vor allen anderen aus."

VI. Der Wachstumsimpuls des freien Welthandels

Die Wirtschaftsgeschichte der Zeit seit dem zweiten Weltkrieg zeigt sehr eindeutig, daß der freie Welthandel unter dem Regime des General Agreement on Trade and Tariffs (GATT) von entscheidender Bedeutung für die Prosperität der Industrieländer gewesen ist. Für ein Land wie Deutschland kann dies exemplarisch kurz dargelegt werden. Die darniederliegende westdeutsche Industrie der Nachkriegszeit konnte ihren Wiederaufbau und ihr Wachstum nur bewerkstelligen, weil sie im Rahmen eines sich (wieder) entwickelnden Systems des freien internationalen Warenhandels ihre Produkte exportieren und so die erforderlichen Importe für die deutsche Volkswirtschaft finanzieren konnte. Das deutsche „Wirtschaftswunder" war ein Paradebeispiel für das, was in der ökonomischen Wissenschaft „export-led growth" genannt wird. Bei aller Bedeutung des Marshall-Plans für den wirtschaftlichen Neubeginn in Europa sollte nicht vergessen werden, daß der entscheidende Impuls für den europäischen Wachstumsprozess vom freien internationalen Warenaustausch ausging.

Entsprechende Beobachtungen gelten für das wirtschaftliche Wachstum in den asiatischen Ländern, beginnend mit Japan in den fünziger Jahren, sich fortsetzend mit Taiwan, Süd-Korea, Honkong, Singapur und sich verbreiternd auf Thailand, Malaysia, Indonesien, Philippinen, China, Indien, Vietnam. Auch hier sieht man die segensreichen Wirkungen eines für die eigenen Produkte erreichbaren Weltmarkts, der einerseits ein harter und erbarmungsloser Lehrmeister, andererseits ein generöser Wohltäter und Helfer für den ist, der sich selbst hilft. Nirgendwo ist das Prinzip „Hilfe zur Selbsthilfe" konsequenter durchgeführt als auf dem freien Weltmarkt. Umgekehrt zeigen die Beispiele der Abkapselung vom Weltmarkt die verheerenden Folgen einer Erstarrung der Gesellschaft, in der der internationale Wettbewerbsdruck ausgeschaltet wurde. Lateinamerika, das China Mao Tse Tungs, der Sowjetblock sind hierfür die schlagenden Beispiele.

Die Politik offener Märkte seit 1948 und verstärkt seit 1989 hat zu einer Dynamik geführt, die im eigentlichen Sinne des Wortes revolutionär ist: Mehr als die Hälfte der Weltbevölkerung lebt heute in Ländern mit Raten des wirtschaftlichen Wachstums von mehr als 5 % pro Jahr. Europa gehört nicht zu diesem Teil der Weltbevölkerung und mag deshalb auch mentalitätsmässig etwas abseits stehen.

Mir liegt nicht daran, die Fehlentwicklungen, die es auch unter einem Regime des Freihandels geben kann und gegeben hat, zu verschweigen. Es gibt kein ideales Regime. Man muss zwischen unvollkommenen Systemen wählen. Hier allerdings sehe ich keine bessere realistische Alternative zum System des Freihandels, gerade auch im Interesse der Ziele einer befriedeten

Welt, einer ökologisch verträglichen Weltwirtschaft, eines Ausgleichs im Weltmaßstab zwischen Arm und Reich. Eine „ideale" Regierung der mit absoluter Macht ausgestatteten Philosophenkönige könnte manches besser machen als der Freihandel. Aber diese ist keine reale Alternative. Es gibt sehr handfeste und enge Grenzen dessen, was das politische System, sei es demokratisch oder nicht, im positiven Sinne bewirken kann. Der strukturelle Konservativismus demokratischer Systeme ist oben schon diskutiert worden.

VII. Die World Trade Organisation als Nucleus einer Weltfriedensordnung

Das GATT ist vor einigen Jahren fortentwickelt worden zur World Trade Organisation (WTO). Das neue Abkommen sieht neben der Ausdehnung des Freihandelsprinzips auf Dienstleistungen und zusätzliche Bereiche der Landwirtschaft vor allem die volle Einbeziehung der Dritten Welt vor. Grosso modo verpflichten sich die Industrieländer in diesem Abkommen zur Öffnung ihrer Märkte für die Schwellenländer und die Länder der Dritten Welt. Noch steht eine Einigung über die Modalitäten des Beitritts von China aus, aber auch dieser kann für die Zukunft erwartet werden. Wichtig ist auch die Stärkung und Straffung des Streitschlichtungsverfahrens. Nach diesem Verfahren, das mit Hilfe von relativ unabhängigen Richterpanels durchgeführt wird, besteht die Möglichkeit zur Klage gegen Mitgliedstaaten wegen Vertragsverletzungen. So entsteht hier im Sinne von gewaltfrei ausgeübter Weltinnenpolitik eine sehr wirksame globale Gerichtsbarkeit. Sollte sich diese ähnlich kraftvoll entwickeln wie der Europäische Gerichtshof, so ist eine Dritte Gewalt auf Weltebene installiert. Diese Entwicklung scheint mir von fundamentaler Bedeutung zu sein.

Der entscheidende Sanktionsmechanismus der WTO, die keine Unterorganisation der UNO ist, ist die Drohung des Ausschlusses. Der Ausschluss gefährdet für das ausgeschlossene Mitglied den freien Zugang zu den Märkten der WTO-Mitglieder auf der Basis der Meistbegünstigung. Dies ist eine Sanktionsdrohung, die der Waffengewalt nicht bedarf. Dennoch ist sie sehr wirksam. Denn niemand kann es sich mehr leisten, auf die wohlstandsteigernden Wirkungen einer Teilnahme am internationalen Handel zu verzichten. So ist mit der drohenden Zugangssperre zu den Weltmärkten im Fall der Vertragsverletzung und mit der Garantie eines einigermassen unverfälschten Wettbewerbs für die eigenen Waren bei Einhaltung der WTO-Regeln unversehens ein nicht-militärisches Sanktionssystem von hoher Effizienz entstanden, das ich als einen wesentlichen Fortschritt auf dem Wege zu einer befriedeten Welt, also als ein ganz wesentliches Element der Weltinnenpolitik sehe.

Gewiss ist der Einsatzbereich dieses Sanktionensystems vorerst begrenzt. Es wird im wesentlichen eingesetzt, um die Spielregeln des Freihandels durchzusetzen. Es bietet keine Handhabe zur Durchsetzung von sonstigen Zielen, wie etwa von Menschenrechten. Der Versuch, es in dieser Richtung auszubauen, würde auf absehbare Zeit das System als ganzes gefährden. Wer dem Freihandel skeptisch gegenübersteht, mag deshalb dieses Sanktionensystem für problematisch halten.

Wenn aber Weltinnenpolitik bedeutet, daß sich die weltpolitische Landschaft nach den Prinzipien der staatlichen Innenpolitik richtet, dann ist Freihandel ein Desideratum der Weltinnenpolitik. Denn die Integration der heimischen Volkswirtschaft war und ist eines der hauptsächlichen Ziele nationaler Wirtschaftspoltik. Sie war das Ziel der Merkantilisten im absolutistischen Frankreich genau so wie der Freihändler aus der Schule Adam Smith´s oder des Nationalen Systems von Friedrich List, der dem Freihandel gegenüber Reservationen hatte.

Auch die Zentralverwaltungswirtschaft Stalins und seiner Nachfolger war immer auf räumliche Integration ausgerichtet. Mochte man in der nationalen Wirtschaftspolitk aus den verschiedensten Gründen Vorbehalte gegenüber dem uneingeschränkten Wettbewerb haben, so waren die entsprechenden Wettbewerbsbeschränkungen doch nie solcher Art, daß der Handel zwischen den Provinzen oder Regionen dadurch beeinträchtigt werden sollte. Die nationale Integration war immer ein Desideratum der nationalen Wirtschaftspolitik.

VIII. Primat der Wirtschaft

Im Rahmen der heutigen Debatte über die Globalisierung wird die Frage gestellt, ob denn nicht die weltwirtschaftlichen Institutionen so umgestellt werden müssten, daß der Politik wieder eigene Autonomie zukomme, daß der Primat der Politik wieder hergestellt werden könne. Die Kritiker der Globalisierung verweisen auf die Anpassungszwänge, die auf die nationale oder kontinentale Politik durch die Weltwirtschaft ausgeübt werden. Ohne jetzt im einzelnen auf diese Debatte einzugehen, scheint es mir aber wichtig, darauf hizuweisen, daß die hier aufgestellte Forderung nach dem Primat der Politik, wie gut sie auch immer philosophisch begründbar sei, praktisch auf die Forderung nach dem Primat des konservativen Prinzips hinausläuft. Der Primat der Politik kann heute realistisch nur bedeuten: die Herrschaft des nationalen Systems der von nationalen Wahlen abhängigen parlamentarischen Demokratie. Der Widerstand etwa der französischen Wähler in den Wahlen des vergangenen Mai gegen die wirtschaftlich-sozialpolitischen Folgen eines weiteren europäischen Integrationsschritts, einer weiteren Stärkung globaler Wettbewerbsfähigkeit Europas, ist ganz überwiegend nicht motiviert durch die Sorge um das globale Ökosystem oder den Hunger in der Welt. Er ist ganz überwiegend nicht motiviert durch die Gedanken Carl Friedrich von Weizsäckers zur Weltinnenpolitik. Er ist vor allem motiviert durch den Wunsch, die Errungenschaften des französischen Sozialstaats zu erhalten, von dessen Leistungen man unmittelbar zu profitieren meint. Die Forderung nach dem Primat der Politik gewinnt Schlagkraft durch den Wunsch, dem Anpassungsdruck der Dynamik des Weltgeschehens auszuweichen. Sie ist heute eine konservative, eigentlich eine reaktionäre Forderung nach der (utopischen) Wiederkehr des funktionierenden Wohlfahrtstaats Europas vor zwei, drei Jahrzehnten. Ihre Durchsetzung bedeutete praktisch die Verlangsamung der Weltintegration. Sie stünde dem Ziel einer friedensbestimmten Weltinnenpolitik genau entgegen.

Der heute existierende Primat der Wirtschaft vor der Politik im Rahmen des freien Waren-, Dienstleistungs- und Kapitalverkehrs ist der Primat des globalen Prinzips vor dem provinziellen, sprich nationalen. Als solcher ist er der Primat des Prinzips der Veränderung vor dem Prinzip der Erhaltung des Bestehenden. Wir müssen nach den realistischen Legitimationsgrundlagen des Primats der Wirtschaft fragen. Auch sie beruhen wohl nicht so sehr in der Überlegung, daß auf diese Weise der Weltfriede besser gesichert werde. Die Legitimation des Primats der Wirtschaft, der seit 1989 de facto existiert, liegt in dem recht unmittelbaren wirtschaftlichen Erfolg, den das Freihandelssystem erbringt. Oben ist dies kurz dargestellt worden. Es bleibt für den reflektierten Betrachter die Frage zu stellen, ob diese Legitimation ausreicht. Deshalb möchte ich, indem ich für die Beibehaltung dieses Primats der Wirtschaft plädiere, die zu erwartenden Konsequenzen einer weiter marktwirtschaftlich sich integrierenden Weltwirtschaft skizzieren. Ich gehe dabei von einem auch weiter funktionierenden System der WTO aus. Dabei unterstelle ich insbesondere, daß eine Einigung mit China für dessen Beitritt zur WTO erfolgt.

IX. Konsequenzen für die friedliche Weltintegration

Die Wachstumsdynamik der Weltwirtschaft wird, wie heute in Ost- und Südasien zu beobachten, zu einer gewaltigen Steigerung des Lebensstandards eines grossen Teils der Dritten Welt führen. Die Verdopplungszeiten des Lebensstandards der breiten Massen Chinas betragen 10 Jahre, die Indiens 20 Jahre. Es ist im Rahmen der politischen Dynamik dieser Länder gleichgültig, ob demokratisch oder autoritär - in den kommenden Jahrzehnten völlig ausgeschlossen, die Regierungen davon abzuhalten, eine Politik der Priorität für das wirtschaftliche Wachstum zu verfolgen. Die lokalen und globalen ökologischen Folgen einer solchen Politik sind mir bewusst. Aber die Reichen können den Armen nicht predigen: „Es ist leichter, daß ein Kamel durch ein Nadelöhr gehe, denn daß ein Reicher in das Reich Gottes komme." Wer die Annehmlichkeiten des westeuropäischen Sozialstaats verteidigt, kann China und Indien nicht die Grenzen des Wachstums predigen.

Indessen sind die globalen ökologischen Folgen dieses Wachstums Asiens ambivalent. Mag es auch eine starke Belastung etwa des Weltklimas bedeuten, so führt es gleichzeitig zu einer Beschleunigung des Prozesses sinkender Geburten und so zu einer früheren Stabilisierung der Weltbevölkerung. Wohlstand für die Länder der bisherigen Dritten Welt ist bisher die einzige realistische Antwort auf das bedrängende Problem des Bevölkerungswachstums. Und der freie Wettbewerb auf den Weltmärkten ist die einzige verlässliche Art und Weise, diesen Wohlstand im Verlauf einiger Jahrzehnte zu schaffen.

Ein Ausgleich zwischen Reich und Arm fällt leichter, indem die Armen reicher als indem die Reichen ärmer werden. Das gilt sicher auf der internationalen Ebene. Die Verteidiger des Status Quo in der Sozialpolitik gewinnen in Westeuropa Wahlen, indem sie auch auf Wähler setzen, die strikt gegen die Zuwanderung aus Ost-Europa oder Dritten Welt sind: in deren Augen gefährdet diese Zuwanderung die Zahlungsfähigkeit der Sozialkassen, von denen man als Staatsbürger zu profitieren hofft. Man sollte auch diesbezüglich den Provinzialismus der Demokratien in der reichen Welt nicht unterschätzen. Wächst hingegen das Sozialprodukt pro Kopf in den Ländern der Dritten Welt so wie heute, so verringert sich der Abstand der Durchschnittseinkommen dieser Länder zu denen der reichen Länder. Ich wüsste keinen wirksameren Mechanismus des Abbaus der Ungleichheit in der Welt. Natürlich besagt dies noch nichts über die Einkommensverteilung innerhalb der Länder. In einem dem Namen nach noch kommunistischen Land wie China gibt es inzwischen krasse Unterschiede zwischen Arm und Reich. Aber die Armen sind nicht ärmer geworden. Die Armut und der Hunger zur Zeit Maos sind für die jungen Chinesen von heute schon völlig unvorstellbar. Indessen kann erwartet werden, daß die Wirtschaftsdynamik auch zu Wohlfahrtseinrichtungen im Sinne des westlichen Sozialstaats führt. Gerade auch um derer Finanzierbarkeit willen bedarf es raschen wirtschaftlichen Wachstums.

Die örtlichen ökologischen Schäden des Industrialisierungsprozesses lassen die Bevölkerungen dieser Länder nicht unberührt. Es ist zu erwarten, daß der Druck, saubere Luft und sauberes Wasser zu bekommen, mit steigendem Lebenstandard steigt. Auch dies entspricht der Erfahrung in den reichen Ländern.

Der Markt und der Zugang zum Markt ist, wie oben ausgeführt, die gewaltfreie Sanktion des Weltwirtschaftssystems auf der Basis des Freihandels. Wer Hunger hat und nichts zu verlieren, wird eher zum Risiko für den Weltfrieden als der, der satt ist. Der Kalkül, heimische Probleme durch militärische Aggressivität nach aussen zu überspielen, wird umso unattraktiver, je stärker die eigene Wirtschaft in das weltwirtschaftliche System integriert ist. Je stärker die Nationen wirtschaftlich voneinander abhängen, desto unwahrscheinlicher sind kriegerische Auseinandersetzungen zwischen ihnen.

Zusammenfassend sehe ich ein System der Globalisierung durch Freihandel entsprechend den Prinzipien der WTO als die einzige realistische Chance, die Welt auf friedlichem Wege so rechtzeitig zu integrieren, daß die grosse Katastrophe verhindert wird. Der Primat der Wirtschaft ist in unserem Zeitalter das wichtigste Vehikel für eine erfolgreiche Weltinnenpolitik.

Politiktheoretische Orientierungen

Weltinnenpolitik - Zurückgeworfen auf das Jahr 1982 - Kriegsverhütung und/oder Konfliktverhütung? Überlegungen

Dieter S. Lutz

Frieden ist nach meiner Definition ein existenzerhaltender und existenzentfaltender Prozeß. Er soll im Zusammenleben der Menschen und Völker Krieg, Gewalt, Ausbeutung, Armut, Hunger, Unterdrückung verhüten oder gegebenenfalls beseitigen. Er soll ferner die natürlichen Lebensgrundlagen und ihre Entwicklungsmöglichkeiten sowohl nutzen als auch für kommende Generationen bewahren.

Wer dieser oder einer ähnlichen Definition folgt, bezieht Frieden - wenn auch nicht ausschließlich, so doch vorrangig - auf die existentiellen und grenzüberschreitenden Probleme der Menschheit. Wer dieser oder einer ähnlichen Definition folgt, muß angesichts der feststellbaren oder sich abzeichnenden existentiellen Gefährdungen, grenzüberschreitenden Verletzlichkeiten und gegenseitigen Verflechtungen und Abhängigkeiten eine zwar gegenwartsbezogene, aber zukunftsorientierte Weltinnen- und Nachweltpolitik fordern. Gemeint ist aus meiner Sicht eine Politik, welche die großen existentiellen Gefährdungen und Risiken nicht nur kennt, d.h. identifiziert, sondern sie auch und gerade verhütet. In diesem Sinne ist Weltinnenpolitik eine

1) bei der Sicherung des Überlebens

2) auf Partnerschaft angewiesene

3) grenzüberschreitende und

4) auf Konfliktverhütung abzielende Idee.

So jedenfalls habe ich selbst bislang Weltinnenpolitik verstanden bzw. verstehen wollen und auch entsprechend dazu publiziert. Zunehmend habe ich jedoch erhebliche Zweifel, ob diese - meine - Ausrichtung des Begriffs Weltinnenpolitik auf Konfliktverhütung bzw. Konfliktprävention tatsächlich - noch - dem Stand der realen politischen, ökonomischen, ökologischen, technologischen Entwicklung und vor allem der Gordischen Komplexität der existentiellen Gefahren und Bedrohungen entspricht.

In den Jahrzehnten nach dem Zweiten Weltkrieg standen Ost-West-Konflikt und Kalter Krieg der Verwirklichung von Frieden im definierten Sinne entgegen. Die Hoffnung der Menschen, ja das Versprechen der Politik zu Zeiten des Ost-West-Gegensatzes aber war es, die großen existentiellen Probleme zu lösen, wenn nur erst einmal Abschreckungssystem und Nuklearkriegsgefahr überwunden wären.

Entsprechend euphorisch waren die Begriffe, die das Ende des Ost-West-Konfliktes nach 1989 begleiteten: Gesprochen wurde von „Epochenbruch", „Zeitenwende", „Jahrhundertchance", „Neuer Weltordnung". Endlich schien die Erfüllung aller Hoffnungen auf einen grundlegenden Friedensprozeß zum Greifen nahe.

Heute, nur wenige Jahre später, sieht die Realität in dramatischer Weise anders aus: Keine der hochgesteckten Erwartungen hat sich wirklich erfüllt. Selbst wenn man zu Unrecht das Kriegsmorden im zerfallenden Jugoslawien als Nachwehen einer untergegangenen Ära abtut und ferner die Dutzende weiterer Konflikte, die auch nach 1989/90 noch immer blutig ausgetragen wurden und werden, als Betriebsunfälle ignoriert, von der Bildung einer stabilen Friedensordnung „auf Dauer" oder von einem unumkehrbaren Prozeß in Richtung auf Frieden im definierten Sinne kann gleichwohl nicht die Rede sein. Ingomar Hauchler[1] hat dazu gestern in eindrucksvoller Weise seine zehn Thesen vorgetragen. Ich kann mich deshalb mit Blick auf das lange Zitat aus der Rede von Bundespäsident Roman Herzog im Rahmen des Neujahrsempfangs für das Diplomatische Korps am 10. Januar 1996, das ich für heute vorbereitet hatte, auf lediglich einen Satz beschränken. Roman Herzog sagte im erwähnten Zusammenhang: „Wir werden die ökonomischen, ökologischen und sozialen Herausforderungen des 21. Jahrhunderts nur durch die Stärkung der *internationalen Zusammenarbeit* meistern können."[2]

Gerade aber diese im Zitat von Bundespräsident Herzog angemahnte „internationale Zusammenarbeit" kommt nicht voran, läßt im Gegenteil seit Ende des Ost-West-Konfliktes eher noch nach. Im jüngsten Jahresbericht „Strategic Survey 1996/97", den das Londoner Internationale Institut für Strategische Studien (IISS) im April 1997 vorgelegt hat, wird deshalb an prominenter Stelle die Neigung der Regierungen zur introvertierten innenpolitischen Nabelschau und ihre Unfähigkeit zu globalem Handeln angeprangert. Bereits der erste Satz des Berichtes lautet: „Überall auf der Welt wurde 1996 die Außen- und Sicherheitspolitik mit einer alles durchdringenden und hartnäckigen Spießigkeit betrieben."

Die Auswirkungen für Frieden und Sicherheit, Umwelt und Nachwelt sind verheerend. Nach einer Untersuchung des Worldwatch-Instituts, die vor wenigen Tagen, Ende Mai 1997, in Washington vorgelegt wurde, hat z. B. der weltweite Ausstoß von Treibhausgasen 1996 abermals einen Rekordwert erreicht. Zur Erinnerung: 1992 auf dem sogenannten Erdgipfel von Rio de Janeiro haben 178 Staatsoberhäupter öffentlichkeitswirksam den „Frieden mit der Natur" deklamiert. Im fünften Jahr nach Rio stiegen gleichwohl die Kohlenstoff-Emissionen bei der Verbrennung von Öl, Kohle und Gas auf die gewaltige Menge von schätzungsweise 6,25 Milliarden Tonnen.

Verpassen wir - freiwillig - die Jahrhundertchance von 1989/90? Ist sie zu spät gekommen? Leben wir bereits am Vorabend von Selbstzerstörung und Vernichtung? Auch das jüngste Friedensgutachten 1997 der drei führenden deutschen Friedensforschungsinstitute, das in diesen Tagen, Mitte Juni 1997, erscheint, gibt in weiten Teilen eine eher „düstere" Anwort: „Die Politiker aller Länder scheuen es noch immer, sich den langfristig drohenden Trends entgegenzustellen. Substantiell hat sich deshalb seit der Konferenz von Rio nichts geändert. Niemand spricht mehr von der Versöhnung zwischen Ökonomie und Ökologie. Eingezwängt zwischen wirtschaftlicher Globalisierung und weltweiter Arbeitslosigkeit, zerstört die Menschheit weiterhin ihre eigenen Überlebensgrundlagen. Das globale Klima verändert sich signifikant mit jedem weiteren Jahr. Mit sinnlosen Ertragssteigerungen werden immer größere Teile des fruchtbaren Bodens degradiert und die Genressourcen der Natur weiter vernichtet. Die Weltmeere sind nahezu leergefischt; wegen des knapp gewordenen Trinkwassers drohen bereits bewaffnete Konflikte. Auch die Kluft zwischen Arm und Reich wächst unverändert. Während Teile Afrikas in Unregierbarkeit und Chaos versinken, erleben eine Anzahl ostasiatischer Länder einen beispiellosen wirtschaftlichen Boom, freilich zu Lasten eines Ausmaßes an Naturzerstörung, das selbst die wachstumsorientierte Weltbank besorgt macht."

Nochmals: Die Hoffnungen und hochgesteckten Erwartungen aus der Zeit des Ost-West-Konfliktes haben sich nicht erfüllt; die Versprechen, die mit der Überwindung des Kalten Krieges und des Abschreckungssystems verbunden wurden, sind von der Politik nicht eingehalten

---

[1] Siehe Beitrag von Ingomar Hauchler in diesem Band, S. 72-80.

[2] Hervorhebung durch Verfasser.

134

worden. Von der endgültigen Beseitigung der Institution Krieg und von der Bildung einer stabilen Friedensordnung „auf Dauer" oder von einem unumkehrbaren Prozeß in Richtung auf Frieden im angeführten Sinne kann heute keine Rede sein. Zu viele existentielle politische, militärische, ökonomische, ökologische, technologische und selbst auch ethische und anthropologische Fragen und Probleme, Entwicklungen und Trends, Gefahren und Risiken, Fakten und Daten belegen das Gegenteil. Nicht zu vergessen auch ihre „Gordische Komplexität": Kommt es zum „worst case", so zerbricht die Erde nicht unter dem Gewicht der Überbevölkerung allein. Die Menschheit verhungert, verdurstet oder erfriert ferner nicht nur am Mangel an Anbauflächen, Nahrung, Wasser und sonstigen Ressourcen. Die kommenden Generationen erstikken auch nicht allein an Abfall- und Schadstoffen oder ertrinken in den Sintfluten der Klimakatastrophen. Die Staaten zerbrechen nicht nur an Korruption, organisierter Kriminalität oder Massenarmut. Die Gesellschaften verfallen nicht lediglich durch die Wucht terroristischer Anschläge. Der Weltuntergang schließlich ist nicht nur das schon immer in Kauf genommene nukleare Inferno. Es ist vielmehr die Menge und Vielschichtigkeit der Belastungen, das gordische Problemknäuel, das in der Gegenwart immer rascher immer größer wird und der Menschheit eine friedliche Zukunft versperren könnte.

Vielleicht wäre es möglich, jedes einzelne Problem in der Gegenwart noch zu lösen. Wir haben gestern einige Vorschläge hierzu von Peter Hennicke, F. J. Radermacher, Carl Christian von Weizsäcker[3] und anderen gehört. Allerdings schienen sie mir unter sich widersprüchlich zu sein. Auch deshalb schon bin ich skeptisch! Lassen wir es aber zu, daß existentielle Probleme und Risiken auch weiterhin exponentiell zunehmen, und treten künftig mehrere gleichzeitig auf, so ist nicht nur die Grenze der Belastbarkeit des politisch-ökonomisch-ökologischen Systems erreicht, sondern vermutlich auch die Grenze der Problemlösungs- und Handlungsfähigkeit und damit auch der Friedensfähigkeit der Menschen überschritten.

Mit anderen Worten: Sind Anzahl und Ausmaß der existentiellen Probleme zu groß, sind die Probleme ferner zu vielschichtig und zu artverschieden und überdies noch in sensibler und komplizierter Weise unter- und miteinander verwoben und vernetzt, so gerät die Menschheit an den Rand ihrer Problemlösungs- und Friedensfähigkeit.

Zu Recht hat deshalb Bundespräsident Roman Herzog in seiner „Berliner Rede" am 26. April 1997 im Hotel Adlon unter dem Motto „Aufbruch ins 21. Jahrhundert" gemahnt: „Uns fehlt der Schwung zur Erneuerung, die Bereitschaft, Risiken einzugehen, eingefahrene Wege zu verlassen, Neues zu wagen... Unsere Eliten dürfen den notwendigen Reformen nicht hinterherlaufen, sie müssen an ihrer Spitze stehen."

Fraglich allerdings ist, ob angesichts der angeführten Gordischen Komplexität die Schlußfolgerung des Bundespräsidenten auch künftig und in jedem Fall noch Gültigkeit besitzt. Er sagte: „Ich behaupte: Wir haben kein Erkenntnisproblem sondern ein Umsetzungsproblem."

Meines Erachtens haben wir schon heute - und um so mehr künftig - beides. Ist es denn ein Zufall, daß selbst auf Europa bezogen die „Jahrhundertchance" des „Epochenbruchs" von 1989/90 ungenutzt bleibt? In der Pariser Charta von 1990 haben die OSZE-Staaten noch euphorisch den Willen ihrer Völker verkündet, eine Friedensordnung auf der Basis ungeteilter Sicherheit in und für Europa zu bauen. Nur wenige Jahre später plant die NATO in einem einzigartigen historischen Rückschritt die Ausdehnung des Militärpaktes nach Osten. Obendrein tut sie es erstaunlicherweise überaus dilettantisch.

---

[3] Siehe Beiträge in diesem Band.

Scheitert die gegenwärtige Politik bereits an und in Europa? Welche Berechtigung hat dann eigentlich noch die Hoffnung auf eine friedliche Lösung der existentiellen Menschheitsprobleme der Zukunft? Tiefe Skepsis ist angebracht. Schon heute gibt es keine befriedigenden Antworten auf eine Vielzahl von Fragen. Mehr noch: Schon heute sind Zweifel berechtigt, ob von Wissenschaft und Politik auch alle Probleme gesehen, ob auch wirklich alle Fragen - und überdies richtiggestellt werden. In seiner Rede vor der Stiftung Wissenschaft und Politik am 13. März 1996 in Ebenhausen hat Bundespräsident Herzog für diese Situation das Bild des Rastelli gebraucht: „Die Zukunft ist unübersichtlicher als je zuvor. Eine neue Weltordnung ist nicht in Sicht. Manche nennen das Multipolarität. Ich selber habe immer gesagt, bis 1989 war es Ping-Pong: Westen gegen Osten. Heute ist es Rastelli: Man arbeitet mit vielen Bällen gleichzeitig und weiß nicht, was herauskommt und wie lange man es durchhält. Niemand weiß beispielsweise, wie nukleare Abschreckung in einem multipolaren System funktionieren soll... im übrigen sind die drohenden Instabilitäten ja heute nicht mehr nur strategischer Natur. Soziale, ökologische, kulturelle Ungleichgewichte schaffen zusätzliche Sicherheitsrisiken, die den militärischen langfristig kaum nachstehen. Nie waren Politik und Wissenschaft stärker herausgefordert als heute."

Wer eigentlich hat angesichts der Fülle der im ausgehenden 20. Jahrhundert zu bewältigenden und im friedensgefährdenden Sinne existentiellen und grenzüberschreitenden Probleme noch den Überblick über ihre Gesamtheit und Komplexität? Von der „Überbevölkerung" bis zum „Waldsterben"? Von der Globalisierung bis zur Massenarbeitslosigkeit? Vom Welthunger bis zur Armutsmigration? Von der Klimaveränderung bis zum „Ozonloch"? Von der Desertifikation bis zum Artensterben? Vom kalkulierten Super-GAU bis zum Terrorismus mit Massenvernichtungsmitteln? Vom „Krieg um Wasser" bis zur „ethnischen Säuberung"? Vom Rüstungsexport bis zum „Fundamentalismus"? Von der Veränderung des Menschenbildes durch zivile Technologien bis hin zur Mißachtung der Menschenwürde durch sogenannte Exotische Waffen?

Wer kennt die Vielschichtigkeit und Vernetztheit dieser und einer Vielzahl weiterer Gefahren und Probleme, ihrer Ursachen und ihrer Wechselwirkungen? Wer hat die Kraft, exponentielle Entwicklungen rechtzeitig zu stoppen? Wer kann gigantische Risiken, latente Katastrophen, hyperfristige Folgen in ein rationales Kalkül für eine friedliche Gegenwart und Zukunft zusammenführen? Wer kann unter drastischem Zeitdruck die richtige Entscheidung fällen? Wer besitzt die Legitimation, über Grenzen hinweg zu entscheiden und zu handeln? Läßt sich das Knäuel der in- und miteinander verwobenen Probleme überhaupt noch gewaltlos entwirren, ohne noch größere Gefahren und Risiken heraufzubeschwören? - Fragen über Fragen!

Das gesamte Wissen der Menschheit soll sich mittlerweile alle fünf bis sieben Jahre verdoppeln. Nach Informationen der Zeitschrift „Time" wurden 1995 weltweit über sechzig Milliarden Minuten für Telefongespräche, Faxe und Datenübertragungen aufgewendet. In den letzten dreißig Jahren wurden mehr Informationen neu produziert als in den fünftausend Jahren zuvor. Jeden Tag werden weltweit eintausend Bücher publiziert und zwanzigtausend wissenschaftliche Aufsätze veröffentlicht. Eine Ausgabe der „New York Times" enthält mehr Informationen als jemand, der im siebzehnten Jahrhundert in England lebte, während seines gesamten Lebens zur Verfügung hatte. - Warum gleichwohl so viele offene Fragen? Warum so wenige oder keine Antworten?

Gegenwärtig fühlt oder weiß (fast) jeder - von den Bürgerinnen und Bürgern über die Entscheidungsträger bis zum Bundespräsidenten -, daß große existentielle Probleme bestehen;

(fast) keiner aus der politischen Klasse aber weiß, wie sie zu lösen sind, oder ist willens oder fähig, es zu tun. - Eine ausweglose Situation? Oder typisch für eine vor-revolutionäre Zeit?

Carl Friedrich von Weizsäcker empfindet die gegenwärtige Zeit als prä-revolutionär; Dennis Meadows sieht die Menschheit momentan in „einer geradezu revolutionären Situation"; Gottlieb Guntern hat den Eindruck, „es braucht in Deutschland nicht mehr viel, dann könnte es explodieren." Die Gefahr - so Guntern - „ist daß sich Sekten wie Scientology dies zunutze machen." Und was eigentlich ist mit den Le Pens und den Schirinowskis unserer Welt?

Stehen wir am Vorabend von Destruktion und Vernichtung? Leben wir am Vorabend von Umbruch und Revolution? Was wird der nächste Tag bringen? Die Apokalypse? Den friedlichen Bruch und Umbruch? Oder bleibt angesichts von Dilettantismus, Komplexität und Zeitknappheit nur noch das Durchschlagen des gordischen Knäuels, also das Schwert des Alexander? - Also Krieg? Und immer wieder Krieg?

An dieser Stelle der Überlegungen habe ich mich noch vor wenigen Tagen in einem Essay, der Anfang Juli in der Beilage zum Parlament erscheinen wird, ausführlich mit dem Problem der Defizienz der Demokratie auseinandergesetzt und gefragt: Gibt es eine Demokratie jenseits der Demokratie, wie wir sie kennen? Gibt es eine Friedensordnung jenseits der internationalen Unordnung, wie wir sie haben?

Aus der Reihe der Elemente und Überlegungen, die eine Lösung des Defizienz-Problems bzw. eine Vollendung der Projekte Demokratie und Frieden (wenn schon nicht in der Praxis, so doch) zumindest in der Theorie erwarten lassen, habe ich Themen angeführt, wie wir sie auch auf dieser Tagung behandelt haben, zum Beispiel:

- eine neue Ethik für die technologische Zivilisation, wie sie gestern Klaus M. Meyer-Abich und Hans Küng gefordert haben[4] oder wie sie Hans Jonas unter dem „Prinzip Verantwortung" diskutiert hat; oder

- die Schaffung regionaler Einrichtungen und Ordnungsrahmen, wie sie unter anderem auch vom Institut für Friedensforschung und Sicherheitspolitik (IFSH) gefordert werden und die unter dem Leitmotiv „Vom Recht des Stärkeren zur Stärke des Rechts" stehen; oder

- die öffentliche Diskussion und Neubewertung der Qualitäten von Politikern und Politikerinnen und deren Profil inklusive deren Auswahlverfahren, wie es z. B. der Club of Rome fordert; und schließlich und vor allen Dingen

- die Überwindung des Prinzips der politischen Allzuständigkeit und des Generalistentums, ferner die Schaffung eigenständiger ordnungspolitischer Institutionen, die dem Druck der kurzfristigen Interessen entzogen sind, sowie die Gründung einer „vielspurigen Demokratie", wie sie Burkhard Wehner fordert, inklusive neuer sachbezogener Expertenparlamente.

Die Zeit drängt! Nicht zuletzt deshalb bin ich skeptisch, ob die angeführten oder ähnliche Überlegungen und Vorschläge realisiert werden können. Darüber hinaus sehe ich nicht, daß die gegenwärtige politische Klasse zur Diskussion oder gar zu Realisierung dieser und ähnlicher Vorschläge bereit ist. Mit anderen Worten: Weltinnenpolitik, verstanden als eine Politik der Konfliktverhütung und der Konfliktprävention, ist *realistisch* mit Blick auf die Analyse der gegenwärtigen Bedrohungen und Gefährdungen. Sie ist *idealistisch*, vielleicht sogar utopisch, mit Blick auf die Chancen ihrer Umsetzung. Bleibt schlußendlich nur die persönliche Resignation

---

[4] Siehe Beiträge in diesem Band.

und das Warten auf die globale Apokalypse, wie es gestern Hans- Jochen Vogel formuliert hat? Oder gibt es noch eine Alternative?

Tagungen wie diese - auch und gerade, wenn sie der Ehrung eines Großen dienen - erfüllen ihren eigentlichen Zweck im politischen Diskurs mit anderen und - in der Vorbereitung auf sie - auch mit sich selbst. Für mich hat sich dieser Zweck erfüllt, als ich vor einigen Tagen in Vorbereitung auf heute nochmals die Weizsäckersche Schriften und insbesondere seine Rede „Bedingung des Friedens" aus dem Jahre 1963 gelesen habe. In dieser Rede fordert Carl Friedrich von Weizsäcker erstmals eine „Welt-Innenpolitik" mit dem Ziel der „Abschaffung der Institution Krieg". Als ich diese Rede nochmals gelesen habe, und auch vorgestern nochmals seine eigene historisch-genetische Herleitung des Begriffes gehört habe, ist es mir - wie man so schön sagt - „wie Schuppen von den Augen gefallen": Wenn Weltinnenpolitik im Sinne von Konfliktverhütung und Konfliktprävention nicht - noch nicht oder vielleicht schon nicht mehr - möglich ist, so sollten wir verstärkt zurückkehren zu den Ursprüngen und Wurzeln der Idee: Weltinnenpolitik als Abschaffung der Institution Krieg. Weltinnenpolitik, nicht als Konfliktverhütung oder Konfliktprävention, sondern - zumindest kurzfristig prioritär - als Kriegsverhütung.

Ich darf an dieser Stelle Carl Friedrich von Weizsäcker selbst nochmals wiederholen: Nachdem Carl Friedrich von Weizsäcker von Otto Hahn und dessen die Atombombe ermöglichende Uranspaltung gehört hatte, kam er in einem Gespräch im Februar 1939 mit Georg Picht zu verschiedenen „Konklusionen". Vorgestern hat Carl Friedrich von Weizsäcker nochmals die dritte Konklusion benannt: „Die Menschheit hat nur die Wahl, entweder sich selbst zu vernichten oder die Institution des Krieges zu überwinden." Im Vorwort zur Dissertation „Weltinnenpolitik" von Ulrich Bartosch ergänzt Weizsäcker: „Die Formel, die den Krieg als 'Institution' bezeichnet, haben wir vielleicht im damaligen Gespräch noch nicht benützt. Aber später diente sie mir, den Kern unseres damaligen Anliegens auszusprechen."[5]

In seiner Rede „Bedingungen des Friedens" in Frankfurt im Oktober 1963 aus Anlaß der Verleihung des Friedenspreises des Deutschen Buchhandels trägt Carl Friedrich von Weizsäcker dann drei Thesen vor, in denen auch erstmals der

Begriff „Welt-Innenpolitik" geprägt wird:

„1. Der Weltfriede ist notwendig.

2. Der Weltfriede ist nicht das goldene Zeitalter.

3. Der Weltfriede fordert von uns eine außerordentliche moralische Anstrengung."[6]

Die zweite dieser Thesen erläutert Weizsäcker wie folgt: „Der Weltfriede ist nicht das goldene Zeitalter. Nicht die Elimination der Konflikte, sondern die Elimination einer bestimmten Art ihres Austrags ist der unvermeidliche Friede der technischen Welt. Dieser Weltfriede könnte sehr wohl eine der düstersten Epochen der Menschheitsgeschichte werden. Der Weg zu ihm könnte ein letzter Weltkrieg oder blutiger Umsturz, seine Gestalt könnte die einer unentrinnbaren Diktatur sein. Gleichwohl ist er notwendig."[7]

---

[5] Carl Friedrich von Weizsäcker, Vorwort, in Ulrich Bartosch, Weltinnenpolitik, Zur Theorie des Friedens von Carl Friedrich von Weizsäcker, Berlin 1995, S. 12.

[6] Carl Friedrich von Weizsäcker, Bedingungen des Friedens, in: Ders., Der bedrohte Friede - heute, München 1994, S. 58.

[7] Ebd. S. 49.

In dem Interview mit Ulrich Bartosch, das am Ende dessen Dissertation steht, versucht Carl Friedrich von Weizsäcker zu erläutern, was ihn damals zu der Wortprägung „Welt-Innenpolitik" veranlaßt hat: „Welt-Innenpolitik ist nicht das goldene Zeitalter. Die Konflikte zwischen den Menschengruppen dauern fort. Aber Innenpolitik ist eine andere Form, die Konflikte auszutragen; zu ihren anerkannten Institutionen gehört nicht mehr der Krieg der Konfliktträger gegeneinander."[8] „Die grundlegenden Forderungen sind nach wie vor genau dieselben. Man muß, wie ich es genannt habe, im Grunde eines Tages die Institution des Krieges überwinden. Der Behauptung, dieses sei eine unerfüllbare Forderung, entgegne ich dann immer wieder: 'Ich kann eine ganze Reihe von Beispielen angeben, daß Leute, daß gewisse Gruppen, Mächte, Nationen gegeneinander Krieg führen wollten und Krieg geführt haben und heute nicht mehr daran denken, das zu wollen. Also, diese Forderung, die Institution des Krieges muß überwunden werden, meine ich, steht weiterhin da'."[9]

Vorgestern hat Carl Friedrich von Weizsäcker nochmals mehrere Beispiele zur Illustration dessen gegeben, was er meinte. Darunter befand sich auch das Beispiel des Grafen Eberhard, des Greiners, und dessen Krieg mit Reutlingen.

In seinem Vortrag hier in der Evangelischen Akademie Tutzing im März 1982 hat Carl Friedrich von Weizsäcker schließlich unter anderem zum Abschreckungssystem gesagt: „Meines Erachtens hat es niemals eine Chance gegeben, daß die atomare Abschreckung das Friedensproblem für immer lösen wird; diese Hoffnung wirkte und wirkt auf mich als eine hirnverbrannte Verrücktheit. Der Weltfriede stabilisiert sich nicht technisch; er ist nur politisch stabilisierbar. Die atomare Abschreckung konnte uns eine *Atempause* von einigen Jahrzehnten geben, um eine politische Lösung des Friedensproblems zu suchen."[10]

Mein nachhaltiger Eindruck ist, wir sind heute zurückgeworfen auf das Jahr 1982, sind wieder in einer vergleichbaren Situation. Wir brauchen abermals eine „Atempause", um die großen existentiellen Probleme in den Griff zu bekommen. Wir sollten deshalb, wenngleich auch keinesfalls ausschließlich, so doch prioritär „Weltinnenpolitik" von seinen Wurzeln her begreifen und kurzfristig alle Kraft auf die Schaffung eines effektiven Sicherheits- und Kriegsverhütungssystems werfen. Eine Friedensordnung muß wachsen, eine Sicherheitsordnung läßt sich (vielleicht noch) schaffen.

Die Gefahr eines großen nuklearen Krieges scheint vorerst gemildert, die Institution Krieg ist gleichwohl nicht beseitigt, schon gar nicht ist die politische Lösung des Friedensproblems gefunden. Nach Kant ist Frieden das Meisterwerk der Vernunft. Ob wir vernünftig genug sind, Weltinnenpolitik, wenn schon nicht als Konfliktverhütung zu betreiben, so doch als Kriegsver-

---

[8] Carl Friedrich von Weizsäcker, Vorwort, S. 14.

[9] Carl Friedrich von Weizsäcker, Genau im jetzigen Augenblick aber finde ich die Sache ein bißchen prärevolutionär..., Gespräch, in: Ulrich Bartosch, Weltinnenpolitik, S. 442.

[10] Carl Friedrich von Weizsäcker, Möglichkeiten und Probleme auf dem Weg zu einer vernünftigen Weltfriedensordnung, München 5. Aufl 1984, S. 12. (Hervorheb. durch Verf.)

hütung zu organisieren, wird die Zukunft zeigen. Hans-Peter Dürr hat gestern gesagt: Die Realität von morgen ist die Utopie von heute. Ich darf hinzufügen: Verstehen wir Zukunft als NachGegenwart, andererseits Gegenwart als Vor-Zukunft, so wird eine Zukunft in Sicherheit und Frieden - zumindest in der Theorie - nicht nur beherrschbar, sondern auch machbar.

World Polity And Global Ecologies

Seyom Brown

As I look at the list of participants in this conference, I am reminded of President Kennedy's remark upon first meeting with his principal advisors in the White House: never has there been so much brain power assembled in one room, since Thomas Jefferson dined alone. We could substitute the name of Carl Friedrich von Weizsäcker for Jefferson's.

But why? Why are deliberations somewhat like this--even without the inspiration of honoring Professor von Weizsäcker--taking place all around the globe, discussing in one way or another what we are calling Weltinnenpolitik? Why? Because, in the old phrase: „Necessity is the mother of invention." The economic necessities, the war-avoidance necessities, the moral and human rights necessities--and the ominous ecological necessities, which I will focus on today-- are requiring us to re-invent the world polity.

Cumulatively, by fits and starts, the human species, in adapting to the emergent necessities, is giving birth to a complex family of global and regional commitments that is fundamentally transforming the world polity. The anarchic state-sovereignty system in which the countries compete for advantage in military and economic power is evolving into a system of dense interdependencies in which, yes, state sovereignty remains a preoccupation of governments, precisely because it is under challenge as never before. The new reality is that the contest for national dominance, a central feature of the traditional anarchic world polity, is now less compelling than are the transnational efforts to construct and operate regimes of mutual gain and the avoidance of mutual loss.

Living in the midst of this process, many find it hard to envision the dramatic transformation underway, just as in centuries past few of those living in the great transformation from feudalism to the nation-state system perceived it as a structural change in the world polity.

The most pressing necessity for the princes gathered at Westphalia some 350 years ago was to terminate the mutual slaughter of Protestants and Catholics that was devastating Central Europe. The princes responded with a set of interlocking agreements, firming up borders and pledging non-interference in one another's domestic affairs; they largely were unaware that in their treaty-making marathon they were codifying and writing the basic „constitution," as it were, for the emerging world polity of sovereign states that we now call the „Westphalian system."

Today, once again, the revival of religious and ethnic wars raises the question of whether it is time for a new Westphalia. But an even more fundamental threat to the capacity of the human species to survive in a healthy condition is emerging in the form of destabilized ecological systems--a threat, which, no less than mass-destruction warfare, arises also, ironically, out of the human animal's talent for „mastering" the natural world.

The names of the most threatening of the global ecological disturbances have within the last decade become part of everyday discourse, and we've heard them a lot in our deliberations these past few days: holes in the ozone layer, global warming, and species extinction (the threat to biological diversity).

Fortunately, there are some success stories that we can point to. Notably, the threats to the ozone layer were discovered and dramatized early enough to generate a concerted response by the world polity, in the form of the Montreal Protocol and its follow-on agreements. With some further strengthening the ozone regime may yet prove to be an effective control on the irresponsible human activities to which it was a reaction.

I am very worried, however, about the prospects of devising timely political responses to the threats to the climate and biological diversity. In comparison with the ozone layer problem, the estimates of harm to humans from global warming and species extinction are at this point more speculative and harder to quantify. Their sources are more varied and the causal dynamics harder to isolate, and thus it is more difficult to devise legal control instruments against the offending activities. Most problematic, when it comes to countering the threats, is that effective political, legal, and economic responses are likely to involve major interventions into the market in order to subsidize the required fundamental changes in energy use and other industrial processes.

To pose the difficulties is to point to the core challenge to statespersons, scientists and technologists, economists, and political theorists in the years ahead. We must all contribute to adapting the world polity to the ecological realities that, even more than with the globalization of economics, are rendering the traditional state-centered world polity anachronistic.

Let me be somewhat more specific about the most threatening global ecological developments and then I'll offer some additional observations on the imperatives and opportunities for reforming the world polity.

Global warming

Without specific policies to substantially reduce the growth of greenhouse gas emissions, *the Earth's average surface temperature is projected to increase by about 1 to 3.5 degrees Celsius* (2 to 6.5 degrees Fahrenheit) by the year 2100, a rate faster than anything observed over the last 10,000 years.

The impacts of such global warming cannot be predicted with exactitude, because of the variations in regional ecologies and climate patterns, the complicated effects of multiple stresses, and the still-primitive state of scientific understanding of some key processes. Yet the science is far enough advanced for the UN-Appointed International Panel on Climate Change to warn in its latest assessments that the world can expect:

– An increase in the rate of heat-related mortality and the potential for the spread of diseases such as malaria, yellow fever, dengue, encephalitis, cholera, and salmonellosis.

– Severe water shortages in various regions.

– Flooding and innundation of many coastal and river plains and small islands.

– Reductions in biodiversity, with consequences for the health of the human species that are only now beginning to be understood.

The Species extinction problem

Global warming is only one of the forces putting increasing pressure on the world's capability to sustain its variety of life forms in a healthy condition. The more direct impacts of population growth and industrialization (rising rates of consumption of animal and plant products, deforestation, conversion of unused land to agro-industrial projects, pollution of soils, air, and waters, and the spread of exotic species to non-native habitats) are already severely reducing the planet's biological diversity. Many of the world's most distinguished scientists researching this phenomenon warn that at present rates of extinction--roughly seventy kinds of plant and animal life disappearing every day--one quarter of all the Earth's species could be extinct in fifty years.

Why should we humans care? Aren't there too many bugs and germs around anyway? On the contrary, medical science has only begun to discover and exploit the healing potential (for leukemia, other killer cancers, and AIDS, to name just a few of the diseases of concern) of millions of the species now under threat of extinction. Moreover, by failing to protect the planet's biological diversity, we may be inadvertently destroying some of the essential links in nature's ecological chains of life, setting in motion pathological reversals of the evolutionary processes that until now have been generally favorable to the survival of the human species.

Note that these are not the hallucinations of doomsday fanatics, as some of the scientists working for industries fearful of ecology-sensitive regulations would have us believe. Rather, I have reflected the sober estimates of panels of the world's most reputable meteorologists, biologists, physicists, and chemists.

Adapting the World Polity

The realization that major changes in behavior are required of the human animal if it is not to destroy the planet's life-sustaining ecologies extends beyond the scientific community. There already has been a substantial amount of responsive turbulence in the world polity. The deliberations and output of the 1992 Earth Summit at Rio (attended by more than 100 heads of state), and the „Earth Summit + 5" reassessment at the Special Session of the UN General Assembly starting tomorrow, June 23, to be attended by some 70 heads of state, are symptomatic of the transformative challenge that the ecological threats and growing consciousness of these threats are posing to the state-sovereignty system.

Until now most of the fundamental allocative decisions for human society (who gets what, when, and how), including the determination of what roles market and state play in these decisions, have been made largely by the governing authorities of each country (or empire) for the people within their jurisdictions; and in this respect, the world polity has operated essentially as a decentralized, national self-regulating system. At least this has been the model of the normal and legitimate „constitution" of the world polity.

But as we move more fully into the ecological era, in which humans are conscious of the extent they are linked into the planet's complex multiple feedback systems that include, ever more prominently, the vast non-national „commons" of the ocean, the climate and weather, and outer space, plus the Earth's micro-organic infrastructures that connect us, perhaps more intimately than we would like, to the fate of other species, the most important and controversial allocation decisions clearly must be made at the global level.

The framework for this globally-capable world polity is not yet sufficiently elaborated in the United Nations or by the international agencies mandated by the 1992 Earth Summit to serve as the institutional core of the evolving system, most notably the Sustainable Development Commission and the Global Environmental Facility. The best minds of in today's „Garten des Menschlichen" (to use the title of one of Carl Friedrich Von Weizsäcker's books) who understand „The Ambivalence of Progress" (again, to borrow from the title of the English version published in America)--those capable, on the model of Dr. Von Weizsäcker, of integrating the natural and the social sciences and philosophy and religion--need to be mobilized to think through freshly, and deeply, not only the substance of the ecologically-responsive policies, but also, and especially, the processes of representation, decision, and accountability by which the allocations are made.

I am talking of the questions that have been raised repeatedly during our deliberations here concerning who should decide these momentous issues and where should the locus of authoritative decision lie for these Weltinnenpolitik issues: In a beefed-up UN? In regional regimes-- the EU? the OSCE? And within these institutions, where should authority lie: In the parliamentary bodies? In specialized commissions? And what should be the voting rules?

Now, one of the themes that has been running through our deliberations, and which will affect our subsequent deliberations, has been the dialectical tensions between communitarianism and cosmopolitan universalism as basic political philosophies for the emerging world polity.

The ecological perspective makes clear, however, that humans no longer have the luxury, if indeed they ever had, of fashioning the good life for themselves and their children in self-contained communities. Like it or not, ready or not, we are one world in the realms of physics and biology, even if we might try (romantically) to reverse the tide of technology-driven economic globalization. To the extent that we affect one another's lives by our interdependence with and in nature's commons, we must be willing to sit down together to jointly make the rules for how we will live in the commons; and some of this will reach deep into our daily lives.

But there is another implication of the evolving ecological consciousness that weighs against the embrace of a pervasive cosmopolitanism as the worldview for the emerging polity. The new knowledge of the natural world and our connections with it should also be engendering a new humility about how much we do not yet know about our own „human nature," let alone about other species. The various polities that have been fashioned in our different countries and communities are in fact on-going experiments, whose results are not yet in. It would be the height of arrogance to act as if we have already discovered rules for the world polity anywhere near as thick and elaborate as those we are using to govern our various domestic communities. The communitarian commitment to a culturally-pluralistic world of mutually-respectful societies should be welcomed as an essential part of the philosophical synthesis we are groping toward as we build a world polity responsive to the ecological imperatives.

These are huge issues. But it is altogether fitting and proper for us to attempt to grapple with them. Indeed, we have no alternative but to grapple with them, for we are the constituents of the emerging world polity--„constituents" in the multiple meanings of the term: essential parts of the polity, and designers of its constitutional structure.

The emerging world polity, unlike the Westphalian system, which grew out of monarchic domestic systems, is inevitably, now, going to be negotiated primarily by leaders accountable to broad sectors of their respective countries. NGOs, organized and informal groupings within civil society, comprise the base of the emerging polity, and are all involved in its construction.

The dialogue, the construction, the next great transformation in the world polity-thanks to people like Carl Friedrich von Weizsäcker-has begun. There is no turning back. Still, there are no easy solutions-not a centralized world government; but certainly not either a stateless global market. We've got a lot of hard work and tough thinking to do yet. And its good that we have the example of Carl Friedrich von Weizsäcker to inspire us.

Kommunitarismus und Weltinnenpolitik[1]

Hans Joas

Plötzlich sprechen alle vom Kommunitarismus. Während der achtziger Jahre, als sich in den USA die moralphilosophische Debatte um Verdienste und Grenzen von John Rawls' „Theorie der Gerechtigkeit" entwickelte, interessierten sich in Deutschland nur wenige Fachleute der Sozialphilosophie und der Amerikakunde für die immer subtiler werdenden Argumentationen der beteiligten amerikanischen Philosophen.[2] Nach dem Ende der achtziger Jahre, als die amerikanische Debatte in ihrem moralphilosophischen Kern praktisch an ihr Ende gelangt war - und dies in der wünschenswertesten Weise, nämlich durch beiderseitige Selbstrevision und eine sich abzeichnende Einigung auf eine Synthese - begann man auch in Deutschland, diese Debatte unter großer öffentlicher Aufmerksamkeit zu führen. Irritiert durch spezifisch deutsche Empfindlichkeiten gegenüber jeder „Gemeinschafts-"Rhetorik[3], werden gegenwärtig die Argumente der amerikanischen Kontrahenten hierzulande vielfältig nachvollzogen oder auch erweitert.

In den USA dagegen wurde der vage Konsensus, der sich am Ende der philosophischen Kommunitarismus-Debatte ergab, zum Ausgangspunkt für etwas Neues: zu einer Plattform nämlich, auf der sich Philosophen, Sozial- und Rechtswissenschaftler, Vertreter von Verbänden freiwilliger Bürgerbetätigung sowie hochrangige aktive Politiker treffen konnten, um ein Netzwerk zu schaffen, das der praktischen Überwindung der Hegemonie des individualistischen Liberalismus in allen seinen Formen dienen soll.[4] Aus den Kreisen der sich so formierenden Intellektuellenbewegung des Kommunitarismus gehen derzeit wichtige Studien zur Entwicklung von Gemeinschaftsbindungen und Partizipationsbereitschaft in den USA hervor, Vorschläge zu prinzipiellen Neuansätzen in den Wirtschafts- und Sozialwissenschaften und Ideen zu einer politischen Programmatik, die unter dem Zeichen einer Remoralisierung des politischen und gesellschaftlichen Lebens zu neuen Perspektiven in vielen Politikfeldern führt.[5]

---

[1] Es handelt sich hier um die modifizierte Version eines Aufsatzes, der zuerst erschien in: Forschungsjournal Neue Soziale Bewegungen 8 (1995), S. 29-38.

[2] Etwa Axel Honneth, Grenzen des Liberalismus. Zur ethisch-politischen Diskussion um den Kommunitarismus, in: Philosophische Rundschau 38 (1991), S. 83-102; Wolfgang · Kersting, Die Liberalismus-Kommunitarismus-Kontroverse in der amerikanischen politischen Philosophie, in: Politisches Denken. Jahrbuch 1992, S. 82-102.

[3] Hans Joas, Gemeinschaft und Demokratie in den USA, in: Micha Brumlik/Hauke Brunkhorst (Hg.), Gemeinschaft und Gerechtigkeit.Frankfurt/Main 1993, S. 49-62.

[4] Englisch zu finden etwa in: Amitai Etzioni, The Spirit of Community. New York 1993, S. 253-267; deutsche Teilübersetzung in: Frankfurter Allgemeine Zeitung. 8.3.1994. Der Kommunitarismus richtet sich gegen die Vorherrschaft eines nutzenorientierten, eines rechtstheoretischen und eines selbstverwirklichungsorientierten Individualismus.

[5] Zu den politischen Forderungen vgl. neben Etzionis Büchern v.a. die Zeitschrift „The Responsive Community". Von Etzioni jetzt: Die Verantwortungsgesellschaft. Frankfurt/Main 1997 (amerikanisches Original: The New Golden Rule. Community and Morality in a Democratic Society. New York 1997).

Ich möchte in diesem Beitrag weder die Grundzüge der moralphilosophischen Kontroverse ein weiteres Mal reflektieren[6] noch - was mir fachlich ja näher läge - auf unser empirisches Wissen über Gemeinschaftszerfall und - neubildung, Werteverlust und Wertewandel eingehen[7], sondern mich ganz auf die politische Seite des Kommunitarismus konzentrieren. Nach einigen kurzen Reflexionen über die Gründe für das plötzlich einsetzende starke Interesse am Kommunitarismus in Deutschland werde ich die Grundzüge der politischen Programmatik der amerikanischen Kommunitaristen darzustellen versuchen. Dabei möchte ich nicht umstandslos mit jeder der von mir dargestellten Positionen oder Forderungen identifiziert werden. Wie so häufig in den USA, sind die meisten Programmpunkte der Kommunitaristen innenpolitischer Art. Für uns Europäer ist es aber wohl unumgänglich, ergänzend und im Zusammenhang der Frage nach einer „Weltinnenpolitik" auch die Frage nach Konsequenzen des Kommunitarismus in der Dimension internationaler Beziehungen zu beantworten. Danach werde ich schließlich meine Hauptthese begründen, die in einer Deutung des Kommunitarismus als einer neuen Demokratisierungsbewegung besteht, welche aus den Fehlern der Demokratisierungsbestrebungen der sechziger Jahre gelernt hat.

1. Das deutsche Interesse am amerikanischen Kommunitarismus

Ich sehe drei Gründe für die interessante Wende im intellektuellen Klima der Bundesrepublik, die zum Interesse am Kommunitarismus führte. Der erste Grund liegt in den Problemen der Wiedervereinigung selbst. Der größte Teil der westdeutschen Bevölkerung hatte in den Jahren der Teilung seine emotionale Verbundenheit mit den Ostdeutschen verloren. Die Westdeutschen waren stolz geworden auf ihre Zugehörigkeit zur westlichen Welt und deren politische und kulturelle Traditionen. Als in Ostdeutschland aus der anti-autoritären Parole „Wir sind das Volk" der Vereinigungsslogan „Wir sind ein Volk" wurde, reagierten die meisten Westdeutschen mit äußerst gemischten Gefühlen. Zwar begrüßte man einen Sieg der Demokratie im Osten, aber die Vereinigungsparole gab auch Ängsten Nahrung, die Kosten und die wirtschaftlichen Auswirkungen eines solchen Schrittes seien unkalkulierbar und Deutschland werde wieder auf die Bahn europäischer Hegemonialansprüche gesetzt. Vor allem nach Vollzug der Vereinigung im Oktober 1990 stieg die Spannung zwischen einer ethnisch begründeten „nationalen Identität" und einem normativ fundierten „Verfassungspatriotismus" in dem Maße, in dem langfristige ökonomische Opfer für die westdeutsche Bevölkerung nach einer Rechtfertigung verlangten. Nach den Verbrechen des Dritten Reiches im Namen einer „Volksgemeinschaft" haben Begriffe wie „nationale Solidarität", „Vorrang der Gemeinschaft" und „Opfer" hierzulande verständlicherweise stark negative Konnotationen. Andererseits wurde das Gefühl stärker, daß die Aufgaben der Wiedervereinigung nicht auf der Grundlage eines individualistischen Liberalismus gelöst werden könnten. Dies bereitete den Boden für das In-

---

[6] Zumal dies so ausgezeichnet geleistet wurde von Rainer Forst, Kontexte der Gerechtigkeit.Frankfurt/Main 1994.

[7] Vgl. dazu Hans Joas, Was hält die Bundesrepublik zusammen? Alte und neue Möglichkeiten sozialer Integration, in: Friedhelm Hengsbach/Matthias Möhring-Hesse (Hg.), Eure Armut kotzt uns an. Solidarität in der Krise.Frankfurt/Main 1995, S. 69-82. Zur Frage der Wertbindungen jetzt auch mein Buch: Hans Joas, Die Entstehung der Werte. Frankfurt/Main 1997.

teresse am amerikanischen Kommunitarismus als einer, wie Albert Hirschman sagte, „Reinigung" der deutschen Tradition.[8]

Der zweite Grund liegt wohl darin, daß trotz aller verbreiteten Abneigung gegen den real existierenden Sozialismus viele Intellektuelle in ihm eine bloße Abweichung von einem ursprünglich attraktiven Pfad sahen. Selbst die schärfsten antikommunistischen Sozialdemokraten in Deutschland teilten mit dem offiziellen Marxismus die Betonung auf dem Staat als dem Hauptakteur für soziale Reformen. Erst wenn die utopischen Hoffnungen auf eine prinzipiell vom demokratisch-kapitalistischen Westen verschiedene Ordnung verblassen, werden wohl die amerikanischen Debatten als wirklich wesentlich empfunden. Wer würde heute noch wie Werner Sombart fragen: „Warum gibt es keinen Sozialismus in den Vereinigten Staaten?" Wäre es heute nicht angemessener zu fragen: „Warum war der Liberalismus (ob individualistisch oder kommunitaristisch) immer so schwach in Deutschland?" Und diese Frage führt direkt zu einem Interesse an weniger staatszentrierten und mehr gemeinschafts-orientierten Typen sozialen Handelns und sozialer Reform.

Drittens schließlich erlaubt es der Bezug auf den Kommunitarismus, Probleme zu bündeln, die analytisch unabhängig sind von den Folgen der Wiedervereinigung. Die Zukunft des Wohlfahrtsstaats unter neuen demographischen Bedingungen und im Angesicht internationalen Wettbewerbs, die Neustrukturierung des Arbeitsmarkts angesichts hoher struktureller Arbeitslosigkeit, die zunehmende Zahl von Wechselwählern - bei all diesen Fragen schiebt sich mit dem Kommunitarismus eine neue Sichtweise zwischen die der individualistischen Liberalen und die staatszentrierter Reformer.

2. Die politische Programmatik der amerikanischen Kommunitaristen

Der Schlüsselbegriff für die politische Konzeption der Kommunitaristen scheint mir der Begriff der Remoralisierung der Politik zu sein. Die Kommunitaristen bestreiten die Vorstellung, das Verhalten der Staatsbürger oder gar der Inhaber politischer Ämter sei schlicht in Kategorien einer rationalen Verfolgung von Eigeninteressen zu analysieren und entziehe sich damit jeder moralischen Bewertung. Damit reden sie nicht staatlicher Gesinnungspolitik, uneingeschränkter Herrschaft von Mehrheiten oder einer Rückwendung zur puritanischen Gesinnungskontrolle das Wort.[9] Sie wollen auch nicht in engstirniger Weise Vorschriften für die Gestaltung des Privatlebens der Bürger erlassen oder heuchlerisch aktive Politiker über außereheliche Affären oder irgendwelche anderen Petitessen stolpern lassen. Remoralisierung zielt vielmehr auf eine Orientierung am „Gemeinwohl" oder „public interest"; dessen genauer Inhalt mag zwar umstritten sein, der Begriff überhaupt gibt aber eine notwendige Orientierung für die Versuche ab, Politik nicht als bloße Aggregation von Partikularinteressen oder als Spiel nach eigenen Code-Regeln, weitab von denen der Moral, aufzufassen.

Besser als jede abstrakte Erörterung über die Problematik einer solchen Remoralisierung der Politik scheint mir eine konkrete Auflistung der politischen Forderungen der Kommunitaristen geeignet, die mögliche Tragweite ihrer Programmatik zu beurteilen. Ich wähle aus ihren

---

[8] Albert Hirschman, in: 100. Bergedorfer Gesprächskreis.Wieviel Gemeinsinn braucht die liberale Geselllschaft? 1993, S. 20.

[9] Der entsprechende Verdacht kommt immer wieder auf. Vgl. dazu Hans Joas, Angst vor der Freiheit?, in: Die Zeit, 11.4.1997.

Forderungen einige Bereiche aus, um in aller Kürze ein anschauliches Bild der Lage zu vermitteln.

Am Anfang stehen in den meisten Dokumenten familienpolitische Forderungen. Diese starke Betonung auf der Familie und die uneingeschränkte Bejahung ihrer Notwendigkeit für die optimale Entwicklung der Kinder stellen schon an sich eine bemerkenswerte Tatsache dar. Dabei wäre es ein Mißverständnis, hier eine mangelnde Kenntnis der Familiensoziologie mit ihrem Nachweis der innerfamiliären Mißstände und der Verbreitung zerfallender Familien oder bewußt gewählter alternativer Lebensformen zu unterstellen. Es geht ja nicht um Idealisierung der Familie oder dogmatischen Ausschluß von Lebensformen, die von den überbrachten Formen abweichen. Die Zielrichtung ist eine andere, in zwei Hinsichten ganz unzweideutige. Es geht darum, aus den Grenzen öffentlicher Kinderbetreuung und aus den negativen Folgen der Ehescheidung für die Kinder Konsequenzen zu ziehen. In beiden Hinsichten wollen die Kommunitaristen gegen die scheinbare Selbstverständlichkeit argumentieren, mit der heute Paare ihre Kinder vom zartesten Alter an der Betreuung anderer überlassen oder mit der das Wohl des Kindes bei der Scheidung hinter das Wohl der Eltern zurücktritt. Revisionen am Scheidungsrecht, wie obligatorische Wartefristen, die Konzentration steuerlicher Begünstigungen auf eine Familien- statt eine Ehepaarförderung und die konsequente Durchsetzung der Unterhaltsansprüche werden hier gefordert.

Einen zweiten Themenkomplex stellt die öffentliche Erziehung in den Schulen dar. Auch hier dürften die Alarmglocken all derer schrillen, die sich an die Debatten über „Mut zur Erziehung" in Deutschland erinnern. Erneut wäre es ein Mißverständnis, hier Forderungen nach der Indoktrination bestimmter Werte zu unterstellen. Gerade der Soziologe Amitai Etzioni als spiritus rector des kommunitaristischen Netzwerks ist sich in aller Klarheit bewußt, daß die Bindung an Werte nicht durch Strafe, Zwang und Drohung, sondern nur durch eigene Erfahrung an Vorbildern und in begeisternden Erlebnissen gelingen kann. Aber diese Betonung auf einer echten Verinnerlichung von Werten zielt eben doch zugleich gegen eine Reduktion des öffentlichen Bildungswesens auf Leistung und Qualifikation. Auch in Deutschland hat die Debatte über rechtsradikale und ausländerfeindliche Gewalttaten Jugendlicher die Bereitschaft wieder erhöht, über Defizite in der Werte-Erziehung nachzudenken. Aus den Äußerungen der Kommunitaristen möchte ich hier dreierlei hervorheben. Zum einen wird die Schule als Erfahrungsraum dargestellt, in dem die Chancen zur Mitbestimmung der Schüler und zur dauerhaften Bindung an Lehrer-Persönlichkeiten entscheidenden erzieherischen Einfluß ausüben können. Die genauere Gewichtung der sozialen und partizipatorischen Seiten des Schulbetriebs gegenüber den leistungs- und konkurrenzorientierten Seiten bleibt allerdings vorläufig noch etwas unklar. Des weiteren wird versucht, den gesamten Erfahrungsraum von Kindern und Jugendlichen unter dem Gesichtspunkt der Werte-Bildung zu untersuchen. Die in den USA verbreiteten Arbeitsplätze von Jugendlichen im fast-food-Bereich, in Video- und Musikgeschäften oder Sporthallen werden unter diesem Gesichtspunkt sehr skeptisch beurteilt. Die Forderungen gelten einer verstärkten Kontrolle dieser Arbeitsplätze durch Repräsentanten der Schulen und Schulaufsichtsbehörden. Schließlich gehört in diesen Bereich der auch unter den Kommunitaristen umstrittene Vorschlag eines national service, eines nationalen Pflichtdienstes für alle Jugendlichen zugunsten sozialer, ökologischer, entwicklungspolitischer und militärischer Zwecke.

Ein dritter Komplex von Forderungen betrifft die Revitalisierung existierender Gemeinschaften und Bemühungen zur Schaffung neuer und andersartiger Gemeinschaften. Das im Schwang befindliche Mißverständnis, es gehe den Kommunitaristen um eine Rückkehr zu traditionellen Gemeinschaftsformen, läßt sich an den Texten besonders leicht zerstreuen. Eine bloße Rückkehr wird explizit schon aus ökonomischen Gründen für unmöglich erklärt, zudem aber auch als gar nicht wünschenswert befunden wegen des einengenden, oft autoritären und übermäßig homogenen Charakters traditioneller Gemeinschaften. Gerade die Forschungen über neue Formen von Gemeinschaft, etwa Selbsthilfegruppen[10], oder neue Ersatzformen (wie Telefonnetzwerke älterer Menschen[11]) sind hier soziologisch enorm aufschlußreich. Die politischen Forderungen zielen auf die verstärkte Einbringung kommunitaristischer Gesichtspunkte in Architektur und Stadtplanung, die staatliche Unterstützung freiwilliger Aktivitäten (etwa das Programm Seattles zur Ausweitung von Erste-Hilfe-Kenntnissen), die Einrichtung von Service Centers für spontane gemeinschaftsbildende Aktivitäten und, wie zu erwarten war, erneut Einflußnahme auf die alltäglichen Einstellungen gegenüber Gemeinschaft.

Die gemeindebezogenen Forderungen gehen bruchlos über in die Erörterung zweier Politikfelder, die in der innenpolitischen Diskussion der USA besonders wichtig sind: public safety und public health. In der Sicht der Kommunitaristen lassen sich die Gefahren der Hegemonie des individualistischen Liberalismus auf dem Gebiet der Verbrechensbekämpfung und der Kontrolle des Schußwaffenerwerbs besonders gut illustrieren. Man denke etwa an die Auseinandersetzungen um die systematische Durchsuchung von Wohnungen nach Waffen in großen, von bewaffneten Jugendbanden terrorisierten housing projects in Chicago. Die Frage ist, ob auf den deutlich geäußerten Wunsch einer Mehrheit der Bewohner hin eine solche Durchsuchung auch ohne konkreten Tatverdacht im Einzelfall erlaubt sein soll. Es geht den Kommunitaristen nicht um eine Rücknahme individueller Freiheitsrechte, wohl aber um eine veränderte Balance zwischen diesen und dem Interesse der Gemeinschaft am Schutz vor Verbrechen. Während auf der Seite des individualistischen Liberalismus Aktivitäten zur Verbrechensbekämpfung wie „neighborhood watch" und verstärktes „community policing" oder die Versuche zu Sicherheitspartnerschaften u.ä. in deutschen Ländern rasch als gefährliche Stärkung des Überwachungsstaates gedeutet werden, treten die Kommunitaristen gerade für die verstärkte Verantwortlichkeit der Gemeinschaft aller Bürger für ihre Sicherheit ein. Im Bereich der Gesundheitspolitik sind ähnlich dem Bereich der inneren Sicherheit Vorschläge einerseits zur Stärkung einer gemeinschaftsbezogenen Gesundheitspflege, und andererseits zu einer stärkeren Berücksichtigung von Allgemeininteressen festzustellen. Hier geht es um Fragen wie die Zulässigkeit von Kontrollen auf Alkohol- oder Drogenmißbrauch oder in Hinsicht auf die Verbreitung von AIDS.

In einem vierten Bereich geht es um die Strukturen der politischen Willensbildungsprozesse selbst, insbesondere auf bundesstaatlicher Ebene. Hier ist das Bild vom Zustand der amerikanischen Demokratie in den Schriften der Kommunitaristen zumeist sehr düster. Die Kritik gilt v.a. der zersetzenden Wirkung lobbyistischer Partikularinteressen auf die bloße Idee der Formung eines Konsenses über das öffentliche Interesse. Um die große Emphase an dieser Stelle zu verstehen, müssen wir natürlich den enormen Einfluß finanzstarker Unternehmen, Verbände oder Einzelpersonen auf die politische Willensbildung in den USA bedenken. Die Rolle der Wahlkampffinanzierung, die Schwäche der politischen Parteien, die Ungeniertheit, in der Gesetzesvorlagen durch Partikularinteressen verwässert oder zur Grundlage von Gegengeschäften gemacht werden und das Ausmaß von Korruption unterscheiden sich wohl doch deutlich von der Lage in Deutschland. Entsprechend klingen einige der Forderungen für deutsche Ohren

---

[10] Robert Wuthnow, Sharing the Journey.Support Groups and America's New Quest for Community. New York 1994.

[11] Claude Fischer, To Dwell Among Friends. Personal Networks in Town and City. Chicago 1982.

merkwürdig phasenverschoben. Die Kommunitaristen befürworten beispielsweise eine Verstärkung öffentlicher Wahlkampffinanzierung und eine Stärkung der politischen Parteien, während wir in Deutschland eher über eine Relativierung der Rolle der überstark gewordenen Parteien nachdenken. Auf der lokalen und einzelstaatlichen Ebene, so die Diagnose der Kommunitaristen, sei die Lage nicht besser. Gerade zukunftsorientierte und verantwortungsvolle Politik komme dadurch völlig unter die Räder des extrem partikularistischen Politkbetriebes. An dieser Stelle sind v.a. die Vorschläge Benjamin Barbers zu neuen basisdemokratischen Formen zu nennen[12] - ein nationales System von neighborhood assemblies, eine verstärkte Rolle von Lotterieverfahren bei der Besetzung öffentlicher Ämter, von Referenden u.ä. und Formen der Mitbestimmung am Arbeitsplatz.

Als letzten innenpolitischen Themenkomplex möchte ich die Diskussion über eine Reform des Wohlfahrtsstaates erwähnen. In Etzionis Schriften findet sich dazu erstaunlich wenig. Diese Tatsache löste auch bereits den Vorwurf aus, es handle sich beim politischen Programm der Kommunitaristen um ein gegenüber sozialen Problemen blindes Dokument. In Etzionis Fall sind aber wohl eher taktische Gründe maßgebend, da er in seinem wissenschaftlichen Werk ja zu den entschiedensten Befürwortern einer wirtschafts- und sozialpolitischen Marktregulation gehört.[13] Am deutlichsten wird die kommunitaristische Position hier wohl in Alan Wolfes scharfer Kritik an einer unsozialen, den Markt fetischisierenden Politik ebenso wie an einer übermäßig staatszentrierten, direkte gemeinschaftsbezogene Hilfsbereitschaft auslöschenden Wohlfahrtsstaatlichkeit.[14] Diese Kritik ist in einer gründlichen Kenntnis disfunktionaler Folgen des skandinavischen Wohlfahrtsstaats fundiert. Aus dieser Kritik folgt eine normative Befürwortung des Subsidaritätsprinzips, etwa auch bei Robert Bellah, und eine deutliche Befürwortung der Reform des amerikanischen Gesundheitswesens sowie der sogenannten workfare-Experimente zur Verknüpfung von Sozialhilfe mit Arbeitspflichten. Eine programmatische Klärung ist aber erst in Arbeit. Bemerkenswert scheint mir, daß sich die Rezeption des Kommunitarimus in Wolfgang Schäubles jüngstem Buch[15] fast ausschließlich auf die Thesen zur Austrocknung des Gemeinsinns durch den Wohlfahrtsstaat bezieht, dabei aber etwas unterstellt, was die Kommunitaristen nicht annehmen: daß nämlich die Rücknahme wohlfahrtsstaatlicher Leistungen selbst eine Zunahme des Gemeinsinns auslösen könne.

, Konsequenzen aus dem Kommunitarismus für die Außenpolitik und die Gestaltung der internationalen Beziehungen werden von den amerikanischen Autoren erst in letzter Zeit gezogen. Vorausgegangen waren freilich die Arbeiten von Amitai Etzioni zur Friedensforschung und die Überlegungen Michael Walzers über den gerechten Krieg und gerechtfertigte militärische Interventionen.[16] Robert Bellahs Gruppe kritisiert die verbliebenen Reste von Imperialismustheorie und begründet ein positives Verhältnis der USA zu internationalen Institutionen.[17]

---

[12] Benjamin Barber, Strong Democracy.Berkeley 1984, S. 261 ff.

[13] Amitai Etzioni, The Moral Dimension. Toward a New Economics. New York 1988.

[14] Alan Wolfe, Whose Keeper? Social Science and Moral Obligation. Berkeley 1989.

[15] Wolfgang Schäuble, Und der Zukunft zugewandt.Berlin 1994.

[16] Amitai Etzioni, Der harte Weg zum Frieden. Göttingen 1966. Michael Walzer, Just and Unjust Wars. New York 1977.

[17] Robert Bellah et al., The Good Society. New York 1991.

Besonders interessant ist gegenwärtig der Brückenschlag zwischen der schon länger währenden Debatte über eine „international society" und dem Kommunitarismus.[18]

Mein eigener Versuch ist hier am Begriff einer post-Hobbesschen Ordnung ausgerichtet.[19] Während die Debatte über eine „international society" in Abrede stellt, daß wir jemals in der Welt des machtpolitischen Realismus lebten, in der alle Außenpolitik von rational ihre Interessen kalkulierenden souveränen Staaten betrieben wurde, zielt der Gedanke einer post-Hobbesschen Ordnung darauf, daß jedenfalls heute diese Beschreibung nicht mehr zutrifft. Die historische Frage, wann Hobbes' Naturzustand zwischen den Staaten gegolten habe, muß uns hier nicht beschäftigen. Der Begriff einer post-Hobbesschen Ordnung entstammt den Versuchen, die Europäische Union als eine neue Form politischer Herrschaft zu begreifen.[20] Traditionelle Begriffe wie Föderation und Konföderation sind diesem Gebilde nicht angemessen. Die Europäische Gemeinschaft (oder Union) als bloße „intergovernmental organization" zu behandeln, würde ebensowenig überzeugend sein wie umgekehrt eine Betrachtungsweise, die die Integrationsproklamationen zu wörtlich nähme und vorschnell die Herausbildung einer neuen Nation oder eines neuen Staates unterstellte. Es handelt sich wohl viel eher um eine neue Spezies, deren charakteristisches Merkmal in einer erfolgreichen Lösung des Hobbesschen Sicherheitsdilemmas - nicht einfach in einer „Abschaffung" der Institution des Krieges - besteht. Militärische Sicherheit gegenüber den anderen verliert hier ihre zentrale Bedeutung; entsprechend mindert sich die Bedeutung der Territorialität. Es gibt in dieser post-Hobbesschen Ordnung keinen eindeutig identifizierbaren Souverän mehr, sondern „eine Vielzahl von Autoritäten auf verschiedenen Ebenen der Aggregation, teils territorial, teils funktional, mit mehrdeutigen oder geteilten Kompetenzen an der Spitze einander überlappender und heterogener organisatorischer Hierarchien. Politiken werden hier nicht mehr definitiv verkündet und vertikal durchgesetzt; sie werden vielmehr ständig neu ausgehandelt und indirekt implementiert. Außerdem gibt es mehrere Zentren mit unterschiedlichen Graden von Durchsetzungsfähigkeit - und keineswegs alle von ihnen sind öffentlich oder staatlich." (Philippe Schmitter)[21]

Diese Idee einer post-Hobbesschen Ordnung hat ihre Aktualität zunächst darin, daß sie uns die Erfolge der westeuropäischen Friedensordnung zu begreifen erlaubt und doch Abstand hält von der Vision eines sich herausbildenden europäischen Megastaats. Die Realisierung des Integrationsziels könnte hier ja ein Schuß nach hinten sein: im schlimmsten Fall könnten Konflikte zwischen den Staaten auf dem Weg dorthin und das demokratische Defizit Europas den erreichten Grad der Integration gefährden, zu einer Renationalisierung von Wirtschafts- und Außenpolitik und damit einer Wiederauferstehung des Sicherheitsdilemmas führen. Weniger wäre hier mehr - eine post-Hobbessche Ordnung ist einer Integration vorzuziehen, die die demokratische Kontrolle politischer Entscheidungen und die Sicherheit sozialer Rechte vermindert und einen Wall gegen ihre Umwelt errichtet. Aber die Bedeutung dieser Konzeption geht weit über den westeuropäischen Fall hinaus. Empirisch hilft sie uns beim Verständnis erfolgreicher Herstellung von Friedenszonen wie Skandinavien und Nordamerika. Sie gibt eine Leitlinie für die mögliche Rolle der Vereinten Nationen und potentieller regionaler Suborganisationen wie der

---

[18] Vgl. dazu den Beitrag von Chris Brown, Global Ethics and the 'Clash of Civilizations': Cosmopolitanism, Communitarianism and International Multiculturalism (in diesem Band).

[19] Vgl. etwa Hans Joas, Der Traum von der gewaltfreien Moderne, in: Sinn und Form 46 (1994), S. 309-318.

[20] Philippe Schmitter, The European Community as an emergent and novel form of political domination.Working paper 1991/26 of the Instituto Juan March de Estudios e Investigaciones. Madrid.

[21] (ins Deutsche übersetzt von mir, H.J.)

KSZE (jetzt: OSZE). Und schließlich erlaubt sie die Einbeziehung nicht-staatlicher Akteure in das Bild. In Bereichen wie Ökologie, Menschenrechte, Schutz bedrohter Völker und Abrüstung hat sich längst ein die Staatsgrenzen überschreitendes Netzwerk von Akteuren, Organisationen und Bewegungsmilieus herausgebildet. Wie Dieter Senghaas in seinem „integrierten Friedenskonzept"[22] würde ich die vielfältige Vernetzung der Staaten für einen Grundbestandteil einer stabilen Friedensordnung halten; ohne diese werden alle übrigen Anstrengungen vergeblich sein. Aber zur Herstellung dieser Vernetzung und zu ihrer Aufrechterhaltung wird die Welt eine globale „kommunikative Infrastruktur" im selben Sinne brauchen wie dies der Kommunitarismus für die inneren Verhältnisse der Staaten empirisch beschreibt und normativ verteidigt.

3. Eine neue Demokratisierungsbewegung?

Diese Forderungen bilden zusammen gewiß noch kein umfassendes Programm. Auch die vorliegenden Fragmente eines solchen Programms sollten aber nicht - wie es gerade in Deutschland mit der hier üblichen Semantik des Gemeinschaftsbegriffs häufig geschieht - als ein nostalgischer Versuch mißverstanden werden, zu traditionellen Gemeinschaften zurückzukehren oder einen übergreifenden moralischen Konsens für die Gesellschaft im ganzen mit staatlichem Zwang durchzusetzen. Ich sehe im Kommunitarismus vielmehr den Versuch, das Ideal der Demokratie in einer modernen, hoch differenzierten Gesellschaft im Bewußtsein der zerstörerischen Wirkungen eines freigesetzten Individualismus neu zu formulieren, dabei aber eben den Hauptnachdruck auf politische und vorpolitische Institutionen und Prozeduren staatsbürgerlicher Beteiligung zu legen. Damit befindet sich der Kommunitarismus heute sozusagen in guter Gesellschaft. In sehr verschiedenen Gesellschaftssystemen und von sehr verschiedenen intellektuellen Ausgangspunkten aus lassen sich nämlich in den letzten Jahren zumindest neue theoretische, manchmal auch praktische Versuche in dieser Richtung beobachten.

Vor allem in Ostmitteleuropa gab es während der späten siebziger und der achtziger Jahre etwa die Debatte über die sogenannte „Zivilgesellschaft". Mit diesem traditionsreichen Namen einer vom Staat unabhängigen Selbstorganisation der Bürger war einst die Verselbständigung der „Gesellschaft" gegenüber dem absolutistischen Staat bezeichnet worden. Jetzt wurde daraus im östlichen Mitteleuropa das Codewort für die Einsicht, daß die Bekämpfung des Kommunismus nicht nur die Besetzung der obersten Positionen der Staatsmacht durch eine andere Elite bedeuten konnte, sondern die umfassende Rekonstruktion einer in sich differenzierten und pluralistischen Gesellschaft erforderte. Diese Debatte fand wiederum ihre Resonanzen im Umfeld der neuen sozialen Bewegungen des Westens und in einigen Ländern der Dritten Welt.

In den Sozialwissenschaften wiederum häufen sich Diagnosen von den immer enger werdenden Grenzen staatlichen Handelns durch steigende weltwirtschaftliche Vernetzung, durch die technisch jetzt mögliche Herstellung einer wirklichen Weltöffentlichkeit oder durch die Handlungsmacht von Verbänden und Interessengruppen, die den Staat im nationalen Rahmen eher zum Moderator und im internationalen Feld eher zum Spielball als zum Hobbesschen souveränen Akteur machen.

In den USA bildete sich als dritte einschlägige Strömung eben der „Kommunitarismus" heraus. Die „Zivilgesellschaftsdebatte" scheint mir mit dem Zusammenbruch des Kommunismus ihren Focus verloren zu haben. Die staatstheoretischen Debatten enden oft in bloßem de-

---

[22] Dieter Senghaas, Friedensprojekt in Europa.Frankfurt/Main 1992.

struktiven Steuerungspessimismus oder sie verweisen selbst auf die Dimension der Partizipationsbereitschaft. Diese aber haben die Kommunitaristen, die von den Problemen einer fortgeschrittenen westlichen Gesellschaft ausgehen, von vornherein ins Auge gefaßt.

Ein solcher Versuch muß keineswegs vom Mythos moralischen Niedergangs, um sich greifenden Werteverlusts und allgemeiner Politikverdrossenheit ausgehen. Er stellt einen Versuch dar, die in den sechziger Jahren so virulenten Demokratisierungsbestrebungen wiederaufzunehmen und doch zugleich aus den unintendierten Wirkungen und den Fehlern dieser früheren Welle von Demokratisierung zu lernen. Mindestens in zwei Hinsichten sehe ich hier eine deutliche Differenz zu den sozialen Bewegungen der sechziger Jahre. Zum einen wird der Wert der Effizienz heute viel expliziter akzeptiert; Demokratisierung versteht sich nicht mehr in einem Gegensatz zu den Institutionen des Marktes und der Bürokratie, wo diese sich demokratischen Mechanismen als instrumentell überlegen erweisen. Es geht nicht um die Abschaffung von Markt und Staat, sondern um die Chancen der Marktregulation und einer Einbettung der Bürokratie in die demokratische Kultur.

Zum zweiten löst der Kommunitarismus die unglückliche Liason, die der ältere Progressivismus mit einer Kultur individualistischer Permissivität eingegangen war. Eben diese Verknüpfung hatte manchen engagementwilligen Intellektuellen seinerzeit den Demokratisierungsbestrebungen entfremdet. Um es altmodisch auszudrücken: der Kommunitarismus hat die Einsicht wiedergefunden, daß Selbstregierung die Tugend der Bürger voraussetze. Ohne Selbstkontrolle und soziale Kontrolle und ohne intensive Gefühle der Verpflichtung gegenüber konkreten partikularen Gemeinwesen ist Selbstregierung unmöglich. Die Befreiung von solchen Verpflichtungen und die Lockerung der Kontrollen führen meist nur zur Diffusion von Verantwortlichkeiten und nicht zu effizienter und verantwortungsvoller Selbstregierung. Diese kritische Sicht auf einen Teil des kulturellen Erbes der sechziger Jahre macht es zeitgenössischen Beobachtern oft so schwer, den Kommunitarismus in den Schemata von links versus rechts, liberal versus konservativ zu klassifizieren. Das Insistieren auf einer Remoralisierung der Politik und auf institutionellen Konsequenzen solcher Remoralisierung entgeht diesen einfachen Dichotomien.

Wenngleich ich es nicht für richtig halte, daraus auf ein völliges Veralten der politischen Unterscheidung von links und rechts zu schließen, trifft es doch zu, daß der Kommunitarismus die traditionellen Frontverläufe zwischen den politischen Lagern zu verändern geeignet ist. Entsprechend versuchen kreative politische Köpfe der verschiedensten Orientierung: Wolfgang Schäuble und Kurt Biedenkopf, Rudolf Scharping, Tony Blair und Jacques Delors, Impulse dieser Bewegung für sich zu nutzen. Mit welchem Recht dies im einzelnen geschieht, darüber läßt sich sicher streiten. In den USA selbst kann aus dem Kommunitarismus das entscheidende programmatische Gegengewicht zu dem Gebräu aus christlichem Fundamentalismus, Marktdogmatismus, amerikazentrierter Außenpolitik und science fiction werden, das die Weltsicht der republikanischen Kongreßmehrheit bildet. Er nimmt berechtigte Seiten wertkonservativer Gegenwartskritik auf und fügt diese mit basisdemokratischen und sozialpolitischen Zielen zu einem neuen Ganzen zusammen. Soziale Träger dieses programmatischen Neuansatzes können dabei per definitionem nicht nur diejenigen sein, um deren Interessen es geht - es soll ja gerade die verstärkte Berücksichtigung anderer, der Verzicht auf eigene Rechte und Interessen nahegelegt werden. Hoffnungen auf eine sozialreformerische Bewegung der Benachteiligten in den USA halte ich für illusorisch; die politischen Ausdrucksformen einer vom politischen Leben weitgehend abgekoppelten „underclass" sind meist eher destruktiv. Im Sinn einer eliteninitiierten Veränderung des gesellschaftlichen Klimas und eines neuen Reformprogramms könnte der Kommunitarismus aber zu einer neuen „progressiven Bewegung" in den USA[23] und vielleicht auch hierzulande zu einer neuen Demokratisierung und der von Carl Friedrich von Weizsäcker geforderten außerordentlichen moralischen Anstrengung, die in unserer Zeit angesichts der globalen Probleme nötig ist, beitragen.

---

[23] Im Sinne der Bewegung, die Anfang des 20. Jahrhunderts das öffentliche Leben der USA so stark beeinflußte. Zur Information vgl. etwa Robert H. Wiebe, The Search for Order. New York 1967.

Eine Politische Theorie der Selbstbegrenzung? Annäherung an Weltinnenpolitik über Georg Picht

Ulrich Bartosch

Das Thema der Tagung „Weltinnenpolitik" sehe ich vielschichtig und mehrdeutig. Ich bleibe dabei, daß es sich um einen im Kern sperrigen und auch umstrittenen Begriff handelt. Der Theologe Hans Küng hat dieser Charakterisierung aus dem Begleittext zum Tagungsprogramm widersprochen und stand damit dann eben doch zugleich mitten in der kontroversen Diskussion mit dem Philosophen Klaus Michael Meyer-Abich. „Nicht die Termini 'Weltinnenpolitik' oder 'Weltethos' sind entscheidend," sagte Küng, „sondern die damit gemeinte Sache."[1] Wie aber ist diese Sache nun gemeint, oder wie muß sie verstanden werden? Für Küng ist es ein Weltethos, das gesucht und verstanden werden müsse. Genau dies aber erscheint Meyer-Abich jedoch von einem „europäischen Universalismus" geprägt, den es zuvorderst zu überwinden gilt.[2]

Oder greifen wir eine andere Stelle der kontroversen Diskussionen auf: für den Kölner Wirtschaftswissenschaftler Carl Christian von Weizsäcker ist in unserem Zeitalter „...der Primat der Wirtschaft ...das wichtigste Vehikel für eine erfolgreiche Weltinnenpolitik". Michael Müller, MdB und umweltpolitischer Sprecher der SPD-Bundestagsfraktion, will „die Zukunft nicht den blinden Marktgesetzen überlassen". Er postuliert: „An diesem Punkt der Menschheitsgeschichte werden von Politik und Kultur mehr verlangt als wenige Korrekturen am Modell der Moderne." Diese beispielhaften Gegensätze sind nur eine Seite der Diskussion. Zugleich teilen doch alle Referenten und Autoren auch eine gemeinsame Sorge um die Trends der Weltentwicklung. Also steht Weltinnenpolitik doch schlicht für alles und jeden und damit für nichts Bestimmtes, Tragfähiges, Fruchtbringendes?

Wandel des Politischen

In jedem Fall ist die Problemstellung, die mit dem Begriff 'Weltinnenpolitik' umrissen wird, nicht besonders neu. Ich möchte mich ihr über Georg Picht annähern, einem Autor der sich seit der Paulskirchen-Rede von Carl Friedrich von Weizsäcker im Jahre 1963 an der Diskussion beteiligte. Beispielhaft greife ich eine Textpassage aus „Mut zur Utopie" heraus, die Georg Picht, lebenslang enger Freund und Weggefährte von Weizsäckers, im Jahre 1968 verfaßt hat:

„Nachdem wir versucht haben, uns klarzumachen, daß es einer ganz neuen Form von politischen Systemen bedarf, um die Weltökonomie zu rationalisieren, wird erst sichtbar, auf welchen Bedeutungswandel des Begriffes 'Politik' wir uns einzustellen haben. Die sinnlich nicht mehr greifbare, an keinen Ort gebundene, lautlose, aber alles durchdringende Macht von supranationalen Rationalisierungsinstanzen läßt sich in den überlieferten Kategorien unseres politischen Denkens nicht mehr erfassen. Die Sprache ihrer Programmierungen und Analysen ist eine mathematisierte Fachsprache; man kann die politischen Entscheidungen, die hier getroffen werden, nicht mehr in die Sprache der Regierungen und Parlamente oder in die Sprache der

---

[1] Siehe Beitrag von Hans Küng in diesem Band, S. 5 f.

[2] Siehe Beitrag von Meyer-Abich in diesem Band, S. 28 f.

Massenmedien übersetzen. Die Politik wird in der zukünftigen Welt eine Stufe der Abstraktion erreichen, auf der sie sich mit der Atomphysik durchaus vergleichen läßt. Man wird die komplizierte Mathematik, deren sich die moderne Ökonomie bedient, beherrschen müssen, wenn man verstehen will, was in der Welt politisch vorgeht."[3]

Wie sehr man sich über die Details der Picht'schen Ausführung auch heute streiten könnte, so bleibt der Text doch anschlußfähig für die aktuelle Diskussion. Die besondere Stellung der Ökonomie in Pichts Argumentation ist augenfällig. Sie prägt auch gegenwärtige Lösungsvorschläge ganz entscheidend. Es ist nachgerade erstaunlich, wie unangefochten heute die wirtschaftlichen Anforderungen als Leitkategorien für nahezu alle Beteiligten gelten dürfen. Es hat den Anschein, als könne die Ökonomie die ausreichenden Bedingungen für die Entwicklung der wissenschaftlich-technischen Welt setzen. Picht dagegen hatte eine Fortentwicklung der Politik im Auge, die zur Steuerung der komplexen Lage fähig wird. In diesem Sinne postuliert er:

„Die zentralen Zukunftsaufgaben unserer Welt liegen nicht auf dem Gebiet von Wissenschaft und Technik, sondern auf dem Gebiet der Politik."[4]

Wenn Picht hier von Politik sprach, dann war an dieser Stelle die Wegsuche nach politischen Denk- und Handlungsansätzen gemeint, die wesentliche Kernpunkte eines überkommenen Politikverständnisses in Frage stellen und ablösen müssen. Zuvorderst stand für ihn die Notwendigkeit, die trügerische Sicherheit vermeintlich rationaler, realistischer, klassischer Selbstbeschränkungen der politischen Theorie und Praxis aufzugeben und den Zwang zur Suche nach dem politisch Möglichen anzuerkennen:

„Da keines der großen Weltprobleme im nationalen Rahmen gelöst werden kann, fordert die Vernunft den raschen Ausbau von supranationalen Systemen und einen entsprechenden Abbau der nationalen Souveränitäten. Der gegenwärtigen internationalen Ordnung liegt die Vorstellung zugrunde, es sei vernünftig und naturgemäß, die Erdoberfläche in Parzellen aufzuteilen, die wir als staatliche Territorien bezeichnen, und den Regierungen, die diese Territorien verwalten, die Verfügungsgewalt über ihre Bewohner und Bodenschätze einzuräumen. Dieses Schema der Verwaltung der Erde widerspricht sowohl der Struktur der technischen Systeme wie den elementaren Lebensbedürfnissen unserer Welt. Es läßt sich nicht mit den Prinzipien der Ökonomie in Einklang bringen und steht in unauflösbarem Konflikt mit den Geboten der Gerechtigkeit und Humanität. In einer internationalen Sozietät ließen sich ganz andere Formen der politischen Ordnung denken; sie gelten heute insgesamt als utopisch. Technische Utopien werden Jahr für Jahr in atemberaubendem Umfang realisiert. Aber die menschliche Vernunft kapituliert einstweilen vor der Realisierung jener politischen und gesellschaftlichen Utopien, durch deren Ausführung für die technischen Utopien erst der unentbehrliche Unterbau geschaffen würde. Es stellt sich die Frage, wie lange die Welt es sich leisten kann, im Bereich von Wissenschaft und Technik rational und utopisch, aber im Bereich von Politik und Gesellschaft reaktionär und irrational zu denken."[5]

---

[3] Georg Picht, Mut zur Utopie, in: Ders.: Zukunft und Utopie, Vorlesungen und Schriften hrsg. von Constanze Eisenbart, Stuttgart 1992, S. 321, (Hervorhebung:UB).

[4] Ebd., S. 296.

[5] Ebd., S. 295f.

Seine Einsicht in die 'wechselseitige Zuordnung' von Wissenschaft und Politik, führte Georg Picht zur Utopie. Er nannte sie „aufgeklärte Utopie"[6] und umriß damit auch die Dimensionen einer 'Weltinnenpolitik'. Man muß an dieser Stelle ergänzen, daß es neben der Reflexion von Wissenschaft und Technik über sich selbst, vor allem die Gefahr der kriegerischen Selbstvernichtung der Menschheit ist, die Picht zu der Forderung nötigte:

„Es steht uns nicht frei, uns je nach Belieben für oder gegen utopisches Denken zu entscheiden. Wir sind zur Utopie gezwungen."[7]

Was Picht hier formulierte, gilt ebenso für 'Weltinnenpolitik' - und zwar auch in der Denkweise von Weizsäckers. Beide kamen ja in jenem Gespräch des Februar 1939, das von Weizsäcker in seinem Beitrag erwähnt,[8] überein, daß die Institution des Krieges abgeschafft werden müsse. In der Tradition des politischen Denkens ist dies die utopische Forderung schlechthin. Den Realismus, den beide Männer fortan für diese Forderung beanspruchen wollten, begründeten sie aus der Tatsache, daß die Menschheit im destruktiven, endgültigen Sinne die Verfügungsgewalt über ihre eigene Zukunft gewonnen hätte. Welches Leitprinzip hätte also für die Politik zukünftig zu gelten? Und nicht nur für die Politik - ebenso für eine Wissenschaft und Technik, die Lebensbedingungen der Zukunft bereitstellen wird, und einer Ökonomie zur gerechten Verteilung der Lebenschancen dienen muß.

Im Angesicht der Drohung einer selbstverschuldeten Vernichtung der Menschheit mußte und muß weiterhin jeder positive Zukunftsentwurf naiv erscheinen, wenn er nicht die fundamentale Gefährdung zentral berücksichtigt. Wird dies aber geleistet, so beschränkt sich der Entwurf in der Festlegung jener Grundsätze, die eine globale Auslöschung verhindern. Zur Richtschnur der gelungenen Gefahrenabwehr müssen dann jene Grundsätze werden, die eine weitere Gefahrenabwehr möglich machen. Die Gefahr selbst bleibt mit der Fortexistenz der Menschheit unauflösbar verbunden.

Für Picht bot die menschliche Vernunft die einzige Chance einer permanenten Gefahrenbewältigung. Sie allein kann permanent auf die Sicherung menschlicher Existenz hinwirken. Vernunft ist in der Lage, menschliches Denken so anzuleiten, daß weiterhin vernünftige Entwicklung möglich bleibt. Als solche bleibt die Vernunft reine Möglichkeit noch unbekannter inhaltlicher Ausprägungen. So kann man, Pichts Überlegungen folgend, nur zu einer allgemeinen Konstruktion gelangen. Die aufgeklärte Utopie kann nicht die Welt zeigen und beschreiben, wie sie sein wird. Sie muß, zunächst negativ, „einen obersten Grundsatz, aus dem sich positiv die Struktur aller überhaupt zulässigen Zielsetzungen menschlichen Denkens und Handelns ableiten läßt", bilden.[9] Aus diesen Überlegungen heraus formulierte Picht seinen Grundsatz als Prinzip Verantwortung, lange bevor Hans Jonas sich in ähnlicher Problematik zu Wort meldet:

„Er heißt: eine zukünftige Geschichte der Menschheit wird es nur geben, wenn es gelingt, einen Weltzustand herbeizuführen, in dem vernunftgemäßes Denken und Handeln möglich ist

---

[6] Ebd., S. 339.

[7] Ebd.

[8] Siehe Beitrag von Carl Friedrich von Weizsäcker in diesem Band

[9] Georg Picht, Mut zur Utopie, S. 340.

und sich durchsetzen kann. Auch dieser Satz ist in sich evident. Jede Zielsetzung, jede Planung, jedes politische Handeln und jedes Denken, das diesem Satz widerspricht, ist falsch."[10]

Die aufgeklärte Utopie muß, will sie diesem Grundsatz folgen, mit dem „Hier und Jetzt"[11] unauflösbar verbunden sein. Ein losgelöster, zeitloser Entwurf ist nicht möglich. Sie „muß der negativen Bedingung genügen, daß sie die vorgegebenen Realitäten so erkennt und in Rechnung stellt, wie sie wirklich sind".[12] Damit liegt ihr utopischer Charakter bereits in der Gegenwart und zwar in zweifacher Art: Sie muß den eigentlich zukünftigen Sinn der aufgeklärten Utopie bereits in der Gegenwart als Rahmen vorwegnehmen.[13] Deshalb muß sie zusätzlich sämtliche Möglichkeiten und Mittel der wissenschaftlich-technischen Gegenwart offenlegen und so zur Wirkung bringen, daß die Grenzen des herrschenden naiv utopischen Weltbildes sichtbar werden und überschritten werden können. Aufgeklärt utopisch ist also das Vorhaben, die Menschheit über ihre naiven Utopien in Wissenschaft und Politik aufzuklären. Und „...so erweist sich die Realisierung von Vernunft als die zentrale Aufgabe der zukünftigen Geschichte der Menschheit".[14] In Pichts Anforderungen an die Wissenschaft muß dieser aufgeklärte Gebrauch der Vernunft für seine Vorschläge schon vorausgesetzt werden.

Georg Pichts Auseinandersetzung mit den Wissenschaften als Faktor der dringlichen Problembewältigung wurde also getragen von der Einsicht, „daß die Menschheit den Versuch machen muß, ihre eigene Zukunft zu produzieren".[15] Für das Denken auf die Zukunft hin stehen dem Menschen danach drei Grundformen zur Verfügung: Prognose, Utopie und Planung. Sie befinden sich in einer unauflösbaren wechselseitigen Verschränkung.[16] Nun kann die Wissenschaft im engeren Sinne keine Aussagen über die Zukunft machen. Wenn sie von (noch) nicht existierenden Objekten spricht, „verstößt sie gegen ihr eigenes Grundgesetz"[17]. Reflektiert man allerdings die Bedingungen der Möglichkeit zukunftsgerichteten Denkens neu, ergibt sich die Chance, mittels einer wissenschaftlichen Prognose eine auch wissenschaftlich haltbare politische Planung zu erarbeiten.[18] Damit ist festgelegt, daß Wissenschaft und Technik als konstruktive Mittel der Gegenwartsanalyse sowie der Zukunftsgestaltung eine zentrale Stellung einnehmen:

„Die Menschheit müßte sehenden Auges ihrem eigenen Untergang entgegentreiben, wenn sie nicht hoffen dürfte, durch neue Anstrengungen der Wissenschaft die Auswirkungen der bisherigen Wissenschaft unter Kontrolle bringen zu können. Allerdings ist anzunehmen, daß sich unter dem Zwang der Not das Schwergewicht von den Naturwissenschaften auf Ökonomie

---

[10] Ebd.

[11] Dieses Begriffspaar bildet zugleich einen Buchtitel, der von Picht selbst herausgegebenen Aufsätze: Georg Picht, Hier und Jetzt. Philosophieren nach Auschwitz und Hiroshima, Band I und Band II, Stuttgart 1980 und 1981.

[12] Georg Picht, Mut zur Utopie, S. 340.

[13] Vgl. Georg Picht, Prognose, Utopie, Planung (1966), in: Ders: Zukunft und Utopie, Vorlesungen und Schriften hrsg. von Constanze Eisenbart, Stuttgart 1992, 26f.

[14] Georg Picht, Mut zur Utopie, S. 340f.

[15] Ebd., S. 287.

[16] Siehe Georg Picht: Prognose, Utopie, Planung, in: Ders.: Zukunft und Utopie, Vorlesungen und Schriften hrsg. von Constanze Eisenbart, Stuttgart 1992, S. 8f.

[17] Ebd., S. 3.

[18] Vgl. ebd., S. 11 u. 27.

und Sozialwissenschaften verlagern wird; denn wir müssen lernen, auch die Physik der Gesellschaft zu beherrschen."[19]

Wir haben damit wieder jene Analogie zwischen Physik und Politik erreicht, die zu Beginn der Argumentation mit Georg Picht gestanden hatte. Und es wird nun auch deutlich sichtbar, daß sich Picht eine konstruktive Leitstellung der Ökonomie nur im Rahmen einer aufgeklärten Utopie denken konnte. Und noch etwas wird offenkundig: Die Verknüpfung von Fortschritt mit Gefahr. Gibt es aber jene Gefahren überhaupt noch, die Picht - und von Weizsäcker - in den 60er Jahren gesehen hatten?

Demokratie mit der Zukunft

Die Tagung ist mit dem Zusatz „Handeln auf Wegen in der Gefahr" untertitelt. „Wege in der Gefahr" hieß jenes Buch von v. Weizsäcker, das die Problematik 'Weltinnenpolitik' ausführlicher behandelt. Im Jahre 1976 erschienen, war seine Analyse darin tief geprägt von der Gefährdung der Menschheit durch ein technisches Vernichtungspotential, das einem antagonistischen ideologischen Konflikt zwischen Ost und West dienstbar gemacht wird. Dagegen wandte sich von Weizsäcker mit seiner Konzeption Weltinnenpolitik, die als komplex gedachtes theoretisches Politikkonstrukt Analytik und Programmatik gleichzeitig berücksichtigen wollte. Ohne dies dann im Detail auszuarbeiten, entwarf von Weizsäcker die Eckpunkte für ein praxeologisches Politikmodell, das die Bedingungen des politisch gesicherten Weltfriedens suchen will und die Zeit für diese Suche über eine Politik der Kriegsverhütung gewinnen muß. Die Kriegsverhütung mußte, der Logik der atomaren Abschreckung folgend, die Kriegführung theoretisch durchdenken und praktisch realisierbar machen. Die Suche nach den Bedingungen des politisch gesicherten Weltfriedens sollte zur Ablösung dieses Abschreckungssystems führen können. Weltinnenpolitik repräsentiert diese doppelgesichtige Verantwortung für die praktische Politik und deren wissenschaftliche Bearbeitung. Aus dieser Verantwortung sind wir durch die neuen Zeitumstände nicht entlassen worden: oder ist der Frieden nicht mehr in Gefahr?

Ich will kursorisch die betreffende Diskussion seit 1989 charakterisieren. Zunächst lag es nahe, im Schulterschluß mit Gorbatschows Sowjetunion, die anstehenden Probleme endlich gemeinsam übereinstimmend zu lösen. Weltinnenpolitik war die Formel der Stunde und an die Stelle der gegenseitigen Gefährdung durch atomaren Waffeneinsatz schien die gemeinsame Gefahr der ökologischen Katastrophe treten zu können. Man konnte den Eindruck gewinnen, daß die Welt gewillt war, dieser Gefahr gemeinschaftlich entgegenzutreten. Die große Umweltkonferenz von Rio - vielfach mit dem Begriff 'Weltinnenpolitik' belehnt - war hierfür das paradigmatische Ereignis. Zugleich schien die Friedenssicherung zu einer Angelegenheit der Vereinten Nationen werden zu können. Die Konflikte, um die es jetzt ging, waren zudem von räumlich begrenzter Art. Da sich die Akteure nicht mehr 'automatisch' über eine Verknüpfung mit dem Ost-West-Gegensatz in eine globale Bedeutung katapultieren konnten, blieben unsere Befürchtungen um die Folgen militärischer Interventionen nun begrenzt. Sicherlich gab es manchmal ein kurzzeitiges Erschrecken, z. B. ob die brennenden Ölfelder Kuwaits unser Klima beeinflussen könnten. Und fraglos bringen die Flüchtlingsströme, die (nur teilweise) nach Europa reichen, eine gewisse innenpolitische Belastung mit sich. Doch im Vergleich zu den blanken Existenzängsten einer Kuba-Krise oder eines Berlin-Ultimatums ist die sicherheitspoliti-

---

[19] Georg Picht, Mut zur Utopie, S. 331.

sche Sorge in den Tagesordnungen nach unten gerutscht. Weltinnenpolitisch gesehen ist dies eine gefährliche Illusion.

Diese Illusion lebt von der Vorstellung, als sei ein Zustand der Welt erreicht, indem die Institution des Krieges bereits abgeschafft ist. Zumindest setzt sie voraus, daß der Krieg zwischen denen, die die Verfügungsgewalt über atomare Vernichtungswaffen besitzen oder erlangen werden, keine Option mehr ist. Wo sind die Sicherheiten für diesen Kredit auf den Frieden? Ist es die gefestigte Demokratie in Rußland? Ist es die Integration Hongkongs in die VR China? Ist es die internationale Überwachung des Irak?

Anscheinend ist die Gefahr vorüber, obwohl das Gefährdungspotential bestehen blieb. Was bietet aber tatsächlich die Gewähr für eine friedliche Entwicklung? An die Stelle des „politisch gesicherten Weltfriedens" ist offenbar der 'ökonomisch globalisierte Weltfrieden' getreten. Ist dies ein ausreichender Garant?

Ohne Zweifel hat die Beendigung des Ost-West-Konfliktes die Expansionsgrenzen der Demokratie weit über die Areale der westlichen Länder hinausgeschoben. Die Demokratisierungswelle wurde allerdings von der ökonomischen Globalisierungswelle überrollt. Es scheint aber fraglich, ob der Prozeß der ökonomischen Globalisierung mit der Verbreitung demokratischer politischer Strukturen zwingend verbunden sein muß. Die sogenannte Identitätsbindung von global agierenden Unternehmungen an ihren Stammsitz in einem demokratischen Staat endet häufig dort, wo demokratische Vertretungen zu einem Standortnachteil werden. Soziale Errungenschaften oder umweltpolitische Auflagen werden an anderem Standort eben nicht eingefordert.

Meine These ist, daß die Demokratie gerade nach dem Ende des Ost-West-Konflikts und im Angesicht einer entgrenzten Ökonomie eine schlechte Lobby besitzt. Nur ein Anhaltspunkt dafür: Die großen Vorbilder unserer Zeit, die als Akteure auf der globalen Politikbühne agieren, sind nicht demokratisch organisiert. Und doch werden PR-Schlachten von kämpfenden Parteien wie Shell oder Greenpeace als Belege für weltgesellschaftliche Entwicklung angeführt. Gegen diese perfekte Inszenierungsmöglichkeit des alten Schemas 'Gut gegen Böse' wirken die behäbigen Kompromißbemühungen gewählter Volksvertreter zugegebenermaßen lächerlich. Diese Form der Lächerlichkeit sollte uns jedoch teuer sein. Sie ist eng verwandt mit der Würde des Demokraten gegenüber dem Diktator. 'Droht uns die Ökodiktatur?' stand folgerichtig eine Weile als Frage in der Diskussion der vergangenen Jahre. Die Frage ist heute banaler geworden: wer verteidigt die Demokratie?

Eine ökonomische Elite, die es sich leistet, in ihren Stammländern mit rasender Geschwindigkeit immer größere Bevölkerungsgruppen von der Erwerbstätigkeit auszuschließen, wird das demokratische Stimmrecht dieser Gruppen mit wachsender Sorge betrachten müssen. Eine ökologische Elite, die von Marketing- und PR-Strategien geleitet ist, wird den undankbaren demokratischen Umstandswegen bestenfalls mit Mitleid begegnen. Eine ausgegrenzte Bevölkerungsgruppe, die in den Zielkatalogen der ökonomischen Trendsetter nicht mehr vorkommt, könnte die Verpflichtung zum demokratischen Konsens aufkündigen. Hiermit sind längst nicht alle Perspektiven für die Demokratie aufgezeigt. Sie gelten für die europäischen Länder genauso wie weltweit.

Es ist im Kontext von Weltinnenpolitik sehr wichtig, diese Gefährdung der Demokratie zu reflektieren. Die Konzeption läßt die Frage nämlich offen. Ob es eine globale Demokratie oder eine Weltdiktatur ist, die Weltinnenpolitik betreibt, ist nicht festgelegt. Hierin liegt also eine Aufgabe, für die wir Verantwortung zu übernehmen haben. Sie muß als Verantwortung aber auch wahrgenommen werden. Im Angesicht von realen Gefahren hat sie die Zukunft soweit

160

wie möglich offenzuhalten. Es kann nicht so sehr darum gehen, wie wir heute die Lösung der Weltprobleme festlegen. Es ist an der Zeit, die Zukünftigen zu befähigen, ihre Lösungswege selbst zu suchen. Insofern ist Weltinnenpolitik in besonderem Sinne demokratisch, da sie an die größtmögliche Freiheit gebunden ist. Diese Freiheit muß aktuell und generationsübergreifend gesichert werden. Hier liegt die besondere Verantwortung der gegenwärtigen Generation. Sie ist gleichermaßen als praktische Aufgabe der Politik wie als theoretische Aufgabe der politischen Philosophie zu denken. Georg Picht fand für die Ortsbestimmung der Verantwortung eine griffige Formel:

„Politik ist jene Gestalt des Denkens, in der es seine Verantwortung realisiert im Unterschied zur Philosophie und jeder vernunftgemäßen Form der Wissenschaft, in der das Denken diese Verantwortung entdeckt."[20]

In der Sprache von Hans Jonas handelt es sich um „ein dem Nichtwissen abgewonnenes Wissen", das zu dem Grundsatz führt:

„Kurz, eine Verantwortung der Staatskunst ist, darauf zu achten, daß künftige Staatskunst möglich bleibt. ...Das Prinzip ist hier, daß jede totale Verantwortung bei all ihren Einzelaufgaben immer auch dafür verantwortlich ist, daß über die eigene Erfüllung hinaus die Möglichkeit verantwortlichen Handelns auch künftig bestehen bleibt."[21]

Dieses Prinzip Verantwortung wird also gewonnen aus der Erkenntnis, daß Politik keinen Anspruch auf die eine, zeitlose Wahrheit erheben kann und ist in mehrfacher Hinsicht an Freiheit gebunden. Es benennt die Freiheit der gegenwärtigen Akteure, deren Handlungsspielraum auch die Selbstbegrenzung umfassen muß. Nicht alles, was aus gegenwärtiger Perspektive als sinnvoll, ja vielleicht notwendig erscheinen mag, darf gemacht werden, wenn dadurch die Freiheit der zukünftigen Akteure irreversibel eingeschränkt wird. Die Gefahren machen die Freiheit jener zwingend erforderlich, die sie abwenden sollen. Da es aber keine endgültige Abwehr der Gefahren geben wird, ist die Freiheit jener Akteure, die sie zukünftig abwehren müssen, eine politische Pflicht. Es ist eine politische Freiheit, die als individuelle und als gemeinschaftliche gedacht werden muß.

Weltinnenpolitik müßte diese Freiheit ständig konstituieren. Als politische Theorie muß sie sich daher der Frage neu zuwenden, wie die Zeit, - als Ablauf von Vergangenheit, Gegenwart und Zukunft -, und die darin verlaufenden Lebenszeiten der Menschen, als politischer Akteure, in unseren politischen Theorien berücksichtigt wurde und wird. Sie wird überdenken müssen, wie die Interessenvertretung jener Gruppen, die heute nicht innerhalb unseres globalen, politischen Systems gehört werden, konstitutiv in einen demokratischen Prozeß eingebunden werden können. Die Kinderrechtskonvention der UNO z. B. und die damit verbundene Diskussion hat hier einen - nicht unwesentlichen Beitrag zur Formulierung von Weltinnenpolitik - zu leisten.[22] Wenn die Analogie von Innen- und Außenpolitik in dieses theoretische Problem einbezogen werden soll, dann ist hier der Platz dafür. Innenpolitik findet nicht in räumlicher, aber in zeitlicher Perspektive statt. Es ist ein Zeitraum, in dem wir heute unsere Politik gestalten, als sei er unbegrenzt. Zumindest betrachten wir Heutige die Welt und was damit innerhalb des uns

---

[20] Georg Picht, Geschichte und Gegenwart, Vorlesungen und Schriften hrsg. von Constanze Eisenbart, Stuttgart 1993, S. 200.

[21] Hans Jonas, Das Prinzip Verantwortung, Versuch einer Ethik für die technologische Zivilisiation, Frankfurt am Main, 1. TB-Aufl. 1984, S. 214f.

[22] Vgl. Beitrag von Eugeen Verhellen in diesem Band.

geliehenen Zeitraums geschieht, de facto als innere Angelegenheit. Eine Einmischung von außen - also von jenseits unseres eigenen Zeitraumes - , durch eine institutionalisierte Vertretung der kommenden Generationen lassen wir (noch) nicht zu. Politik jedoch geschieht institutionalisiert. Eine akzeptierte Vertretung der Zukünftigen allein könnte uns aber zum Verzicht, zu einer Politik der Selbstbegrenzung zwingen. Unter demokratischen Bedingungen könnte diese auch ohne Gewaltmittel über öffentliche Meinungsbildung einflußreich sein. Ein sympathischer und zugleich abstrus erscheinender Gedanke, oder?

Seit Karl Popper die Feinde der Offenen Gesellschaft analytisch bestimmt hat und spätestens seit dem praktischen Bankrott vieler staatssozialistischer Systeme ist der Gedanke diskreditiert, daß der erzwungene gegenwärtige Verzicht zugunsten künftiger politischer Ziele eine vernünftige Option darstellen könnte. Diese Konstruktion einer Grundlegung des aktuellen politischen Handelns auf der Basis der entworfenen Zukunft ist theoretisch hinfällig. (Als praktische Option bleibt sie immer gefährlich und verführerisch.) Die Frage, wie aber dann ein solcher Verzicht demokratisch legitimiert und begründet werden könnte, bleibt unbeantwortet, ja ungestellt. Pichts Anmerkung, daß die Politik den Abstraktionsgrad der modernen Physik erreichen müsse, zeigt sich an diesem Punkt übrigens besonders deutlich. Es sind eben die Dimension der Zeit und die Unschärfe unseres Wissens, die im Gefolge unseres wissenschaftlich-technologischen Fortschritts eine zentrale politische Bedeutung erlangen - praktisch und theoretisch. Mit Carl Friedrich von Weizsäcker hat dann auch ein Theoretischer Physiker dieses politiktheoretische Problem bearbeitet.

Eine politische Theorie der Selbstbegrenzung bewegt sich mit ihren Argumentationsketten gefährlich nahe an der naiven Utopie. Sie trägt den Keim des Totalitarismus in sich, wenn sie nicht demokratisch legitimiert gedacht und praktiziert wird. Kann man angesichts dieser Probleme nicht auf die Formulierung einer solchen Theorie verzichten? Man könnte, wenn die ökonomische Theorie und Praxis eine Berücksichtigung der Interessen der Zukünftigen automatisch, also zwingend, sicherstellt. Wenn sie zugleich garantieren kann, daß sie diese Sicherung auf dem Wege einer Stabilisierung der demokratischen Systeme und durch gerechte Verteilung der Güter erreichen kann. Wenn dies nicht absolut garantiert ist, sollten wir über eine politische Theorie der Selbstbegrenzung nachdenken, sollten wir das Projekt Weltinnenpolitik als theoretische und praktische Herausforderung annehmen.

Nicht allen ist dabei das Geschenk gegeben, für dieses „Handeln auf Wegen in der Gefahr" auf einen festen Glauben sich stützen zu dürfen. Im Falle Carl Friedrich von Weizsäckers hat Weltinnenpolitik unbestritten eine theologische Dimension. In der Schilderung seines Gesprächs mit Karl Barth, die am Ende seines Textes in diesem Band wiedergegeben ist, kommt dies klar zum Ausdruck:

„Dann habe ich ihm erzählt, welche Probleme wir mit Atomwaffen kriegen, und mich gefragt: Also von Galilei, den die Kirche ja gedämpft, verurteilt hat, weil er frei was er in der Wissenschaft fand, einfach verkörperte, von Galilei bis zur Atomwaffe führt ein gerader Weg. Darf ich heute noch Physik treiben? Dann sagte er mir: Wenn Sie das glauben, was alle Christen bekennen und keiner glaubt, daß nämlich Christus wiederkommt, dann dürfen Sie, ja dann sollen Sie ihre Physik betreiben. Wenn Sie das aber nicht glauben, dann müssen Sie sofort mit der Physik aufhören. Meine Reaktion - ich brauchte keine Minute nachzudenken - um zu sagen: Ich werde weiter Physik betreiben. Ich habe natürlich nicht gemeint, daß Jesus von Nazareth in seinen alten Tagen wieder auf die Erde kommt, aber ich habe gemeint, daß er davon spricht, daß das, was Jesus wirklich klar verkündet hat sich in der Menschheit durchsetzen werde. Und wenn ich das glaube, dann darf ich, ja dann soll ich weiter Wissenschaft betreiben. Wenn ich das nicht glaube, dann gibt es keine Rettung und dann darf ich nicht."[23]

In diesem Sinne ist Weltinnenpolitik mit einer Hoffnung verbunden, die sich ebenso wie das Prinzip Verantwortung aus dem 'Nichtwissen' ableitet. Auch hier zeigt sich der besondere Wert der Freiheit für Weltinnenpolitik. Die Freiheit des Glaubens kann als Voraussetzung für die Vervielfachung der individuellen begründeten Hoffnung gesehen werden. Ein konziliarer Prozeß und ein Projekt Weltethos z. B. führen dann zum Handeln auf Wegen in der Gefahr.

---

[23] Vgl. Beitrag von Carl Friedrich von Weizsäcker in diesem Band, S. 35 ff.

Laudationes

Carl Friedrich von Weizsäcker zum 85. Geburtstag

Hans-Peter Dürr:

Sehr verehrter, lieber Carl Friedrich von Weizsäcker.

Als Kernphysiker und Mitarbeiter am Deutschen Uranprojekt während des letzten Weltkrieges haben Sie – als enger Freund und Vertrauter von Werner Heisenberg – aus prominenter Warte die tödlichen Gefahren für die Menschheit, die mit der Entfesselung der Kernkräfte heraufzogen, von Anfang an erkannt und mit vollem Bewußtsein wahrgenommen. Gerade in diesen Zeiten extremer politischer Unvernunft ist Ihnen und anderen die prinzipielle Ambivalenz wissenschaftlicher Errungenschaften, zum Wohle wie zum Verhängnis der Menschheit werden zu können, dramatisch deutlich geworden. Die Zeitnot der deutschen Machthaber haben Heisenberg und Ihnen damals schwierige Gewissensentscheidungen erspart. Die Atombombenabwürfe auf Hiroshima und Nagasaki durch die USA im August 1945 haben jedoch die schlimmen Befürchtungen Wirklichkeit werden lassen und die Konstruktion der Wasserstoffbombe einige Jahre später diese nochmals tausendfach verstärkt. Angesichts der sowjetischen Wasserstoffbombe haben Bertrand Russell und Albert Einstein im Juli 1955 in einem Manifest Wissenschaftler aus aller Welt – West wie Ost – beschwörend aufgefordert, sich dieser verhängnisvollen Entwicklung mit Entschiedenheit entgegenzustellen. Vor fast genau 40 Jahren, im Juli 1957, fand in der politisch entspannteren Eisenhower-Chruschtschow-Periode die erste Pugwash-Konferenz von amerikanischen und sowjetischen Kernphysikern im kleinen kanadischen Fischerdorf Pugwash statt. Schon auf der zweiten Konferenz in der Nähe von Quebec waren auch Sie, Herr von Weizsäcker, mit dabei und haben diese Begegnung zum Anlaß genommen, Ihren nachdenklichen Artikel „Mit der Bombe leben" in der „ZEIT" zu schreiben. Vorher schon, im April 1957, hatten, wesentlich unter Ihrer Federführung, 18 deutsche Kernphysiker die sogenannte „Göttinger Erklärung" veröffentlicht, in der Sie und die anderen Unterzeichner sich gegen die Atombewaffnung der Bundeswehr wandten und ihre Mitarbeit bei der Entwicklung solcher Waffen definitiv ablehnten. Sie haben kürzlich anläßlich der großen 40-Jahr-Feier der Göttinger Erklärung in der Aula der Münchner Universität uns nochmals ausführlich darüber berichtet. Die Göttinger Erklärung hat zwei Jahre später zur Gründung der Vereinigung Deutscher Wissenschaftler geführt, in der Wissenschaftler aus allen Disziplinen versuchen, die von Ihnen geforderte Verantwortung für ihr Forschen und Wirken gegenüber der Gesellschaft wahrzunehmen.

Der Begriff im Titel unserer Konferenz „Weltinnenpolitik" klingt für Quantenphysiker wie Sie und mich, nicht so „sperrig und umstritten" wie wohl für einen Sozialwissenschaftler. Denn ein Quantenphysiker begreift die Welt fundamental als ein nicht-auftrennbares Ganzes, das sich einem wissenschaftlichen Reduktionismus, strenggenommen, widersetzt. Eine Auftrennung des Ganzen, die erst eine Unterscheidung zwischen Innen und Außen zuläßt, gelingt hier nur näherungsweise und auf recht vielfältige Art, die von der jeweiligen Fragestellung abhängt.

Die Notwendigkeit von Verantwortung und die Aufforderung zur persönlichen Wahrnehmung von Verantwortung resultiert aus unserer Teilhabe am Ganzen und aus der Offenheit des Zukünftigen, das es in jedem Augenblick zu gestalten gilt.

Da wir Menschen verlernt haben, die Evolution des Lebendigen vornehmlich als Plus-Summen-Spiel (bei dem der Vorteil des einen auch zum Vorteil des anderen wird) zu begreifen, und wir – vor allem aufgrund wirtschaftlicher Rahmenbedingungen und der sich daraus

entwickelnden Eigendymamik und Machtstrukturen – in unseren Beziehungen zu unserer Mitwelt, trotz aller gegenteiligen Beteuerungen, Partnerschaft immer mehr durch Herrschaft ver-
drängen, verspielen wir unsere Zukunftsfähigkeit. Die Chancen, daß es uns noch gelänge, die
notwendigen Bedingungen für die Zukunftsfähigkeit des homo sapiens zu schaffen, erscheinen
heute äußerst gering. Solche Menschheitskatastrophen, die auch Ihnen, Herr von Weizsäcker,
immer wieder vor Augen standen und noch stehen, werden jedoch erst dann unvermeidlich,
wenn wir die Hoffnung auf tiefgreifende Veränderungen in unserer Lebens- und Wirtschaftsweise aufgeben. Sie, lieber Herr von Weizsäcker, haben trotz der düsteren Prognose, zu der
eigentlich jeder gelangen muß, der die überlieferte Geschichte kennt, keine Mühe gescheut,
immer wieder gegen das vermeintlich Unvermeidliche mit Geduld und Eloquenz anzudenken
und anzudiskutieren.

Ich weiß nicht, ob nicht auch Ihnen, wie mir, dabei im Hinterkopf ein wenig die Quanten-
physik geholfen hat, die uns lehrt, daß es prinzipiell keine sicheren Prognosen gibt. Dies hat,
neben der üblichen bedauerlichen Folge, daß eine als fundiert erachtete Erwartung sich nicht
realisiert, doch manchmal auch die erfreuliche Konsequenz, daß eine befürchtete Katastrophe
ausbleibt. Visionen, die sich an dem orientieren, was wir für möglich halten, haben ihren wichtigen Platz, aber wir brauchen auch Utopien, die über das hinaus zielen, was wir uns heute
vorstellen können. Sagen wir nicht mit Recht, daß die Utopien von gestern die Realitäten von
heute sind? Dann müssen den Realitäten von morgen Utopien heute vorausgehen.

In diesem Zusammenhang fällt mir eine eindrucksvolle Bemerkung von Mikhail Gorbatschow ein, die er am russischen Neujahrstag 1988 im Kreml bei einem Gespräch mit einigen
von uns Wissenschaftlern (unter denen übrigens auch der aus seinem Exil in Gorkij zurückge-
holte Andreij Sacharow war) machte. Auf die Frage eines Gesprächsteilnehmers an Gorbatschow, ob er glaube, daß er mit „Perestroika" und „Glasnost" letztlich sein dabei gestecktes
Ziel erreichen werde, antwortete er nach kurzem nachdenklichen Zögern: Die äußeren Bedingungen für einen Erfolg erforderten notwendig sehr schnelle und große Veränderungen, aber
die langsame Lernfähigkeit der Menschen lasse dies praktisch nicht zu. Die Frage, die er sich
selbst jeden Morgen stelle, sei deshalb nicht, ob die Zeit reiche, sondern ob er mit größter Anstrengung den Punkt erreichen könne, von dem an kein Rückfall mehr möglich sei (point of no
return).

Auch Sie, lieber Herr von Weizsäcker, haben so gedacht und mit dieser Haltung unermüd-
lich weitergewirkt. Sie haben viele von uns dazu ermutigt, Ähnliches zu probieren. Historisch
betrachtet hat Gorbatschow schon eine positive Teilantwort auf seine Frage erhalten: Die es-
kalierende Konfrontation zweier nuklearer Supermächte endete nicht mit dem als unvermeidlich geltenden nuklearen Vernichtungskrieg.

Diese für viele völlig unerwartete historische Wende sollten auch Sie, lieber Herr von
Weizsäcker, als einen Teilerfolg Ihres eigenen unermüdlichen Engagements bewerten.

Ich wünschte, es würden einmal alle die unzähligen Hintergrundsbemühungen zur Bewältigung solcher schwierigen Konflikte aufgezeigt und geeignet herausgestellt werden, um deutlich
zu machen, daß nicht nur Macht, Druck, Erpressung, Drohung und Einschüchterung Konflikte
letztlich lösen können, wie immer wieder behauptet wird, sondern daß im Gegenteil, auch ein
geduldiger, offener, partnerschaftlicher Diskurs engagierter und empathischer Menschen letztlich Spannungen wirksam abbauen und tragfähige Kompromisse herbeiführen kann. Zukünftige
Generationen werden solche geduldigen, konstruktiven Handlungsweisen bitter nötig haben,
denn die Gefahren an ihren Wegen werden noch weit vielfältiger und bedrohlicher sein als unsere heute.

Herr von Weizsäcker, wir danken Ihnen für das zukunftsweisende Beispiel, das Sie uns mit Ihrem eindrucksvollen Leben gegeben haben.

Grußwort

Hermann von Loewenich

Als Carl Friedrich von Weizsäcker am 28. Juni 1912 geboren wurde, stand in den Herrnhuter Losungen ein Wort aus dem 136. Psalm: *„Danket dem Herrn aller Herren, denn seine Güte währet ewiglich. Der allein große Wunder tut - seine Güte währet ewiglich".* Sechsundzwanzig Verse lang wird in vielen Variationen die Freundlichkeit Gottes gepriesen: Natur, Erde, Sonne, Mond und Sterne werden staunend betrachtet - ebenso die Geschichte, die Israel unter den Völkern seit seiner Errettung aus den Fluten des Schilfmeeres erlebt hat. Wie in einem Refrain mündet alles immer wieder in der Aufforderung: Danket dem Herrn!

Ich kann mir gut vorstellen, daß das Kieler Haus der Weizsäckers an jenem 28. Juni vor 85 Jahren ebenso mit solcher Dankbarkeit erfüllt war. Freilich ahnte damals niemand, daß in dieser Losung die großen Lebensthemen von Carl Friedrich von Weizsäcker vorsichtig präludiert sind: Das Erforschen der großen Zusammenhänge der Natur und ihrer physikalischen Gesetze sowie das Erforschen der Lebensbedingungen in der modernen Welt und des Zusammenlebens der Völker.

In wenigen Tagen werden wir - 85 Jahre später - am 28. Juni folgende Losung lesen: *„Besser wenig mit Gerechtigkeit als viel Einkommen mit Unrecht".* Dieses Wort steht im Buch der Sprüche, in dem bekanntlich alte weisheitliche Sätze gesammelt worden sind, die in Israel von Generation zu Generation weitergegeben wurden. Fast möchte ich sagen, dieser weisheitliche Satz - der skeptisch das eine mit dem anderen vergleicht und vorsichtig bewertet - könnte so auch von unserem Jubilar stammen.

Wer ihm über Jahre hinweg zuhört, gewinnt den Eindruck: Wenn er Grundprobleme unserer komplexen wissenschaftlich-technischen Welt in ihren politischen, kulturellen und religiösen Dimensionen durchdacht hat, gelingt es ihm, seine Erkenntnisse in ganz schlichten - in weisheitlichen - Sätzen zusammenzufassen. Diese aber haben es in sich. Denn sie fordern Politiker und auch jeden Einzelnen mächtig heraus, wenn sie in einem Handlungskonzept Geltung bekommen sollen.

Dies gilt im Blick auf die Probleme in unserem eigenen Land, wie im Blick auf das Zusammenleben zwischen Staaten und Völkern. Wenn die Erkenntnis *"Besser wenig mit Gerechtigkeit"* zur Maxime unseres Willens und zum allgemeinen Gesetz des weltinnenpolitischen Handelns würde, könnte vielleicht der Sprengstoff, der durch die Haltung *„viel Einkommen mit Unrecht"* täglich brisanter wird, langfristig entschärft werden. Das wäre ein bedeutender Beitrag zum inneren und äußeren Frieden.

Der weisheitliche Satz der Losung erinnert aber auch an den konziliaren Prozeß, den Carl Friedrich von Weizsäcker in der Ökumene angestoßen, mit viel persönlichem Engagement über lange Jahre begleitet und mitbestimmt hat. Darin zeigt sich eine *andere Seite* des Jubilars: Er ist in der Welt von Wissenschaft und Politik zu Hause, hat aber seine Wurzeln in der christlichen Tradition. Dies führt nicht nur dazu, daß er sich auf dem Genfer Parkett des Ökumenischen Rates gut auskennt, auch einmal einen Abstecher in den Vatikan macht oder mit dem Dalai Lama diskutiert, sondern daß er ganz bewußt evangelisches Gemeindeglied in Söcking bei Starnberg ist. Ein prominentes gewiß, aber auch eines, das dort sonntags zusammen mit seiner

Frau immer wieder im Gottesdienst zu finden ist und auch gelegentlich bei Gemeindeabenden referiert.

Weisheit gilt im Alten Testament als die *Gespielin* Gottes. Gott kann es sich leisten, mit ihr zu spielen. Wir nicht. Zu oft schon wurde sie in der Weltgeschichte von uns verspielt. Deshalb können wir dankbar sein, wenn sie unter uns spürbar wird und uns neue Wege des Denkens und Tuns weist. Weisheit zielt nicht primär auf Glauben, sondern sucht die Zustimmung der Vernunft. Damit wendet sie sich an alle Menschen guten Willens, die den Mut haben, sich ihres eigenen Verstandes zu bedienen. Auf solche Menschen hat Carl Friedrich von Weizsäcker Zeit seines Lebens gesetzt. Behutsam, skeptisch aber hartnäckig - hat er den Dialog über politische, kulturelle und religiöse Grenzen hinweg gesucht. Nicht wenige sind es, die sich dabei aufgrund der Überzeugungskraft von Vernunft und Weisheit verändert haben. Er selbst zählt sich sicher zuallererst zu ihnen.

Es ist das *Vorrecht Gottes,* die Weisheit als Gespielin zu haben. Gesellt sie sich im Lauf eines langen Lebens zu einem Menschen, ist das ein besonderes *Geschenk.* Dies führt natürlich zu der Frage: Wie kann das geschehen? Können wir selber nach Weisheit streben? Können wir weise werden durch Lernen, Studieren und Forschen? Durch Mitgestaltung des öffentlichen und persönlichen Lebens? Oder ist Weisheit eine Frucht von Berufs- und Lebenserfahrung? Das alles können *Bausteine* sein. Freilich ist man weit von ihr entfernt, wenn man sie lediglich als Summe all dieser oder ähnlicher Faktoren betrachtet.

Im Alten Testament gibt es keinen Zweifel daran, daß die Weisheit *von Gott* kommt. Er ist es, der sie einem Menschen verleiht und ihn dadurch in besonderer Weise auszeichnet. Und vielleicht tut er das besonders bei denen, die sich selbst wie einst Sokrates - nicht für weise halten, sondern sich und die Welt mit alten und neuen Fragen der Menschheit in Bewegung halten.

Carl Friedrich von Weizsäcker hat die alte Frage nach der Außenpolitik 1963 mit seiner neuen Frage nach einer Weltinnenpolitik in Bewegung gebracht. Natürlich fragt man sich da, was dann *Weltaußenpolitik* bedeuten könnte. Da sich der Jubilar ja auch mit der Entwicklung von Sternen und Sternsystemen beschäftigt hat, könnte man da durchaus ins Spekulieren kommen...

Als Bischof erlaube ich mir, diesem Begriff eine theologische Wendung zu geben: Das Neue Testament versteht die *polis dieser Welt* immer im *Gegenüber* zur *himmlischen polis,* zur Stadt Gottes, von der jetzt schon das Licht der Gnade zu uns herüberfällt. Es versteht dieses „Außen" als jenes *extra nos,* das wir Gott nennen und von dem wir glauben, daß es sich in Jesus Christus offenbart hat. Dieses Außen auch so zu denken, eröffnet noch einmal eine ganz andere Perspektive, die der polis unserer Welt - der Politik und jedem einzelnen Menschen - guttut.

Carl Friedrich von Weizsäcker hat dies in seinem gesamten Werk immer stillschweigend getan - auch wenn er nicht ständig darüber geredet oder darüber geschrieben hat. Theologisch gedachte „Weltaußenpolitik" wäre also der Bezug der irdischen zur himmlischen polis - ein *Leben coram deo.* Sie wäre das Bewußtsein, daß wir in all unserem Denken und Tun Gott verantwortlich sind. Sie wäre der Glaube, von ihm *„ohn all unser Verdienst und Würdigkeit"* in Gnaden angenommen zu sein und wenn wir Glück haben, sogar mit Weisheit beschenkt zu werden.

Daß er dies an unserem Jubilar getan hat und ihm gemeinsam mit seiner lieben Frau hoffentlich noch lange erhält, ist für uns ein Grund zu tiefem Dank. Deshalb bitte ich mit einzustimmen in das Psalmwort seines Geburtstages im Jahre 1912: „Danket dem Herrn aller Herren, denn seine Güte währet ewiglich. Der allein große Wunder tut - seine Güte währet ewiglich."

Grußwort

Friedemann Greiner

Sehr geehrter, lieber Herr von Weizsäcker,

verehrte Frau von Weizsäcker,

liebe „Großfamilie" von Weizsäcker - ich darf stellvertretend für diese unseren ehemaligen Bundespräsidenten Richard von Weizsäcker begrüßen, Herr Generalsekretär, Herr Landesbischof, liebe Gäste, meine sehr verehrten Damen und Herren.

Wir hörten soeben Mozart, und das kommt in dieser Stunde nicht von ungefähr: Carl Friedrich von Weizsäcker verehrt und liebt Mozart, das hat er mir unlängst anvertraut, und dann bemerkte ich, ob er wohl auch wüßte, daß Karl Barth ein ebenso begeisterter Mozart-Hörer war; natürlich wußte er dies und er erzählte mir, daß er einmal die schöne Gelegenheit hatte, mit Karl Barth acht Stunden an einem Stück diskutieren, sprechen, reden zu können, - über Gott und die Welt, vielleicht lieber Herr von Weizsäcker, auch über Musik, über Mozart, und dann kennen Sie sicherlich die Einlassung Karl Barths zu den Musikvorlieben der Engel im Himmel: „Wenn die Engel Gottesdienst halten", so Barth, „dann spielen sie Bach. Und wenn der Gottesdienst vorbei ist, dann spielen sich für sich selbst Mozart, - und Gott hört zu!" Wir befinden uns also, meine sehr verehrten Damen und Herren, in bester Gesellschaft!

Was dieses ausführliche und lange Gespräch zwischen Ihnen und Karl Barth anbelangt, so sagten Sie mir noch, daß Sie nicht alle Standpunkte Barths zu teilen vermochten, daß Sie allerdings und unstrittigerweise dieser großen Persönlichkeit, diesem großen Denker zugetan waren.

Verehrte, lieber Herr von Weizsäcker: Uns geht es jetzt, in dieser Stunden, Ihnen gegenüber genauso: In wenigen Tagen dürfen Sie Ihren 85. Geburtsgag begehen, und das war uns Anlaß, wissenschaftliche und politische Weggenossen, Mitstreiter, Freunde im Geist, Verbundene nach Tutzing zusammenzurufen, um sozusagen unter Ihrer Schirmherrschaft und unmittelbar mit Ihnen noch einmal ein Grundthema aufzugreifen, das Ihnen durch Jahrzehnte hindurch am Herzen lag und das seine Aktualität und Dringlichkeit gerade in den jetzigen Zeiten beileibe nicht verloren hat.

Aber es ist eben nicht nur die Sache, die uns zusammenkommen ließ, es ist die Person, die uns alle mit ihrer beeindruckenden, denkerischen Kraft, mit Ihrer geistigen Kraft bewegt, - und so wollen wir Sie, lieber Herr von Weizsäcker, ehren, und wir wollen, dies sei gestattet, angesichts des bevorstehenden Geburtstages etwas vor-feiern und etwas voraus-jubilieren. Und natürlich wollen wir Ihnen von Herzen danken, für all das Unglaubliche, das Sie bisher als Wissenschaftlicher, als

Voraus-Denker, als Nach - Denker, als Mensch für andere Menschen, für unsere Gesellschaft, für eine Welt-Gesellschaft geleistet haben!

Danken möchte ich Ihnen meinerseits natürlich und zuerst für die produktive und kontinuierliche Treue, die Sie immer wieder zu dieser Akademie aufbrechen läßt, um sich den unterschiedlichsten Gesprächspartnern zuzuwenden, um uns und vielen anderen Anteil nehmen zu lassen an dem, was Sie umtreibt, was Sie beschäftigt, was Sie öffentlich zur Diskussion stellen wollen.

Sie hielten vor 20 Jahren im Rahmen des Jahresempfangs den Festvortrag zum Thema „Zur Theorie der Macht". Sie referierten 1981 über „den Weg zu einer vernünftigen Weltfriedensordnung" und beeinflußten maßgeblich die Abrüstungskolloquien in den

8o-iger Jahren. Sie waren Zuhörer und Gesprächspartner für Heinz Zahrndt anläßlich seines 80. Geburtstages; Sie nahmen teil an unserer großen Tagung zu „Weltethos und Weltpolitik", und Sie versäumten in den letzten 6 Jahren keinen einzigen Jahresempfang, sehr zur Freude derer, die die Gelegenheit zu einem Gedankenaustausch mit Ihnen keinesfalls verstreichen lassen wollten.

Meine Damen und Herren: Es gibt kein schöneres und liebenswürdigeres Zeichen der Verbundenheit zwischen dem Hause Weizsäcker und dem Tutzinger Schloß als die gute Sitte, die Sie, Herr von Weizsäcker, völlig unkompliziert und umprätentiös eingeführten: Immer wenn es Sie gelüstet, brechen Sie kurz entschlossen von Söcking auf, bewaffnet meist mit einem gewaltigen Wanderstab oder Skistock, Jahrgang 1950, um einen 4-stündigen Marsch zu absolvieren, die Akademie schnurstracks anzupeilen, bei mir oder Herrn Wagner anzuklopfen, um dann in aller herzlichen und gegenseitigen Selbstverständlichkeit den Ritus eines kleinen Gesprächs, eines gemeinsamen Essens und einer abschließenden Tasse Kaffe zu zelebrieren. Die Rückfahrt des dann müden Wandermannes war und ist immer gesichert.

Carl Friedrich von Weizsäcker, meine Damen und Herren, hat den Geist und das Leben dieses Hauses immer mitgestaltet, das ist Ehre und Genugtuung zugleich. In diesem Sinne hat er natürlich uneingeschränktes Hausrecht, er kommt angemeldet und unangemeldet - kurz - er gehört mit zum kostbarsten „Inventar", das wir haben!

Schließlich, lieber Herr von Weizsäcker, verkörpern Sie in Ihrer Person, in Ihrem Denken das, was die Idee, den Auftrag einer Evangelischen Akademie ausmacht: Sie schrieben einmal: "Ich bin Christ. Bescheidener müßte ich sagen: Ich versuche Christ zu sein...." Bescheidenheit, recht verstanden, steht einer Akademie gut an. Die einladende Geste, christliches Denken und Tun nicht einfach zu „haben", den Menschen nicht mit dogmatischen Richtigkeiten, nicht mit gepachteter Christlichkeit zu kommen, sondern gemeinsam zu ringen, sich vorzutasten zu dem Wahren, das ist der Weg dieser Akademie! Und in noch Einem, lieber Herr von Weizsäcker, besteht eine Wahlverwandtschaft zwischen Ihnen und unserem Tun. In Ihrem Festvortrag zum Jahresfest des Evang. Johannesstift in Berlin sagten Sie: „Als ich 11 Jahre alt war, las ich die Bergpredigt, die Gleichnisse und die Gerichtsreden Jesu. Ich erschrak tief. Wenn das wahr ist, ist unser aller Leben falsch - und was da gesagt ist, ist doch offenkundig wahr ... !" Ihr Erschrecken, das Aufwachen, das Gewahrwerden der Brisanz der Worte Jesu - das erinnert mich an das Gespräch zwischen einem Pfarrer und einem Rabbiner, die nach einem langen Akademietag hier in Tutzing ihr Bett im Schloß aufsuchten: „Ich kann nicht einschlafen, wenn ich vorher nicht noch eine halbe Stunde in der Bibel lese", erklärte der Pfarrer. „Mir geht es genau umgekehrt" erwiderte der Rabbiner, „ich kann nicht schlafen, wenn ich auch nur eine halbe Stunde die Bibel aufschlage"!

Ihr produktives Erschrecken beim Lesen der Bergpredigt und der wache Sinn des Rabbiners bei der Bibellektüre ist doch wohl ein denkwürdiger Hinweis darauf, daß das Wirken von Christen, und so auch hoffentlich die Arbeit unserer Akademie, sich nicht in lähmenden Alltäglichkeiten erschöpfen darf, sondern etwas von der unvoreingenommenen und provozierenden Weltzugewandtheit Jesu widerspiegelt, die glaubwürdig zu vollziehen und durchzuhalten alles andere als selbstverständlich ist!

Meine sehr verehrten Damen und Herren: Der Menschen unter uns sind viele, die aus dem Verengungen einer reinen Verstandeswelt nicht wirklich herausfinden. Wenige Menschen gibt es nur, die begabt sind, jenseits gängiger Simplifizierungen getrennte Wirklichkeiten zu durchdringen und eine Zusammenschau der Einen Welt zu versuchen, zu unternehmen. Es ist dies das Werk eines weisheitlichen Lehrers, zu dessen Füßen wir heute abend sitzen, in aufmerksamer Verehrung, dem wir, dem ich für unserer Akademie danke.

Antwort auf die Laudatio und die Grußworte:

Carl Friedrich von Weizsäcker

Ich möchte hier keine lange Rede mehr halten, denn ich habe gestern schon insbesondere ganz viel geredet, aber doch einfach danken dafür, daß ich hier so freundlich aufgenommen bin und daß man doch bemüht ist mitzudenken, was mich so viel beschäftigt hat.

Ich darf vielleicht ein paar Worte sagen über meine Beziehungen zur hiesigen Evangelischen Akademie. Ich bin ja schon lange immer wieder hier gewesen - und ich bin hier nicht nur gewesen, um evangelische Theologie oder auch etwa Politik oder so etwas zu betreiben. Sondern wir waren fünfmal (von insgesamt sechsmal) als Physiker aus dem Max-Planck-Institut zur Erforschung der Lebensbedingungen der wissenschaftlich-technischen Welt für eine Tagung hier eingeladen. In diesen Tagungen haben wir miteinander ganz viele schöne Dinge besprochen. Und ich erinnere mich doch auch, daß es mir Spaß machte, damals die erste Tagung - es war im Sommer, aber es regnete - zu eröffnen mit einem Zitat des bedeutenden (von mir übrigens auch einmal persönlich gesehenen) englisch-amerikanischen Dichters T. S. Elliott. Er hat ein Gedicht geschrieben, das meiner Erinnerung nach sogar beginnt mit dem Satz: „Summer came over the Starnberger See with showers of rain." Also, man ist hier auch in dieser Weise heimisch gewesen; und das war doch schön.

Aber ich habe natürlich auch gerne die wirklich großen Anliegen der Akademie immer miterlebt und, soweit ich konnte, ein bißchen mitgetragen.

Ich danke Ihnen, Hans-Peter Dürr, natürlich besonders. Wir haben eine so lange und alte Bekanntschaft und Beziehung, und Sie haben ja von den Dingen, die uns gemeinsam bewegt haben, gesprochen. Es war ja eine gemeinsame Bewegtheit. Eben dieses, daß man als Wissenschaftler doch zunächst nur einmal aus schierer Neugier wissen wollte, wie das jetzt so mit den Atomkernen sein mag, oder so etwas. Und dann auf einmal entdeckt man, daß diese neugierige Erforschung zu Resultaten führt, die unser Lebensschicksal verändern. Dann haben wir uns darum gekümmert. Und die Vereinigung Deutscher Wissenschaftler ist ja gegründet worden ganz ausdrücklich von der Überzeugung her, daß der Wissenschaftler sich nicht nur in seiner Neugier für die Entdeckung interessieren soll, sondern daß er eine essentielle Verantwortung trägt für die Folgen dieser Entdeckung. Wer diese Verantwortung wirklich zu tragen versucht, der kann unter Umständen auch anderen Menschen dazu helfen, daß sie selbst auch ihre Verantwortung wirklich sehen und spüren und danach zu leben versuchen. Und darin waren wir ja durch viele Jahre verbunden.

Ich darf dann doch auch noch sagen, lieber Bischof von Loewenich, daß ich in der Beziehung zur Kirche ja doch eine sehr wichtige Erfahrung hatte. Ich darf das vielleicht doch auch sagen, das wurde in den Reden auch viel zitiert: Elf- oder zwölfjährig habe ich angefangen in der Bibel zu lesen, und es hat mich tief erschreckt, weil es evidenterweise wahr war und weil es nicht übereinstimmte mit der Weise, wie wir leben. Das waren insbesondere die Partien aus der Bergpredigt, von denen die Rede war. Dieser Schreck hat mich mein ganzes Leben lang nicht verlassen. Er hat wesentlich dazu beigetragen, daß ich versuchte, meine Wissenschaft so zu beurteilen, wie ich es gerade eben getan habe. Und das sollte eben auch dazu wesentlich gesagt werden. Daß man hier nicht nur einen Schreck haben muß, sondern daß man sich dann auch geborgen fühlen kann, indem man dem folgt, was hier überliefert ist, das ist freilich auch wahr. Und ich hätte mich nicht geborgen fühlen können ohne dies. Ich sage ganz offen, daß ich nicht

gefunden habe: Weil ich nun gerade evangelischer Christ bin, hat Gott mich in seiner unermeßlichen Güte in die einzig wahre Religion geboren werden sein lassen, sondern daß ich sehr wohl
überzeugt war, daß meine katholischen Freunde oder meine jüdischen Mitschüler oder dann die
Moslems, die ich nicht so gut kannte, dann die Hindus, mit denen ich zusammentraf, die Buddhisten... alle tief erfüllt sind, wenn sie ernstnehmen, was ihnen überliefert worden ist - von
dem, was ihnen da überliefert wurde. Ich habe aber nie gefunden, daß ich deshalb meine Zugehörigkeit zu der Kirche, in die ich geboren und getauft worden bin, etwa aufgeben wolle. Sondern dahinein bin ich geführt worden; und ich kann doch auch nicht leugnen, daß bei aller tiefen Bewunderung zum Beispiel für die hohen Stufen asiatischer Meditation ich empfunden
habe, daß man als Christ belehrt wird, etwas zu tun, etwas zu handeln, was in den Reden und
den Handlungen von Jesus angedeutet ist, was vielleicht nirgends sonst in dieser direkten In-
tensität da ist.

Ich will nicht das, wohin ich gehöre, hier hochspielen; aber ich möchte doch sagen: Das hat
mir sehr viel bedeutet.

Ja, ich habe jetzt nur versucht, auf ein paar Dinge, die mir gesagt worden sind, zu antworten. Jetzt werden wir noch etwas Musik hören. Und ob wir auch die Engel sind, die, um sich
selbst zu erfreuen, dann nicht Bach, sondern Mozart spielen oder anhören, das wird sich ja zeigen. Aber jedenfalls wird es eine Freude sein. - Danke.

Die Autoren

- Dr. Ulrich Bartosch, Lehrbeauftragter im Fach Allgemeine Pädagogik an der Universität Passau, FB Ltg. Berufsvorbereitung; B.B.W. Abensberg

- Prof. Dr. Chris Brown, Dept. of Politics, University of Southampton, England

- Prof. Dr. Seoym Brown, Dept. of Politics, Brandeis University, Waltham, Mass., USA

- Prof. Dr. Jost Delbrück, Walther-Schücking-Institut für Internationales Recht, Universität Kiel

- Prof. Dr. Hans-Peter Dürr, Direktor am Max-Planck-Institut, München, bis 1997 Vorsitzender der Vereinigung Deutscher Wissenschaftler

- Dr. Friedemann Greiner, Akademiedirektor

- Prof. Dr. Ingomar Hauchler, Mitglied des Deutschen Bundestages

- Prof. Dr. Peter Hennicke, Direktor der Abteilung Energie, Wuppertal Institut für Klima, Umwelt, Energie GmbH, Wissenschaftszentrum NRW

- Prof. Dr. Dr. h.c.mult Knut Ipsen, Lehrstuhl für Öffentliches Recht (Völkerrecht), Präsident des Deutschen Roten Kreuzes, Ruhr-Universität Bochum

- Prof. Dr. Hans Joas, Abt. Soziologie, John F. Kennedy-Institut für Nordamerikastudien, Freie Universität Berlin

- Dr. h.c. Hermann von Loewenich, Landesbischof der Evangelisch-Lutherischen Kirche in Bayern

- Dr. Dr. Dieter S. Lutz, Direktor des Instituts für Friedensforschung und Sicherheitspolitik an der Universität Hamburg

– Prof. Dr. Klaus Michael Meyer-Abich, bis 1997 Kulturwissenschaftliches Institut WZ NRW, Lehrstuhl für Philosophie, Universität Gesamthochschule Essen

– Michael Müller, Mitglied des Deutschen Bundestages, Umweltpolitischer Sprecher Sprecher der SPD-Bundestagsfraktion, Bundesvorsitzender der NaturFreunde und Präsidiumsmitglied des DNR

– Prof. Dr. Dr. F. J. Radermacher, Vorstandsvorsitzender, wiss. Leiter. Forschungsinstitut für anwendungsorientierte Wissenverarbeitung an der Universität Ulm

– Prof. Dr. Eugeen Verhellen, Professor of Juvenile Justice and Juvenile Criminology and Director of the Children's Rigths Centre, University of Gent, Belgien, Vice-President des belgischen Committe for UNICEF und im Board von Plan International

– Pfr. Jochen Wagner, Studienleiter, Evangelische Akademie Tutzting

– Prof. Dr. Carl Christian von Weizsäcker, Staatswissenschaftliches Seminar, Universität zu Köln

– Prof. Dr. Carl Friedrich von Weizsäcker, Starnberg

– Prof. Dr. Ernst Ulrich von Weizsäcker, Präsident, Geschäftsführer, Wuppertaler Institut für Klima, Umwelt, Energie GmbH

An der Podiumsdiskussion „ Weltinnenpolitik- Eine Politik für Eine Welt" nahmen teil:

– Siegmund Gottlieb, Chefredakteur, BR-Fernsehen, München

– Dr. Hildegard Hamm-Brücher, Staatministerin a.D., München

– Prof. Dr. Dr. h.c.mult. Knut Ipsen

– Prof. Dr. Konrad Raiser, Generalsekretär des ökumenischen Rates der Kirchen, Genf, Schweiz

– Dr. Hans-Jochen Vogel, Bundesminister a.D., München

– Dr. Richard von Weizsäcker, Bundespräsident a.D., Berlin

Politik: Verstehen und Handeln

Gunter A. Pilz
Jugend, Gewalt und Rechtsextremismus
Möglichkeiten und Notwendigkeiten politischen, polizeilichen, (sozial-)pädagogischen und individuellen Handelns
Bd. 1, 1994, 200 S., 19,80 DM, br., ISBN 3-8258-2002-5

Mahatma Gandhi
Für Pazifisten
Herausgegeben von Bharatan Kumarappa.
Übersetzung und Nachwort von Wolfgang Sternstein
Bd. 2, 1996, 200 S., 19,80 DM, br., ISBN 3-8258-2136-6

Arno Klönne
Kein Spuk von Gestern? oder: Rechtsextremismus und "Konservative Revolution"
Gegenentwürfe zur "Zivilgesellschaft" werden in diesem Band als beständige Herausforderungen demokratischer Politik beschrieben und in ihren ideengeschichtlichen sowie sozialökonomischen Entstehungsbedingungen analysiert. Insbesondere wird der Frage nachgegangen, welche Attraktion extrem rechte und "konservativ-revolutionäre" Weltbilder auf die nachwachsende Generation ausüben.
Der Verfasser ist durch seine Studien über "Jugend im Dritten Reich" und durch Arbeiten über die Sozialstruktur und politische Kultur der Bundesrepublik bekannt.
Bd. 4, 1997, 126 S., 24,80 DM, br., ISBN 3-8258-2316-4

Hagen Kordes
Das Aussonderungs-Experiment
Hinnehmen oder Einschreiten
"Das Pädagogische Seminar der Universität Münster hatte, als 'Arbeitskreis Deutscher Studenten' verkappt, die Kommilitonen aufgefordert, in der Mensa-Cafeteria zwei Warteschlangen zu bilden: eine für Deutsche, die andere für Ausländer. Damit solle, so hieß es, herausgefunden werden, inwieweit ausländische Studenten von der billigen Essensmöglichkeit Gebrauch machen. Und siehe da: Wie Lämmlein reihten sie sich alle ein, die Deutschen hüben, die anderen drüben. Keiner begehrte auf, als da selektiert wurde, keiner stolperte über die verschrobene Begründung. Und keinem kam die makabre Parallele zu jener schlimmsten aller Selektionen auch nur entfernt in den Sinn..." (DIE ZEIT vom 3. 2. 1994)
Bd. 6, 1995, 200 S., 19,80 DM, br., ISBN 3-8258-2360-1

Hagen Kordes
Einander in der Befremdung begleiten
Einführung in eine zeitgemäße Theorie und Praxis interkultureller Bildung

"Wir meinen, daß es ein Schwachsinn ist, einander immer besser verstehen zu wollen. Das ist nicht möglich und nicht nötig. Für den einen oder anderen könnte dieses Bemühen sogar gefährlich werden: Wenn einer feststellt, daß er den anderen nicht verstehen kann, oder daß dieser sich nicht verstehen läßt beziehungsweise einfügen will und so weiter – dann ist die Enttäuschung nah und der Wutausbruch, vielleicht auch der Akt der Aussonderung dem gegenüber nicht fern. Angesagt ist heute kein 'Einander immer besser verstehen wollen', sondern ein 'Einander in der Befremdung begleiten'. Nicht jeder Ausländer ist ein 'Kumpel', nicht mit jedem möchte man zu tun haben, aber 'angerührt' werden darf er nicht, solange er sich nichts hat zu Schulden kommen lassen. Vor allem aber wird er nicht auf die neue kollektive Rasse 'Ausländer' reduziert, sondern als derjenige einzelne genommen, der sich präsentiert und mehr oder weniger gelingend Beziehungen zu uns aufbaut. Befremdungen führen zu Befreundungen, Befreundungen stiften neue Befremdungen. Es kommt darauf an, mit der Alltäglichkeit von Befremdungsverfahren umzugehen und – wenn nötig – die Auseinandersetzung darüber zu suchen."
Bd. 7, 1995, 200 S., 24,80 DM, br., ISBN 3-8258-2369-5

Erika Funk-Hennigs; Johannes Jäger
Rassismus, Musik und Gewalt
Ursachen – Entwicklungen – Folgerungen
Das Thema "Rassismus, Musik und Gewalt" entstand vor dem Hintergrund der Beobachtung, daß gewalttätige und fremdenfeindliche Aktionen seit 1987 verstärkt nach Deutschland zurückkehrten und daß der Faktor Musik eine enge Verbindung mit den rassistisch motivierten Handlungen eingegangen war. Den Autoren stellte sich die Frage, ob es sich bei den Verknüpfungen von Rassismus, Musik und Gewalt in unserer Gesellschaft um vorübergehende Modeerscheinungen mit dem Charakter der Einmaligkeit handelt oder ob Musik und Gewalt einen gemeinsamen Nenner im Rassismus bilden.
Um Ursachen von Fremdenfeindlichkeit und Rassismus in Deutschland zu erkennen, bedarf es des historischen Rückgriffs auf die Entwicklung der politischen Kultur in Deutschland in der zweiten Hälfte des neunzehnten Jahrhunderts. In diesem Zusammenhang wird auch die Frage untersucht, inwieweit die Musikerziehung im Kaiserreich mit der staatspolitischen Erziehung verbunden und zur Unterstützung rassistischer Tendenzen in der Bevölkerung herangezogen wurde. Die Diskussion der ideologischen Grundmuster des Nationalsozialismus zeigt die Aktualität des rassistischen Denkens.
Bd. 8, 2. überarb. Aufl. 1996, 240 S., 29,80 DM, br., ISBN 3-8258-2443-8

LIT Verlag Münster–Hamburg–London
Bestellungen über: Dieckstr. 73 48145 Münster Tel.: 0251–23 50 91 Fax: 0251–23 19 72